dtv
premiúm

W0059875

WILFRIED BOMMERT
MARIANNE LANDZETTEL

VERBRANNTE MANDELN

WIE DER
KLIMAWANDEL
UNSERE TELLER
ERREICHT

Ausführliche Informationen über
unsere Autoren und Bücher
www.dtv.de

Originalausgabe 2017
© 2017 dtv Verlagsgesellschaft mbH & Co. KG, München
Das Werk ist urheberrechtlich geschützt. Sämtliche, auch
auszugsweise Verwertungen bleiben vorbehalten.
© Karten: Peter Palm
Umschlaggestaltung: Katharina Netolitzky/dtv
Gesetzt aus der Sabon
Satz: Fotosatz Amann, Memmingen
Druck und Bindung: CPI – Ebner & Spiegel, Ulm
Gedruckt auf säurefreiem, chlorfrei gebleichtem Papier
Printed in Germany · ISBN 978-3-423-26157-9

INHALT

VORWEG

Es gibt Ereignisse, die verändern die Welt von einem Tag auf den anderen, manchmal von einer Stunde zur nächsten. Der Mauerfall. Die Terrorangriffe des 11. September 2001. Der Tsunami, der eine Kernschmelze im Nuklearreaktor in Fukushima auslöste. Wir erinnern uns an die Daten, oft wissen wir noch genau, wo wir waren, als wir von diesen Ereignissen zuerst hörten.

Der Klimawandel ist ein Weltereignis, das sich an keinem Datum festmachen lässt. Der 30. August 2016 wird nicht in die Geschichte eingehen, auch wenn an diesem Tag Gavin Schmidt, der ranghöchste Klimaforscher bei der US-Raumfahrtbehörde NASA, erklärte, es sei »höchst unwahrscheinlich«, dass die globale Erwärmung auf unter 1,5 Grad Celsius begrenzt werden könne, ein Wert, auf den man sich bei der UN-Klimakonferenz in Paris 2015 geeinigt hatte. »Wir drosseln die Treibhausgasemissionen nicht einmal so weit, dass die Erwärmung bei unter 2 Grad Celsius gehalten werden kann.«[1] Wie zum Beweis erklärten die Wissenschaftler 2016 zum heißesten Jahr seit Beginn der Wetteraufzeichnungen. Den bisherigen Rekord hielt bis dahin das Jahr 2015.

---

[1] https://www.theguardian.com/environment/2016/aug/30/nasa-climate-change-warning-earth-temperature-warming
Dieses und die folgenden Zitate aus dem Englischen wurden von Marianne Landzettel übersetzt.

Direkt spürbar werden die Auswirkungen des Klimawandels für uns alle über Veränderungen bei den Wasserkreisläufen. Auch Regionen, für die Dürre bislang ein Fremdwort war, werden Wassermangel erleben, heißt es in einer Weltbankstudie[2], »gleichzeitig werden Regenfälle variabler und weniger vorhersagbar, während wärmere Meere zu häufigeren Überflutungen und Sturmfluten führen«.

Über das Wasser (zu viel, zu wenig oder zur falschen Zeit) und über die steigenden Temperaturen erreicht der Klimawandel auch unsere Teller: Über 80 Prozent der Weltmandelproduktion kommt aus Kalifornien, zusammen mit der Hälfte allen Obstes und Gemüses, das in den USA auf den Markt kommt. Wegen der anhaltenden Dürre lagen dort 2016 fast 32 000 Hektar Ackerland brach. Unzeitgemäße Regenfälle verzögerten zunächst die Aussaat im Mittleren Westen der USA und laugten die Böden aus. In Louisiana fiel im August so viel Regen – bis zu 70 Zentimeter in drei Tagen –, dass große Teile der Reisernte in den überfluteten Lagerhäusern vernichtet wurden. Sojabohnen und der für die zweite Ernte noch auf den Feldern stehende Reis wurden überflutet und begannen zu keimen.

Die anhaltende Dürre im gleichen Jahr in Teilen Indiens gilt als eine der schlimmsten in der Geschichte des Landes. In Europa war das Frühjahr 2016 für die Landwirtschaft entweder zu nass und zu kalt oder zu warm und zu trocken. Bauernregeln, die Jahreszeiten und die Beobachtung von Wetterzyklen mit entsprechenden Regeln für Aussaat und Pflanzpläne verbanden, haben längst alle Gültigkeit verloren. Vielfach geht die zeitliche Harmonie z.B. vom Beginn der Blüte einer Obstsorte und dem Vorkommen bestimmter bestäubender Insekten verloren. Dafür finden andererseits Schädlinge und Erreger neuer Pflanzenkrankheiten beste Bedingungen vor.

2   »High and Dry: Climate Change, Water, and the Economy«, World Bank 2016, http://www.worldbank.org/en/topic/water/publication/high-and-dry-climate-change-water-and-the-economy

Seit 2014 dezimieren von Bakterien verursachte Krankheiten die Ernten bei Oliven und Trauben im Mittelmeerraum. Die Kirschessigfliege bedroht vor allem Steinobst und im warmen und feuchten Klima des Jahres 2014 konnte sie sich besser vermehren als je zuvor. In der Schweiz ziehen unbekannte Rostpilze und Wicklerraupen durch die Apfelplantagen nordwärts. Schafe und Rinder werden von Krankheiten befallen, die es bislang nur in südlicheren Breitengraden gab. Die »Blauzungenkrankheit« wird von einer Mückenart übertragen, die bis 2006 nur in afrikanischen Staaten beobachtet wurde. Inzwischen überleben diese Mücken auch in Norddeutschland.

Der Klimawandel mit seinem Trend zu extremem und für die jeweilige Jahreszeit oft unüblichem Wetter stellt nicht nur die Produktion einzelner Obst- und Gemüsesorten in bestimmten Regionen der Welt infrage. Pflanzen bilden die Grundlage menschlichen und tierischen Lebens auf der Erde, denn sie haben die einzigartige Fähigkeit, Sonnenlicht in Energie umzuwandeln. Damit dieser »Fotosynthese« genannte Prozess in einer Pflanze stattfinden kann, braucht sie zur richtigen Zeit die jeweils richtigen Bedingungen, wie z.B. ausreichend Licht, Feuchtigkeit und Wärme. Selbst kleine Abweichungen vom Optimum beeinträchtigen die Photosynthese und damit die Entwicklung der Pflanze. Der Klimawandel verändert die Wachstumsbedingungen – weltweit, in unvorhersehbarer Weise und lokal völlig unterschiedlich. Und damit bedroht er die Ernährungssicherheit einer immer noch wachsenden Erdbevölkerung.

Werden Landwirte unsere Teller auch in Zukunft noch füllen können? Welche Voraussetzungen müssen dafür geschaffen werden, und welche Lösungsansätze für die gegenwärtigen Probleme gibt es? Auf der Suche nach Antworten haben wir, die Autoren Marianne Landzettel und Wilfried Bommert, uns auf Reisen begeben, wir haben Farmen besucht und mit Landwirten geredet, Familienbetriebe, Großbetriebe und Bauern, die von Subsistenzwirtschaft leben. Und wir haben mit Experten gesprochen, die sehr unterschiedliche Wege gehen – auf der Suche nach technischen Lösungen, biologischen Lösungen (z.B. über Boden- und Saatgutforschung) und auch politischen Lösungen.

Marianne Landzettel reiste nach Indien und in die USA mit Stationen in Kalifornien, Iowa und Oregon. Auch im Bereich der Landwirtschaft sind die Vereinigten Staaten ein Land der Superlative.

In Kalifornien dreht sich alles ums Wasser: Seit sechs Jahren herrscht Dürre und ein Ende ist nicht abzusehen. Dabei hatten die Farmer im Central Valley über Jahrzehnte regelmäßig Ertrags- und Einkommensrekorde zu verzeichnen: Sie produzieren – je nach Sorte – 50 bis 90 Prozent allen Gemüses und Obstes, die in den USA verzehrt werden, und 80 Prozent der Weltmandelproduktion stammen ebenfalls aus Kalifornien. Die Farmer arbeiten fast ausschließlich mit künstlicher Bewässerung. Die anhaltende Dürre wirft jetzt die Frage auf, wer Anrecht auf wie viel Wasser hat – die Interessen von Farmern, Städten (insbesondere den knapp vier Millionen Bewohnern von Los Angeles) und Umweltschutz stehen in Konkurrenz zueinander. Die steigenden Temperaturen verschärfen nicht nur die Wasserproblematik, die warmen Winter stellen das Überleben von Mandel- und Obstbäumen infrage, da durch die zu warmen Temperaturen die für den Austrieb von Blüten unabdingbare Ruhezeit der Pflanzen ausfällt. Gibt es technische Lösungen? Können die Farmer mehr Wasser sparen? Oder weniger durstige Sorten anbauen – Oliven statt Mandelbäume? Überleben nur landwirtschaftliche Betriebe, die genug Geld haben, um mit Maschinen, die für die Erdölförderung entwickelt wurden, nach Wasser zu bohren? Oder ist das Aus für die Landwirtschaft im Central Valley nur eine Frage der Zeit?

Alles in den USA ist etwas größer – einschließlich der Probleme. Und dadurch wird der Blick auf die Landwirtschaft in einem Staat wie Iowa zum Blick in die mögliche Zukunft der globalen Landwirtschaft. Die Faktoren, die hier zusammenkommen, sind dabei, den perfekten Sturm zu erzeugen. Die schwarzen Böden in diesem Teil des Mittleren Westens sind extrem fruchtbar und fast ausschließlich in den Händen der industriellen Landwirtschaft. In Iowa leben nur knapp 3,2 Millionen Menschen, aber mit 21 Millionen Tieren ist der Staat mit Abstand der größte Schweinefleischproduzent Amerikas. Auch beim Anbau von GVO (genetisch veränderte Organismen)-Mais und GVO-Soja hält Iowa den US-Rekord. In kaum einem Staat sind die Konsequenzen der industriellen Landwirtschaft für Boden, Luft, Wasser und menschliche Gesundheit so deutlich zu sehen wie hier. Der Direktor der Wasserwerke in Iowas Hauptstadt Des Moines erklärt, warum er inzwischen über die Gerichte versucht, die Nitratverseuchung der Gewässer wenigstens zu reduzieren. Der Klimawandel verschärft die Problematik weiter, Landwirte in Iowa erleben inzwischen immer extremere Regenfälle und Überflutungen. Die industrielle Landwirtschaft setzt auf technische Lösungen, größere Maschinen und fortschreitende Intensivierung, was, so sagen die Kritiker, zu noch mehr, noch schneller voranschreitender Bodenerosion führt. Die Kombination aus industrieller Landwirtschaft und Klimawandel, so das Argument, zerstört die Grundlage unseres Ernährungssystems. Die Situation in Iowa ist besonders extrem und ermöglicht damit den Blick in die Zukunft. Auch in Iowa gehen deshalb einige Farmer neue Wege und stellen ihre Produktion um, auf Biolandbau, Milchkühe und Schweine in Weidehaltung oder Gemüse statt Futtermais und Soja.

Wenn die USA das Land mit der modernsten Agrartechnologie sind, dann ist Indien das genaue Gegenteil[3]. Noch immer gibt

---

3 Eine Ausnahme stellte der im Norden Indiens gelegene Bundesstaat Punjab dar. Anfang der Sechzigerjahre des 20. Jahrhunderts führte der US-Biologe und als »Vater der Grünen Revolution« bekannte Norman Borlaug im Punjab eine von ihm gezüchtete kurzhalmige Weizensorte ein, die mit genügend Wasser, Kunstdünger und Pestiziden zunächst sehr hohe Erträge erbrachte. Inzwischen fallen die Ern-

es hier überwiegend kleinstbäuerliche Betriebe, die Bauern bewirtschaften winzige Flächen, ein Ochsengespann vor dem Pflug ist häufiger zu sehen als ein Traktor. Genau wie in den USA sind in Indien jedoch die Folgen des Klimawandels besonders deutlich zu sehen. Fast überall in Indien ist die Landwirtschaft vom Monsun abhängig. Über Jahrhunderte war dessen Beginn fast auf den Tag genau vorhersagbar. Inzwischen kommt er zu spät oder gar nicht, bringt zu wenig Regen oder solche Wassermassen, dass der Ackerboden samt der frischen Saat einfach weggeschwemmt wird. Marianne Landzettel reist seit über 20 Jahren regelmäßig nach Indien und hatte Gelegenheit, die Auswirkungen des Klimawandels ebenso zu sehen wie die unterschiedlichen Ansätze, damit umzugehen: von der kleinbäuerlichen Saatgutinitiative und biodynamischen Teeplantagen im Himalaya im Norden, über kleinbäuerliche Landwirtschaft in Gujarat und Orissa, von Feldern in den Sundarbans an der Gangesmündung in West-Bengalen, die bis zur Mitte des Jahrhunderts im Meer versunken sein werden, über Gewürz- und Gemüseanbau in Kerala und Tamil Nadu im Süden bis zu einer Hightech-City-Farm in Nagpur, der Stadt in der geografischen Mitte Indiens. Vielleicht liegt es an den Dimensionen dieses Landes, das von Ost nach West knapp 3000 Kilometer misst, fast so viel wie von Nord nach Süd: Großstädte mit klimatisierten Einkaufzentren, Hochhäusern mit Helikopterlandeplatz und Technologiefirmen, die sich in nichts von denen in Silicon Valley unterscheiden sind genauso indische Realität wie Slums, Smog, Kastenwesen, Unterernährung und Armut. In den Medien selten diskutiert wird die Tatsache, dass Indien einer der weltgrößten Nettoexpor-

ten mager aus, Böden und Wasser sind mit Agrarchemie verseucht und versalzen, Studien stellen einen direkten Zusammenhang zwischen dem Einsatz von Pestiziden (darunter auch DDT) und der hohen Zahl der Krebserkrankungen her. Armut ist in diesem einst reichen Agrarstaat wieder ein weit verbreitetes Problem.

teure[4] von landwirtschaftlichen Produkten ist, 2013 lag Indien auf Rang sieben, vor Australien.

Von der Subsistenzlandwirtschaft bis zur Plantage – Klimawandel ist überall ein Thema, und Indiens Landwirte nutzen alle ihnen zur Verfügung stehenden Methoden von Hightech bis Lowtech, regional angepasst und in jeder denkbaren Kombination. Die Erfolge sind erstaunlich und in vieler Hinsicht wegweisend für den Rest der Welt.

Von Anpassung an Hitze- und Dürrewellen kann in anderen Teilen der Welt nicht die Rede sein. **Wilfried Bommert** erlebte in Brasilien, Afrika und Europa, wie der Klimawandel die liebgewonnen Rituale und Selbstverständlichkeiten unseres Alltags untergräbt. In Brasilien wachsen nicht nur die besten Kaffeebohnen der Welt, sondern auch die aromatischsten Orangen. Ohne den Sojaanbau in den Weiten des brasilianischen Cerrado, den Savannen Zentralbrasiliens, würde bei uns kein Schwein satt. Brasilien versorgt mittlerweile weltweit die Mastställe der Fleischindustrie. Doch nun wird es zu heiß in den endlosen Plantagen des Cerrado, zu trocken zur falschen Zeit. Die Missernten 2015 im Osten des Landes zeigen an, dass sich das Klima verändert. Diese Veränderung könnten bald auch die Mastfabriken Europas zu spüren bekommen, und dann wäre es mit dem Billigfleisch in unseren Fleischtheken und auch auf unseren Wurst- und Schinkenplatten zu Ende.

Gegen Dürre und Hitze kämpfen auch die Kleinbauern weiter im Süden des Landes. Eine Tagesreise von São Paulo entfernt im Bundesstaat Minas Gerais liegt das Zentrum des brasilianischen Kaffeeanbaus. Wer dort über Land fährt, erkennt heute schon die Spuren von Hitze und Trockenheit. 80 Prozent des heutigen Kaffeeanbaugebietes könnte dem neuen Extremwetter zum Opfer fallen. Nicht besser sieht es für

---

4   http://www.fas.usda.gov/data/india-s-agricultural-exports-climb-record-high

die Orangenplantagen aus. Die Großplantagen mit ihrer Massenproduktion haben es vor allem auf den Markt in Europa abgesehen. Noch schwärmen sie vom großen Wachstum. Doch ihre Rechnung könnte durch eine kleine Fliege zunichtegemacht werden, die sich unter den neuen Klimaten bestens vermehrt. Sie trägt ein Bakterium in sich, das die Kraft besitzt, Orangenbäume zu erdrosseln. Die Bakterien blockieren den Kreislauf der Bäume und lassen sie so langsam verdursten. Der Kampf gegen die Orangenfliege ist im vollen Gange, doch er scheint aussichtslos, denn sie versteht es, sich brillant zu verstecken und zu tarnen.

Ähnliches erleben zurzeit einige tausend Kilometer östlich, jenseits des Atlantik, die Olivenbauern in Europa. Im Süden Italiens ist eine Zikade am Werk, die ein Bakterium verteilt, das ähnliche Wirkung zeigt. Es verstopft die Saftleitungen der Olivenbäume. Auch wenn diese schon mehr als tausend Jahre die Landschaft in Apulien bestimmen, die Bakterien zwingen auch die ältesten Giganten in den Olivenhainen in die Knie. Die Europäische Union verordnet den Bauern eine harte Medizin. Sie sollen mit Äxten und Motorsägen alles abholzen, was Anzeichen von Befall zeigt. Doch auch in diesem Kampf scheint der Schädling der Stärkere zu sein. Ebenso wie bei einer anderen Plage, die seit 2014 in Mittelitalien die Olivenernte dezimiert. Die Olivenfliege legt ihre Eier direkt in die Früchte und verdirbt sie so für die Bauern und die Ölmühlen. In den Traumlandschaften der Toskana, in Umbrien und den Marken könnte der Olivenanbau bald der Vergangenheit angehören, weil er vor allem den Kleinbauern kein Einkommen mehr sichert.

Auch die Weinbauern in Europa quälen sich mit einer Fliege herum, die sie bisher noch nicht kannten. Wieder ist es der Klimawandel, der ihr ideale Vermehrungsbedingungen schafft. Es ist die Kirschessigfliege so genannt wird sie, weil sie zunächst Kirschen in Essig verwandelte. Doch seit 2014 macht sie auch vor den Rebstöcken nicht mehr halt. Im Herbst fällt sie in

Massen in die Rotweinhänge von der Toskana über Südtirol, die Schweiz und nun in Baden und Württemberg ein. Zur Reifezeit sticht sie die Trauben an und öffnet damit ein Einfallstor für Essigbakterien, die von Natur aus überall im Weinberg lauern. Essig statt Wein: Wenn dies mehrfach hintereinander passiert, bleibt auch den Winzern keine Überlebenschance.

Ebenso wie den Gemüsebauern, die in Almería die größte Gemüselandschaft der Welt errichtet haben, alles unter Plastik, alles mit künstlichem Regen versorgt. Die Spanier nennen es »Mar del plástico«, und sie erfahren immer deutlicher, dass diese Kunstlandschaft nur auf Zeit existieren kann. Auch wenn sie Nordeuropa über zwölf Monate im Jahr mit Tomaten, Salat und Paprika versorgt, im Klimawandel hat das Plastikmeer keine Chance. Wenn der Sahara der Sprung über das Mittelmeer gelingt – und daran besteht kein Zweifel –, wird ihr Wüstenklima dem Plastikmeer seine Grundlage entziehen, das Wasser. In Nordeuropa könnten die Niederlande das Marktpotenzial übernehmen, aber auch für sie hat der Klimawandel keine gute Prognose, das steigende Meer könnte dem Land unterhalb des Meeresspiegels die Zukunft rauben.

Ähnliches droht den Bauern im Niltal in Ägypten, wo die Frühkartoffeln Europas wachsen. Auch hier ist das Meer auf dem Vormarsch, und der Strom des Nils verliert an Kraft, weil die Staaten in seinem Quellbereich auch Anspruch auf das Nilwasser erheben. So schrumpfen Wasser und Boden, und damit die Voraussetzungen für den florierenden Frühkartoffelexport des Landes. Und der Tag rückt näher, an dem der Export der frühen Kartoffeln nach Europa ein Ende finden wird.

Auch die Weltmeere bleiben vom Klimawandel nicht verschont. Die Erwärmung der Atmosphäre heizt die Ozeane auf. Die steigende CO_2-Konzentration versauert das Wasser. Beides bekommt dem Leben im Meer schlecht. Weil die kleinen Algen verschwinden, brechen die großen Nahrungsketten der Weltmeere auseinander. Besonders betroffen sind die Tiere mit Kalkpanzer, die Schalentiere, allen voran Austern und Miesmuscheln, leiden. Immer mehr Fischarten flüchten in den noch kühlen Norden und versuchen so, den steigenden Temperaturen zu entkommen. Verschwinden die Früchte der Meere damit von unserer Speisekarte? Kann ihr Verlust durch die Zuchtbecken der Aquafarmen ausgeglichen werden?

Und noch etwas vorweg ...
Der Klimawandel gleicht dem entkommenen Flaschengeist, die Veränderungen lassen sich nicht rückgängig machen. Im besten Fall finden wir Methoden, die Folgen abzumildern und zu kompensieren. Landwirtschaft greift in sehr fein aufeinander abgestimmte Kreisläufe ein, die »richtigen« Pflanzen sollen die besten Wachstumsbedingungen haben, nicht das »Unkraut«. Um zu verstehen, welche Auswirkungen der Klimawandel mit seinen unvorhersehbaren Wetterereignissen hat, ist es sinnvoll, einen kurzen Blick auf die komplexen Bedingungen zu werfen, die stimmen müssen, damit nicht nur »das Richtige«, sondern damit überhaupt etwas wächst.

Von der Photosynthese war bereits die Rede. Ohne sie geht gar nichts: Die Zucker, die eine Pflanze mithilfe von Sonnenlicht herstellt, sind die Energie, die sie für alle physiologischen Prozesse braucht, damit bildet sie Blätter, Stängel, Blüten, Wurzeln... Kurz gesagt: Pflanzenwachstum erfolgt mit Zucker, der aus Sonnenenergie hergestellt wird. Für die Photosynthese und die Herstellung von Zucker nutzt die Pflanze in der Luft verfügbares CO_2 und Wasser aus dem Boden – davon später mehr. Und die Pflanze braucht die richtige »Betriebstemperatur«. Der Spielraum für »richtig« ist eng begrenzt. Bei Pflanzen, die gewöhnlich in einem moderaten Klima wachsen und denen meist genug Wasser zur Verfügung steht, sinkt die Photosyntheserate drastisch, wenn es auf einmal außergewöhnlich heiß und trocken ist. Schon nach kurzer Zeit zeigen sie Stressreaktionen: Die Blätter rollen sich ein, um den Wasserverlust zu minimieren, die noch vorhandene Wachstumsenergie geht in die Wurzeln. Pflanzen, die grundsätzlich in heißen, trockenen

Gebieten leben, haben sich an diese Bedingungen angepasst und eine wassereffizientere Form der Photosynthese entwickelt, sie nutzen die Kühle und Feuchtigkeit der Nacht für die Aufnahme von CO_2.

»Jede Spezies hat ein charakteristisches Temperaturprofil, spezifische Temperaturen, die vom ersten Keimen bis zur Reife Wachstum und Entwicklung jeweils optimal fördern«,[5] schreibt Laura Lengnick, Professorin für nachhaltige Landwirtschaft am Warren Wilson College in South Carolina.

Manche Pflanzen, Winterweizen z.B. oder Obstbäume, brauchen eine bestimmte Anzahl von kühlen und kalten (aber nicht zu kalten) Tagen als eine Art Ruhephase. Das darauf folgende Ansteigen der Temperaturen löst zusammen mit der zunehmenden Tageslichtlänge im Frühjahr einen Wachstumsschub aus, die Pflanzen treiben und setzen Blüten an. Ist der Winter zu mild, setzt die Ruhephase nicht richtig ein, kommt es zu keinem Wachstumsschub, Blüten werden nicht oder nur unzureichend gebildet. Für Obstbauer weltweit sind milde Winter inzwischen ein zunehmendes Problem.

Und nicht nur die großen Temperaturzyklen spielen eine Rolle – selbst kurzzeitige, lokale Veränderungen können Auswirkungen haben: Weizen z.B. liebt heiße Sommertage und kühle Nächte. Zu warme Nächte bedeuten Stress für die Pflanze, die Ernteerträge sind deutlich niedriger.

Für »Unkräuter« gelten dieselben Bedingungen wie für Nutzpflanzen. Landwirte und Gärtner rücken ihnen mit allen zur Verfügung stehenden Waffen zu Leibe, von der Hacke bis zur Giftspritze. Eine Konsequenz des Klimawandels ist, dass neue, bislang nur in wärmeren Zonen beheimatete Unkräuter nach Norden vordringen. Dasselbe gilt für Schädlinge, bakterielle Infektionen und Pilzerkrankungen. Während die Nutzpflanzen noch versuchen, sich an die veränderten Bedingungen

5 Laura Lengnick: ›Resilient Agriculture‹, New Society Publishers 2015, S. 71.

anzupassen, bekommen sie Konkurrenz von Neuankömmlingen, die an diesem Standort ideale Bedingungen vorfinden. Schon jetzt reduzieren Unkräuter weltweit die Ernteerträge um mehr als ein Drittel.[6] Und Widerstandsfähigkeit gegen neue Erkrankungen müssen die Nutzpflanzen erst noch entwickeln. Bis es so weit ist, haben es die Landwirte mit einer Vielzahl ganz neuer Probleme zu tun.

Zurück zur Fotosynthese. Genau wie wir Menschen bestehen auch Pflanzen zu 90 Prozent aus Wasser. Pflanzen brauchen Wasser für die Fotosynthese. Und Wasser hat noch eine weitere, lebenswichtige Funktion für Pflanzen: Es transportiert Stickstoff, Phosphor, Kalium und viele weitere Mineralien und Spurenelemente aus dem Boden über die Wurzeln in alle Teile der Pflanze. Die »extremen Wetter«, die wir inzwischen mit dem Klimawandel assoziieren, bedeuten, dass es oft zu viel, zu wenig oder zur falschen Zeit regnet. Ob den Pflanzen dennoch die richtige Wassermenge zur Verfügung steht (Überflutungen vertragen die wenigsten Pflanzen), hängt entscheidend von der Bodenqualität ab. Erst in den letzten Jahren konzentrieren sich Wissenschaftler auf die Erforschung dieses unterirdischen Mikrokosmos, in dem Myriaden von Organismen leben und interagieren, in dem Mykorrhizapilze in Symbiose mit Wurzeln leben und Netzwerke bilden, deren Funktion wir bislang erst erahnen können. Solche »guten« Böden enthalten viel organische Bodensubstanz und nehmen Wasser fast wie ein Schwamm auf. Ob und wie es Landwirten, Kleinbauern, Farmern und Ranchern weltweit gelingt, Bodenqualität zu erhalten oder wieder zu verbessern, wird wesentlich mitbestimmen, welche konkreten Folgen der Klimawandel hat und ob wir uns auch in Zukunft werden ernähren können.

6   Laura Lengnick, a.a.O., S. 82.

1

KLIMAWANDEL IN KALIFORNIEN.
DAS ENDE FÜR MANDELN, MÖHREN UND MELONEN?

Breite, schnurgerade Reihen gleichmäßig gewachsener Möhren-
pflanzen verschmelzen in der Ferne zu einem grünen Meer,
darüber spannt sich das Blau des weiten, kalifornischen Him-
mels. Es ist später Vormittag, Anfang November, das Thermometer zeigt 26 Grad. Don Cameron zieht ein paar Möhren aus
dem Boden: Noch sind sie bleistiftdünn, aber in wenigen Wochen werden sie ausgereift sein. Mit fast 3000 Hektar gehört
die Terra Nova Ranch zu den größeren Farmen im San Joaquin
Valley. Mehr als 25 Gemüsesorten werden hier angebaut, dazu
Mandeln, Oliven und Trauben. Das wichtigste Produkt sind
Tomaten, bis zu 150 000 Tonnen pro Saison liefert Farm-
manager Don Cameron an einen Ketchup-Hersteller und an
Konservenfabriken. Solche Rekordernten werden möglich
durch die hervorragenden Böden, das mediterrane Klima – und
weil Wasser verfügbar ist. Wasser ist in Süd-Kalifornien ein ra-
res, teures Gut. Auf der Terra Nova Ranch wird es aus 50
knapp 200 Meter tiefen Brunnen gepumpt. »Die Art, wie wir
mit Wasser und Bewässerung umgehen, hat sich dramatisch
verändert«, sagt Don Cameron, der die Farm seit 1976 leitet.
»Der Grundwasserspiegel ist überall gesunken, und wir wissen, dass wir ein Riesenproblem haben.« Auf der Ranch, etwa
50 Kilometer südwestlich von Fresno, ist der Grundwasserspiegel in den letzten 30 Jahren um etwa 25 Meter gefallen.
Noch sind die Brunnen tief genug, um Wasser zu führen.

Das ist längst nicht mehr überall so. Gut 100 Kilometer südöstlich von Fresno liegt die kleine Stadt Porterville. Die Landschaft hier hat nichts mit dem touristischen Bild Kaliforniens zwischen San Francisco und Los Angeles zu tun. Je weiter man im San Joaquin Valley nach Süden kommt, desto tiefer dringt man in eine industrielle Agrarwüste vor. Nur selten unterbrechen Stallungen und ein paar Strommasten die graubraune Monotonie der im November meist abgeernteten, brachliegenden Felder. Ab und zu sind dichte, lange Staubfahnen zu sehen, aufgewirbelt von gigantischen Traktoren, viele der Feldflächen werden zu dieser Zeit umgepflügt oder mit Eggen auf eine Wintersaat vorbereitet. Dazwischen immer wieder Reihen von niedrigen Stallgebäuden – die geschlossenen sind Hühnerfarmen für Legehennen oder Geflügelmast, die offenen Gebäude gehören zu Milchproduktionsbetrieben oft mit 10 000, 20 000 oder 30 000 Tieren. Jeder fünfte Liter Milch in den USA wird in Kalifornien produziert.

Die Milchindustrie braucht Arbeitskräfte, und Porterville ist eine typische Landarbeitersiedlung. Der Stadtteil East Porterville wirkt selbst unter kalifornischer Sonne ärmlich und heruntergekommen, es gibt einige wenige Läden, Schilder und Plakate informieren auf Spanisch über Öffnungszeiten und Sonderangebote, die Seitenstraßen sind ungeteert. Hier leben fast ausschließlich Latinos. Sie sind Teil eines Heeres legaler und illegaler Arbeiter aus Mexico und anderen süd- und mittelamerikanischen Staaten, die zusammen mit ihren Familien die industrielle Obst-, Gemüse-, Milch- und Eierproduktion ermöglichen.

Vor jedem der einfachen Holzhäuser in East Porterville steht ein gigantischer Plastiktank, gefüllt mit bis zu 10 000 Litern Brauchwasser zum Baden, Wäsche waschen und Putzen – Trinkwasser wird einmal die Woche in Kanistern geliefert. »Wenigstens haben die Leute jetzt wieder Wasser«, sagt Fred Beltran, der für die Nichtregierungsorganisation arbeitet, die vor zwei Jahren die ersten Wasserlieferungen organisierte. Im August 2014 stellten viele Anwohner plötzlich fest, dass das Wasser aus den Hähnen nur noch tropfte und dann ganz versiegte. Der Grund: Die Häuser in East Porterville beziehen das Wasser aus eigenen Brunnen, und im vierten Dürrejahr in Kalifornien war der Grundwasserspiegel so weit gesunken, dass die Pumpen nur noch Luft in die Leitungen zogen. Es dauerte mehrere Monate, bis die Stadt die Wasserversorgung über Tankwagen organisiert hatte, und mehr als zwei Jahre, bis der Beschluss gefasst wurde, einen neuen städtischen Brunnen zu bohren und East Porterville an die kommunale Wasserversorgung anzuschließen. Was lediglich bedeutet, dass die Bewohner dieses Stadtteils zumindest wieder Aussicht auf fließendes Wasser in ihren Häusern haben. Ein entsprechender Beschluss wurde gefasst, doch die Finanzierung und damit der Baubeginn sind unklar. »Inzwischen tauchen bei uns fast täglich Leute aus West Porterville auf, weil dort der Grundwasserspiegel so weit gesunken ist, dass auch die tieferen Brunnen kein Wasser mehr haben«, sagt Fred Beltran, »und Porterville ist kein Einzelfall, in Fresno, in Mendota, in Visalia … überall im Central Valley haben Leute inzwischen kein Wasser mehr, weil ihre Brunnen nicht tief genug sind.« Selbst wenn die Kommunen wollten: in vielen Fällen ist der Anschluss an das dürftige Leitungsnetz der kommunalen Wasserversorgung nicht möglich. Für die Bewohner ist dann die einzige Lösung, einen neuen, tieferen Brunnen bohren zu lassen, doch das ist teuer.

»Seit 2014 platzen bei uns die Auftragsbücher aus allen Nähten«, sagt Kim Arthur von der Firma Arthur & Orum Well Drilling. Kims Vater hat die Bohrfirma 1971 gegründet. »Ein 100 Meter tiefer Brunnen galt damals als tief. Jetzt bohren wir 600 Meter tief«, sagt sie. Es war Kims Bruder Steve, der vor drei Jahren die zündende Idee hatte, die sonst in der Ölindustrie verwendeten Maschinen für das Bohren von Brunnen einzusetzen. Inzwischen arbeitet die Firma mit neun Tiefbohranlagen, von denen vier auf eine Tiefe von 600 Metern vorstoßen können. Sieben Bohrteams arbeiten sechs Tage die Woche, eines sogar rund um die Uhr. Auftraggeber sind nicht die Hausbesitzer, denen daheim das Wasser ausgegangen ist, sondern Farmer, die Felder und Mandelbaumplantagen bewässern oder die Wasserversorgung für Milchviehbetriebe sicherstellen müssen – eine einzige Kuh hat einen täglichen Wasserbedarf von 100 Litern und mehr. Kein Problem für Steve Arthur: »Ich kenne dieses Tal so gut, wenn ein Farmer anruft und sagt, wo der neue Brunnen hinsoll, dann kann ich meist schon aufgrund der Lage einen Kostenvoranschlag machen. Tiefe Brunnen geben Wassersicherheit, aber das muss man sich leisten können.« Ein 250 Meter tiefer Brunnen kostet ca. 200000 Dollar und ist in einer Woche gebohrt. Auf 360 Meter Tiefe zu bohren dauert drei Wochen und kostet um die 350000 Dollar, für einen 600-Meter-Brunnen muss man 600000 Dollar investieren.

Ein Problem, mit dem Steve Arthur immer häufiger zu tun hat, sind Bodenabsenkungen: Ehemals wasserführende Gesteinsschichten sind jetzt porös und brüchig wie ein trockener Schwamm. Nicht nur ältere Brunnen kollabieren, auch an Gebäuden treten zunehmend Risse auf, wie man sie sonst nur aus Bergbaukommunen kennt. Bei Arthur & Orum arbeitet man deshalb jetzt mit Plastikrohren und »Ziehharmonika«-Verbindungen, sodass der Brunnen sowohl vertikalen als auch horizontalen Erdbewegungen besser standhalten kann.

Ohne künstliche Bewässerung ist Landwirtschaft im San Joaquin Valley, dem südlichen Teil des Central Valleys, nicht möglich. 2016 war für Kalifornien das sechste Dürrejahr in Folge, doch diese Tatsache allein erklärt das Brunnenbohrfieber nicht. Wassermangel und Wasserrechte, Klimawandel und Landwirtschaft – keinen dieser Bereiche kann man für sich betrachten, sondern sie sind eng miteinander verwoben und geprägt durch die geografischen Gegebenheiten. Kalifornien hat eine Regenzeit, von Ende Oktober bis in den März hinein. In diesen Monaten ziehen immer wieder Wolken vom Pazifik auf und sorgen für Regenfälle entlang des Küstenstreifens und des parallel verlaufenden Küstengebirges. Diese Bergkette ist die westliche Begrenzung des Central Valleys, einem über 700 Kilometer langen und bis zu 100 Kilometer breiten, topfebenen Tal. Den Abschluss des Tals im Osten bilden die schneebedeckten Gipfel der Sierra Nevada. Das Tal wird von einem riesigen Delta in eine nördliche und eine südliche Hälfte geteilt: das Sacramento-San-Joaquin-Deltagebiet mündet in die Bucht von San Francisco und trennt das nördliche Sacramento Valley vom San Joaquin Valley im Süden. Das gesamte Central Valley gehört zu den fruchtbarsten Regionen der Erde. Hier wachsen, je nach Sorte, 50–80 Prozent allen in den USA verzehrten Gemüses und 80 Prozent der Weltmandelernte. Weitere Hauptanbauprodukte sind Wein, Zitrusfrüchte, Steinobst, Beeren, Walnüsse, Pistazien, Reis und Futtergetreide.

Das regenreichere und kühlere Sacramento Valley eignet sich besonders für den Reisanbau. Die fruchtbarsten Böden, gepaart mit einem idealen, mediterranen Klima finden sich im San Joaquin Valley, das sich vom Delta über fast 400 Kilometer nach Süden bis zur Stadt Bakersfield erstreckt. Und das Tal wäre ein Garten Eden – wenn es denn ausreichend Wasser gäbe. Investoren erkannten das Potenzial des San Joaquin Valleys bereits Anfang des 20. Jahrhunderts und kauften große Mengen Land auf. Doch für Landwirtschaft braucht man Zugang zu Wasser, deshalb konnten zunächst nur die direkt am San-Joaquin-Fluss gelegenen Felder bewirtschaftet werden. Zum selben Zeitpunkt begann sich Los Angeles von einer Kleinstadt zu einer Metropole zu entwickeln, was den Bedarf an Wasser enorm steigerte. In Los Angeles, in Kaliforniens Hauptstadt Sacramento und in der US-Hauptstadt Washington D. C. setzten Investoren und Politiker auf technische Lösungen der Superlative – und für die Durchführung auf ein Heer von Ingenieuren. Geplant und gebaut wurden Hunderte Dämme, Stauseen, Pumpstationen und Aquädukte. Über 50 Jahre, von 1933 bis zum Beginn der Achtzigerjahre, wurden zwei gigantische Wasserwirtschaftsnetze aufgebaut: Wasser im regenreichen Nordkalifornien wird aufgestaut und ins wasserarme Südkalifornien transportiert. Das Central Valley Project (CVP) der US-Regierung umfasst 20 Stauseen und ein Kanalsystem, über das jährlich etwa 7,4 Millionen acre-feet (entspricht ca. 9,1 Milliarden Kubikmetern) Wasser transportiert werden, das meiste davon für die landwirtschaftliche Nutzung im San Joaquin Valley.[1]

Ein kleiner Teil des Wassers geht in die städtische Wasserversorgung oder wird für ökologische Zwecke genutzt, z.B. für die Erhaltung von Feuchtgebieten oder zum Schutz von Fischpopulationen. Die Wassernutzung zum Erhalt von Ökosystemen ist ein heiß umstrittenes Thema in Kalifornien, davon und von einem kleinen, nur fünf Zentimeter langen, unter Artenschutz stehenden Fisch, dem Delta Smelt, wird noch die Rede sein.

Das State Water Project (SWP) des Bundesstaates Kalifornien wurde in den Sechzigerjahren begonnen, es umfasst mehr als 20 Dämme und über 1000 Kilometer Kanäle, Röhren und Tunnel. Das Wasser, das durch dieses System transportiert wird, dient vor allem der Wasserversorgung der Städte Los Angeles und San Diego, ein kleinerer Teil geht an die Landwirtschaft.[2]

An einem Nachmittag Anfang November stehe ich zusammen mit Dr. Martin Kunz (Ehemann, Fotograf, Fahrer, Fair-

---

[1]   1 acre-foot: Die Menge Wasser, die eine Fläche von einem acre (400 Quadratmeter) mit einem Fuß (30,48 cm) Wasser bedeckt = 1233,48 Kubikmeter. 2 acre-feet entsprechen der Wassermenge eines olympischen Schwimmbeckens. Im Folgenden wird die US-Maßeinheit acre-foot beibehalten.

[2]   Nicht nur in Südkalifornien hängt das Überleben von Metropolen wie Los Angeles, Industrie und Landwirtschaft von der ausreichenden Verfügbarkeit von Wasser ab. Dasselbe gilt für alle Staaten im Südwesten und Westen der USA. Den Kampf um Wasser, die politischen Intrigen, technische Meisterleistungen und Desaster sowie die Entstehungsgeschichte von CVP und SWP beschreibt Marc Reisner in ›Cadillac Desert‹, ein Buch, das noch immer als Standardwerk für die Wasserpolitik im Westen der USA gilt.

Trade-Pionier, Politikwissenschaftler) auf der Staumauer des Shasta Reservoirs. Bei der Fertigstellung 1945 war dieser Damm nicht nur der zweitgrößte (nach dem Hoover-Damm) in den USA, er galt auch als absolute technische Meisterleistung mit einem Fassungsvermögen von 4,5 Millionen acre-feet (ca. 5,5 Milliarden Kubikmetern). Auf der einen Seite der 183 Meter hohen Staumauer erstreckt sich ein riesiger See, gefüllt mit dem kalten, blaugrünen Wasser des Sacramento-Flusses, der in den Klamath Mountains, der Wasserscheide zwischen Kalifornien und Oregon, entspringt. Die bewaldeten Hänge fallen steil zum Wasser hin ab, Laubbäume leuchten in herbstlichen Farben zwischen dem dunklen Grün der Nadelbäume, in der Ferne schimmern schneebedeckte Gipfel – vor 170 Jahren war dies eines der Zentren des kalifornischen Goldrauschs.

Wie der Schmutzring an der Wand einer ablaufenden Badewanne zeigt ein breiter, brauner Streifen über der Wasseroberfläche des Reservoirs, wie hoch der Wasserstand normalerweise sein müsste. Der Streifen ist schmaler als in den Vorjahren, anders als 2015 brachte der Oktober 2016 lange, intensive Regenfälle, und über den Sommer wurde nur eine vergleichsweise geringe Wassermenge in das Bewässerungssystem freigegeben. Auf der anderen Seite des Damms fällt die Staumauer beinahe senkrecht in schwindelerregende Tiefe ab. Ganz unten, am Fuß der Staumauer, sprudelt das wenige Wasser, das für die Bewässerung freigegeben ist, schäumend aus den beiden Turbinenhäusern in das alte Flussbett. Von hier fließt der Sacramento mehrere Hundert Kilometer durch den nördlichen Teil des Central Valley, bis er schließlich im Delta mündet.

An der Südseite des Deltas heben riesige Pumpstationen Wasser in die verzweigten kalifornischen Aquäduktsysteme CVP und SWP. Ein Teil wird über die gesamte Länge des San Joaquin Valley bis nach Los Angeles transportiert. Über weite Strecken verläuft der bis zu 30 Meter breite Aquädukt als schnurgerade Betonrinne parallel zur Nord-Süd-Autobahn Interstate 5.

Ungefähr auf dem halben Weg zwischen der kalifornischen

Hauptstadt Sacramento in der Mitte des Central Valleys und Bakersfield am südlichen Ende liegt Joe Del Bosques Farm. Nirgends sind die Böden so fruchtbar wie hier auf der West- seite des Tals, die Ernteerträge liegen weit über dem Durch- schnitt – wenn es genug Wasser gibt. Joe Del Bosque gründete die 800-Hektar-Farm 1985. Damals habe er vor allem Baum- wolle, Gerste, Weizen und Tomaten angebaut. »Damals haben wir noch bewässert, indem wir das Wasser vom Kanal direkt in die Ackerfurchen leiteten.« Doch von Jahr zu Jahr wurde das Wasser knapper und vor allem teurer. Heute liegt ein Drittel von Joe Del Bosques Anbaufläche brach, auf einem Drittel baut er Spargel und Melonen an, und auf dem letzten Drittel stehen Mandelbäume. Mit Tomaten lässt sich angesichts der Wasser- kosten kein Geld mehr verdienen, und selbst der Spargelanbau lohnt nicht mehr, 2016 hat Joe Del Bosque weitere 35 Hektar Spargel untergepflügt. »Wir haben die Wasserkrise schon lange kommen sehen«, sagt er, »und wir haben alles getan, um so sparsam damit umzugehen, wie nur irgend möglich. Seit 2000 verwenden wir nur Tropfbewässerung, je nach angebauter Sorte sind die Leitungen im Boden verlegt oder oberirdisch. Berieselungsanlagen setzen wir nur vor der Aussaat einiger Sorten ein, bei denen der Boden bis zu einer Tiefe von 75 Zen- timeter feucht sein muss.«

Diese tiefe Durchfeuchtung ist wichtig, denn dabei werden die in dieser Gegend natürlich im Boden vorkommenden Salze in tiefer liegende Schichten gedrückt, was bei der Tropfenbe- wässerung nicht der Fall ist und zu einer langsamen Vergiftung der Pflanzen durch Salz führt. Jedes Feld ist mit Sensoren aus- gestattet, die ein vollständiges Bild über die Bodenfeuchtigkeit in verschiedenen Tiefen auf allen Ackerflächen liefern. Joe Del Bosque nutzt den Service eines auf Bewässerung spezialisierten Agronomen, um mithilfe dieser Messdaten einen wöchentlichen Bewässerungsplan für die Farm aufzustellen. Berücksichtigt werden dabei auch andere Parameter wie die Wasserbedürf- nisse einer gepflanzten Sorte im jeweiligen Wachstumsstadium,

Bodenbeschaffenheit, Wetter und aktuelle Temperaturen. »Wir haben wirklich alle Wassersparmaßnahmen ausgereizt. Wir verbrauchen heute 1,5 acre-feet, wo wir 1985 noch 2,3 acre-feet benötigten. Und mit dieser Menge Wasser produzieren wir 1000 Kisten Melonen statt früher 700. Wir haben die Wassermenge um 35 Prozent gesenkt und dabei die Erträge um 30 bis 35 Prozent erhöht. Es ist nicht möglich, noch mehr Wasser zu sparen, jetzt können wir nur noch auf neue Sorten setzen, mit denen wir noch höhere Erträge erzielen, bei gleichbleibend exzellenter Qualität.«

Anders als die Farmer im östlichen Teil des San Joaquin Valley können Farmer wie Joe Del Bosque im Westen keine Brunnen bohren, das Grundwasser ist viel zu salzhaltig. Damit sind sie ausschließlich auf Wasserzuteilungen über das föderale CWP oder das kalifornische SWP angewiesen.

Diese beiden gigantischen Wasserinfrastrukturen dienen gleichermaßen landwirtschaftlicher, städtischer und ökologischer Nutzung. Doch schon lange reicht das Wasser nicht mehr für alles. Die Bevölkerung in Südkalifornien, in Los Angeles, in San Diego, aber auch im Silicon Valley nimmt weiter zu. Die anhaltende Dürre und der Delta Smelt, ein kleiner, unter Artenschutz stehender Fisch, haben zu einem erbitterten politischen und juristischen Kampf um Wasser geführt. Auf der einen Seite stehen die Landwirte des San Joaquin Valley, die, wie Joe Del Bosque gezwungen sind, einen Teil ihres Ackerlands brachliegen zu lassen, weil zur Bewirtschaftung das Wasser fehlt. Auf der anderen Seite steht eine Zweckgemeinschaft von Fischern und Umweltschützern: Den Fischern geht es um den Erhalt der lukrativen Lachse, die im Sacramento und anderen Flüssen laichen; die Umweltschützer möchten das Überleben des Delta Smelt und des Deltas als Ökotop sichern. Ausgetragen wird der Kampf vor Gericht mit einer Flut von ökonomischen und Umweltgutachten. Seit 2008 dürfen die riesigen Pumpen, die Wasser aus dem Delta ansaugen und in die Aquädukte pumpen, nur noch betrieben werden, wenn dadurch keine Fische gefährdet werden. Während der Sommermonate müssen außerdem immer wieder große Wassermengen unter anderem aus dem Shasta Reservoir freigesetzt werden, um Wasserstand und Temperatur im Sacramento auf einem für die Lachsmigration geeigneten Niveau zu halten. Jedes Jahr fließen auf diese Weise Trillionen Liter Flusswasser in die Bucht von San Francisco und den Pazifik, ohne dass die Landwirtschaft davon einen Nutzen hätte.

Was die Farmer im Central Valley besonders aufbringt, ist die Tatsache, dass sich die Fischpopulationen trotz dieser Maßnahmen nicht erholen. Peter Moyle, Biologe an der University of California, Davis[3], ist einer der besten Kenner des Deltas. In den Siebzigerjahren habe man Delta Smelts zu Hunderten in Netzen fangen können, sagt Moyle[4], inzwischen gehe er davon aus, dass der Smelt in einigen Jahren ausgestorben sein wird. Vertreter des Agrarsektors betonen, dass Wasser nicht der einzige Faktor sei, der Auswirkungen auf die geschützten Fischpopulationen habe: invasive Spezies wie Streifenbarsch und eine aus Asien eingeschleppte Krabbenart reduzierten das Nahrungsangebot, immer noch flössen zu viele städtische Abwässer ungeklärt ins Delta, die Landwirtschaft der im Delta liegenden Inseln steigere die Nitratbelastung. Für Peter Moyle spielen alle diese Faktoren eine Rolle, das Delta sei ein äußerst komplexes Ökosystem, das sich ständig verändere und von Menschen verändert werde. Beispielsweise sei die Sogwirkung der Pumpen so stark, dass sich die Fließrichtung des Wassers umkehre, was für die an Gezeitenströme gewöhnten Fische sehr verwirrend sei. Die Tatsache, dass es sich um gesetzlich geschützte und bedrohte Fischarten handele, zwinge die Behörden dazu, die Pumpen manchmal wochenweise stillzulegen,

3   UC Davis: eine der zehn Hochschulen der University of California. Davis liegt westlich von Sacramento.
4   Interview mit Peter Moyle, *Bay Nature Magazine*, 25. 1. 2016, http:// baynature.org/article/a-backup-plan-for-the-delta-smelt/

retten werde das den Delta Smelt jedoch nicht.[5] Im Delta stehen sich Interessen von Umweltschützern und Landwirten diametral gegenüber.

Die Auseinandersetzung um die ökologische Wassernutzung fing in den Neunzigerjahren an, erinnert sich Joe Del Bosque. Damals begann das Bureau of Reclamation, die Washingtoner Behörde, die die Wasserzuteilung für das CVP regelt, die für die Landwirtschaft ausgewiesene Wassermenge zu reduzieren. »In unserer Gegend hier bekamen wir 2007 die letzte Wasserzuteilung.« Jeweils im Frühjahr wird die Wassermenge bekannt gegeben, die den Farmern zum Preis von 130 Dollar pro acre-foot zur Verfügung stehen wird. Seit 2008 ist die zugeteilte Menge für das westliche San Joaquin Valley 0 Prozent. Ohne Wasser wächst nichts, die Farmer müssen also versuchen, über die zuständige Wasserbehörde des Bezirks Wasser zu kaufen. Wer sich das Wasser nicht leisten kann, muss Ackerland brach liegen lassen oder die Landwirtschaft sogar ganz aufgeben. »Wir zahlen inzwischen 1000 bis 1300 Dollar pro acre-foot Wasser«, sagt Joe Del Bosque, »den Preis von 1300 Dollar kann keiner von uns durchhalten, 1000 Dollar pro acre-foot sind langfristig ebenfalls nicht machbar.« Joe Del Bosque bleibt nichts übrig, als zu rechnen, wie viel Wasser er vorfinanzieren kann und wie viel Land er brach lassen muss. Mandelplantagen können nicht brachliegen: Wenn die Bäume nicht bewässert werden, sterben sie ab.

Bei Joe Del Bosque bekommen also zunächst die Mandelbäume genau so viel Wasser, wie sie zum Überleben brauchen, den Rest nutzt er, um das anzubauen, was die höchsten Gewinne einbringt, und das sind derzeit Cantaloupe-Melonen. »Von der Aussaat bis zur Ernte braucht eine Melone fast

5 Interview mit Peter Moyle, *Water Deeply* (einem unabhängigen, digitalen Medienprojekt, das monothematisch über die Wasserkrise in Kalifornien berichtet), 1.6.2016, https://www.newsdeeply.com/water/articles/2016/06/01/how-do-we-sustainably-manage-the-deltas-fish

230 Liter Wasser, aber Melonen halten die Hitze gut aus, und für biozertifizierte Früchte bekommen wir Preise, die den Anbau gerade noch rentabel machen.« Geerntet wird von Juni bis Ende September, von Hand werden jeweils nur perfekt ausgereifte Früchte der »richtigen Größe« gepflückt: Zu kleine oder zu große Melonen nehmen die Biosupermärkte nicht ab, und angesichts der hohen Lohn- und Verpackungskosten können diese Früchte noch nicht einmal als B-Ware verkauft werden, Joe Del Bosque musste in den letzten sechs Dürrejahren 35–40 Prozent der biozertifizierten, perfekt gereiften Melonen unterpflügen, weil sie nicht die kartongerechte Idealgröße hatten.

Es ist unumstritten, dass 2016 das sechste Dürrejahr in Folge für Kalifornien war, mit zu wenig Regen und vor allem kaum Schnee in den Bergen. Die komplizierten Wasserrechte in Kalifornien hier verschärfen die Krise zusätzlich, meint Joe Del Bosque. Als er im Februar 2014 in der Zeitung vom bevorstehenden Besuch von Präsident Obama im nahe gelegenen Fresno las, lud er ihn via Twitter auf seine Farm ein, und zum allgemeinen Erstaunen nahm Barack Obama die Einladung an. Dutzende Fotos an der Wand in Joe Del Bosques Büro dokumentieren die Stippvisite und den Moment, als eine seiner sechs Töchter dem Presidenten spontan um den Hals fiel.

»Ich sagte zu ihm: Mister Präsident, wir bauen hier genau das an, was die First Lady möchte, das wir alle essen‹.« Das San Joaquin Valley ist unumstritten ideal für den Anbau von Gemüse, Früchten und Nüssen. In seiner kurzen Ansprache auf der Farm sagte Präsident Obama[6]: »Dürreperioden sind schon ein Teil des Lebens hier im Westen gewesen, bevor einer von uns auch nur geboren war. (…) Aber es ist wissenschaftlich bewiesen, dass der Klimawandel sie verstärkt. Wissenschaftler mögen debattieren, ob ein bestimmter Sturm oder eine be-

6   Offizielles Videomaterial der US-Regierung zum Besuch Präsident Obamas auf der Del-Bosque-Farm im Februar 2014, veröffentlicht auf: http://delbosquefarms.com/

stimmte Dürre eine Folge des Klimawandels ist. Aber eines ist unwiderlegbar richtig: Sich verändernde Temperaturen beeinflussen Dürre in mindestens dreifacher Weise: 1. Mehr Regen fällt als Sturzregen. Dadurch gibt es mehr Oberflächenablauf und das Wasser kann nicht gespeichert und nutzbar gemacht werden. 2. Mehr atmosphärischer Niederschlag in den Bergen fällt als Regen und nicht als Schnee, dadurch führen die Flüsse früher im Jahr kein Wasser mehr. 3. Das ganze Jahr über verlieren Boden und Wasserreservoirs mehr Wasser durch Verdunstung. (…) Wir müssen zusammenkommen und sicherstellen, dass wir dem Wasserbedarf der Landwirtschaft, der Städte, der Industrie, der Umwelt gleichermaßen gerecht werden. Es ist ein großes Projekt, aber ich bin sicher, dass wir es schaffen können.«

Wie sieht Joe Del Bosque die Zukunft? »Unser Überleben hängt davon ab, dass Leute das essen wollen, was wir anbauen. Wir werden weniger Landwirtschaft im San Joaquin Valley haben. Mehr Land wird brachliegen, aber wir werden überleben.« Und er hofft weiter darauf, dass 2016 das letzte Dürrejahr war, dass die winterliche Niederschlagsmenge steigt und dass CVP den Farmern wieder die ihnen zustehende Wassermenge liefert.

Bis dahin sind Farmer wie Joe Del Bosque weiter auf das diplomatische Geschick von Menschen wie Sarah Clark Woolf angewiesen. Sie stammt aus einer Farmerfamilie, ist mit einem Farmer verheiratet und im Vorstand des Westland Water District. Die »Water Districts« sind die Verwaltungseinheiten, die für die Bereitstellung und Zuteilung von Wasser im Agrarsektor zuständig sind. Im San Joaquin Valley gibt es 28 Wasserdistrikte, und Westland Water ist mit einer Fläche von 250 000 Hektar landwirtschaftlicher Nutzfläche eines der größten Wasserverwaltungsgebiete in den USA. »Wir sind für die Wasserversorgung von mehr als 700 Farmen zuständig«, erklärt Sarah Woolf. »Über das Central Valley Project stehen uns eigentlich pro Jahr 1,19 Millionen acre-feet zu. Das sind etwa 2,5 acre-feet pro acre[7] Land. Die meisten Sorten, die wir hier anbauen, brauchen 3–6 acre-feet. Am durstigsten sind die Mandelbäume. Selbst wenn wir die volle Wasserzuteilung bekämen, würde das nicht ausreichen.« 2014 und 2015 hat Westland gar kein Wasser über das CVP bekommen, 2016 soll die Zuteilung 5 Prozent betragen, aber bei unserem Gespräch im November 2016 ist auch das nur eine Absichtserklärung. »Wir haben hier jede Menge Wasser, das nur auf dem Papier existiert, und damit wird Handel getrieben«, sagt Sarah Woolf. In diesem Jahr hat der Westland Water District 150 000 acre-feet Wasser für die Farmer gekauft, der Durchschnittspreis lag bei 800 Dollar, aber »wir hatten einige Besitzer von Mandelbaumplantagen, die in einer solchen Notlage waren, dass sie 2500 Dollar pro acre-foot bezahlt haben, um ihre Bäume über den Sommer zu retten«.

Wasserrechte in Kalifornien als »kompliziert« zu bezeichnen ist eine Untertreibung und beschreibt nicht einmal im Ansatz das chaotische Wirrwarr aus vertraglichen Regelungen, die bis ins 19. Jahrhundert zurückreichen und dafür sorgen, dass ein Farmer sich gleich mit mehreren unterschiedlichen Preisstrukturen, Verfügbarkeiten und Zuteilungen auseinandersetzen muss. So haben beispielsweise vier Wasserdistrikte im San Joaquin Valley »auf Ewigkeit« erworbene Rechte, die die Lieferung des vollen Wasserkontingents garantieren – auf Kosten der übrigen 24 Distrikte (und der dort ansässigen Farmer), die dieses Wasser kaufen und bereitstellen müssen.

Wo man Wasser kauft? Zum Beispiel bei Sandy Denn. Gemeinsam mit ihrem Mann bewirtschaftet sie die Snow Goose Farm in Willows im regenreicheren Sacramento Valley (der nördlichen Hälfte des Central Valley) nördlich der kalifornischen Hauptstadt Sacramento. 22 Jahre lang war Sandy Denn außerdem Vizepräsidentin des Tehama Colusa Water District, dessen Wasserrechte auf das Jahr 1860 zurückgehen. Die meisten der

7   1 acre entspricht 0,4 Hektar.

1200 Farmer dieses Bezirks bauen Reis an, in der Gewissheit, dass sie dazu wie gewohnt ihre Felder fluten können. »Wir bekamen regelmäßig Anfragen von Wasserbezirken aus dem San Joaquin Valley, ob wir Wasser transferieren könnten. Wir haben dann bei unseren Farmern gefragt, wer bereit ist, Land brach liegen zu lassen und die zugehörige Wasserquote zu verkaufen. Pro acre-foot bekommt man in diesem Jahr zwischen 400 und 600 Dollar, rechnen Sie noch administrative Kosten dazu und Energiekosten – es ist enorm teuer, das Wasser in den Aquädukt zu pumpen –, dann sind Sie für die Farmer im San Joaquin Valley bei einem Preis von 1000 Dollar und mehr.« Oder wie Joe Del Bosque es formulierte: »Wir kompensieren die Farmer im Norden für den ›Ertrag‹ von Feldern, die sie nie bestellt haben. Mit dem Verkauf von Wasser kann man ohne einen Finger zu rühren so viel verdienen wie mit Landwirtschaft.«

Während im Wasserbezirk von Sandy Denn beim Verbrauch mit Erfahrungswerten und groben Schätzungen gearbeitet wird, hat im San Joaquin Valley jeder Farmer ein Wasserkonto, das strenger gehandhabt wird als ein Bankkonto: »Überziehungskredit bekommt bei uns keiner«, sagt Sarah Woolf. »Das Wasser fließt zunächst durch die offenen Kanäle des Central Valley Project. Im Abstand von jeweils einer Meile zweigen Rohrleitungen ab, die es weiter verteilen. Jeder Farmer hat entlang seiner Felder Entnahmepunkte, die mit Wasseruhren ausgestattet sind. Wenn sie Gefahr laufen, mehr Wasser zu entnehmen, als sie Guthaben auf ihrem Wasserkonto haben, wird per Computer ein automatischer Warnhinweis an ihre Mobiltelefonnummer gesendet. Und wenn jemand tatsächlich zu viel entnimmt, hat er nur ein paar Stunden Zeit, jemanden zu finden, der ihm von seinem Wasserkonto Kredit gewährt.« Viele Farmer hätten die Möglichkeiten, wassersparender zu arbeiten noch nicht voll ausgeschöpft, sagt Sarah Woolf, aber selbst die effizienteste Nutzung würde nichts an der Tatsache ändern, dass es nicht genug Wasser gebe. »Im Westland Water District liegt inzwischen fast die Hälfte des Ackerlandes brach, weil das

Wasser fehlt. Und um die andere Hälfte zu bewirtschaften, greifen die Farmer auf die Grundwasserreserven zurück.«

Arthur & Orum, die Firma, deren Chef mir stolz das Ölbohrgerät zeigte, mit dem seine Crews inzwischen bis auf 600 Meter Tiefe nach Wasser bohren, stellt derzeit im Monat zehn neue Tiefenbrunnen fertig. Neukunden kommen auf eine lange Warteliste, und natürlich ist Arthur & Orum nicht die einzige Wasserbohrfirma im San Joaquin Valley. Die Dürre ist eine Ursache des Wasserbohrrauschs, die andere sind die Mandeln.

»Es braucht eine Gallone (knapp 4 Liter) Wasser, um eine einzige Mandel zu produzieren. Und das ist nicht einmal die irrsinnigste Wahrheit bei diesem von Hedgefonds angeheizten Rennen, mitten in einer katastrophalen Dürre durstige Bäume zu pflanzen«, schrieb Tom Philpott, Agrarjournalist beim linksliberalen US-Magazin ›Mother Jones‹ im November 2014.[8] Als Beispiel nannte Philpott den New Yorker Pensions- und Investmentfond TIAA, der 1500 Hektar Ackerland in Kalifornien besitzt und sich als den fünftgrößten Mandelproduzenten der Welt bezeichnet. Während Ende der neunziger Jahre in Kalifornien etwa 270 Millionen Kilogramm Mandeln produziert wurden, waren es – trotz der Dürre – 2012 bereits 1,8 Milliarden Kilogramm.[9]

Mandeln waren, unterstützt von einer 28 Millionen Dollar teuren Werbekampagne[10] zum neuen *super food* geworden: Mandeln als gesunder Snack, voll »guter« ungesättigter Fettsäuren und Vitamin E, reich an Ballaststoffen, mit niedrigem glykämischem Index, frei von Gluten, für Veganer geeignet ... Mandelbutter zum Frühstück, Mandelmilch im Kaffee und Mandeln

---

8 Tom Philpott, »California Goes Nuts«, *Mother Jones*, Ausgabe November/Dezember 2014, S. 26ff.

9 Tara Lohan, »The Big Shortage. How Drough is Impacting Water Investment Markets«, 20.10.2016, *News Deeply/Water Deeply*, https://www.newsdeeply.com/water/articles/2016/10/20/the-big-shortage-how-drought-is-impacting-water-investment-markets

10 Finanziert vom »Almond Board of California«, der Marketingorganisation der kalifornischen Mandelanbauer und -verarbeiter.

für zwischendurch, in der Handtasche oder im Aktenkoffer. Der Boom hält nicht nur an, er steigert sich. 2005 wurden auf knapp 240 000 Hektar Land im Central Valley Mandeln angebaut, 2015 waren es 360 000 Hektar, 8000 Hektar mehr als noch im Jahr zuvor.[11] Die etwa 6000 Mandelanbauer brauchen laut Angaben ihrer Interessenvereinigung, des Almond Boards, pro Jahr 3 Millionen acre-feet Wasser für ihre Plantagen und produzieren 80 Prozent der Mandeln weltweit und 99 Prozent aller Mandeln in den USA.

Mit fast 10 Dollar pro Kilo erreichten die Mandelpreise 2015 Rekordhöhe. 2016 fielen die Preise deutlich, doch die meisten Anbauer planen – den Lebenszyklus der Bäume im Blick – langfristig über 25 bis 30 Jahre und erweitern und verjüngen ihre Plantagen. Investoren denken ebenso wie Hedgefonds zuerst an die möglichen Profite und nicht daran, woher das Wasser für die Plantagen kommen soll. »Es gibt eigentlich kein Wasser, das den Anbauern in diesem Teil der Welt rechtmäßig zur Verfügung steht«, zitiert die Tageszeitung ›Sacramento Bee‹ den Wasserexperten Adam Keats vom Center for Food Safety in San Francisco.[12] »Sie haben so viel Wasser, wie sie nur können, aus anderen Teilen des Staates (Kalifornien) gestohlen, um Mandeln anzubauen.« Mandelbaum-Neupflanzungen sind nur noch mit neuen, tieferen Brunnen und Grundwasser möglich.

Auf einer schmalen, schnurgeraden Straße im östlichen Teil von Madera County und in dichtem, kühl-feuchtem Nebel sind wir auf der Suche nach dem Abzweig zu Tom und Dan Rogers Mandelplantage. Nur die dunklen Stämme der ersten beiden Baumreihen sind zu erkennen, alles andere verschwindet in weißem Nichts. *Tule fog* heißt dieser Bodennebel, der

11 Dale Kasler, Phillip Reese und Ryan Sabalow, »California almonds, partly blamed for water shortage, now dropping in price«, *Sacramento Bee*, 30. 1. 2016, http://www.sacbee.com/news/state/california/ water-and-drought/article57432423.html
12 ebd.

sich in den Wintermonaten im San Joaquin Valley bildet, wenn es zuvor geregnet hat. Als wir die Farm erreichen, verdampft der Nebel bereits unter der Hitze der kalifornischen Novembersonne. Eine große Scheune dient gleichzeitig als Lagerhalle für die Mandeln, Maschinenschuppen und Büro. Tom, groß und breitschultrig, hat gerade zwei Campingstühle aufgetrieben, als sein Bruder Dan am Steuer eines Elektro-Golfkarrens auftaucht; auf dem Sozius, die Ohren gespitzt, sitzt Zack, ein Colliemischling.

Seit 1981 bewirtschaften die beiden Brüder die 70-Hektar-Farm gemeinsam. Damals hatte ihr Vater gerade auf knapp 20 Hektar die ersten Mandelbäume gepflanzt. Familiengeschichte und Wendepunkte der US-Geschichte kreuzen sich auf dieser Farm: Die Großeltern kamen aus Italien über das Einwandererlager Ellis Island in die USA. Toms und Dans Vater wurde in Texas geboren und verließ die elterliche Farm während der Dust-Bowl-Ära[13] in der Hoffnung, in Kalifornien auf fruchtbarerem Land neu anfangen zu können. Er baute zunächst Getreide an, hielt Milchvieh auf Gras, stieg um auf Baumwolle, Alfalfa und Weizen. Während der Dürrewelle der Siebzigerjahre hielt er Mastrinder, bis er beschloss, dass Mandeln das kalifornische Zukunftsprodukt sein würden. »Unser Vater war sehr progressiv«, sagt Tom, »er wollte immer dazulernen, neue Dinge ausprobieren und das, was er tat, noch besser tun. Wir sind genauso.« »Wir wollen die besten Farmer sein, die wir sein können und gleichzeitig genug zum Leben verdienen«, ergänzt Dan, »wir lernen gerade viel dazu – was für uns vor fünf Jahren noch Routine war, machen wir inzwischen völlig anders. Es sind spannende Zeiten.«

Wasser, Klimawandel und die Auswirkungen des Klimawandels auf die Verfügbarkeit von Wasser sind die großen Herausforderungen für Tom und Dan. Ihre Farm ist im Osten des San

13 Eine Zeit verheerender Staubstürme in den Great Plains in den 1930er Jahren, in der die Äcker buchstäblich wegflogen.

Joaquin Valleys gelegen. Die Felder hier werden nicht über Rohrleitungen mit Wasser versorgt, sondern über Oberflächenwasser und ein Netz von Gräben und Kanälen. Das Wasser kommt
aus den Bergen der nahen Sierra Nevada, wo es in den Wintermonaten in den tieferen Lagen als Regen fällt. In den höheren
Lagen bildet sich eine dicke Schneeschicht, die in der warmen
Jahreszeit langsam abschmilzt und Wasser für die Farmen liefert. Die Dicke der Schnee- und Eisschicht in den Bergen wird
in Kalifornien so regelmäßig und genau gemessen wie andern-
orts Temperatur und Windstärke, denn dieser *snow pack* ist
für das östliche San Joaquin Valley ein natürlicher Wasserspeicher, der bis zu 30 Prozent des Wasserbedarfs deckt.

Seit Beginn der Dürre in Kalifornien hat sich nicht nur die
Niederschlagsmenge verringert, die insgesamt während der
Wintermonate fällt. Die Durchschnittstemperaturen liegen inzwischen so viel höher, dass sich die Schneegrenze in den Bergen deutlich nach oben verlagert hat und Niederschlag vielfach
als Regen fällt und nicht mehr als Schnee. Am 1. April 2015 ergab die offizielle, staatliche Messung, dass die Schneemenge in
der Sierra Nevada 95 Prozent unter dem langjährigen Jahres-
durchschnitt lag. Der Temperaturanstieg trifft so die Farmer in
doppelter Weise: Wenn in den Bergen Regen statt Schnee fällt,
steht nicht genug Speicherkapazität z.B. in Staubecken zur Verfügung, um das zusätzliche Wasser aufzufangen. Es fließt über
Flüsse und Kanäle ins Delta, ohne für die Landwirtschaft von
Nutzen zu sein. Die Schneedecke in den Bergen ist dünn oder
fehlt ganz. Dort, wo es noch etwas Schnee gibt, schmilzt er
aufgrund des inzwischen wärmeren Klimas früher im Jahr – im
Hochsommer kommt kein Tropfen mehr von den Bergen.

Auch in den Sierras herrscht inzwischen extreme Dürre, die
die Wälder bereits schwer geschädigt hat. Nach Angaben der
zuständigen Regierungsbehörde, dem US Forest Service[14], star-

14 http://www.usda.gov/wps/portal/usda/usdahome?contentid=2016/
    11/0246.xml&contentidonly=true

ben im Sommer 2016 durch die anhaltende Dürre weitere 36 Millionen Bäume. Die Auswertung von Luftaufnahmen ergab, dass seit Beginn der gegenwärtigen extremen Trockenperiode 102 Millionen Bäume abgestorben sind, die meisten davon im südlichen Teil der Sierra Nevada. Viele der überlebenden, aber schwer geschädigten Bäume sind zusätzlich von Borkenkäfern bedroht. Die toten Bäume steigerten die Intensität der Waldbrände, die 2016 auf größeren Flächen wüteten und früher im Jahr begannen.

Zurück zu Tom und Dan Rogers. Wir sind auf dem Weg, das neu verlegte Bewässerungssystem zu begutachten. Wenn möglich, nutzen die Rogers Oberflächenwasser, wenn nicht genug zur Verfügung steht, müssen sie zusätzlich Wasser aus den drei 160 Meter tiefen Brunnen auf ihrem Land pumpen. Der erste Besitzer, der die Farm vor 101 Jahren anlegte, baute das Wohnhaus neben dem Quellwasser, das aus einem artesischen Brunnen sprudelte. Heute liegt der Grundwasserspiegel bei 76 Metern. So dramatisch, wie der Wasserspiegel in den letzten Jahren gesunken ist, rechnen die Brüder damit, dass sie in spätestens fünf Jahren in einen neuen Brunnen investieren müssen, weil die drei existierenden nicht mehr tief genug reichen.

»Wir haben unseren Wasserverbrauch in wenigen Jahren um 25 Prozent reduziert«, sagt Tom, »wir haben beidseitige Tropfbewässerung, die Wurzeln der Bäume werden dadurch gleichmäßig mit Wasser versorgt. Wir sind dabei, die Bewässerung unter die Erde zu legen, das spart noch einmal Wasser. Wir haben begonnen, mit Gründüngung zwischen den Baumreihen zu arbeiten. Wir experimentieren mit den Bewässerungsplänen, wir wollen wissen, ob es sich positiv auswirkt, wenn wir im Mai und Juni mehr bewässern und dafür weniger im Juli und August, in diesen Monaten ist Wasser besonders knapp.« Die Bewässerung ist computergesteuert, eine Notwendigkeit auch angesichts der Tatsache, dass Mandelbäume weiblich oder männlich sind, in alternierenden Reihen gepflanzt werden und einen unterschiedlichen Wasserbedarf haben. Alle weiblichen

Bäume sind von einer Sorte, die qualitativ besonders hochwertige Mandeln produziert, die sich gut schälen und verarbeiten lassen. Bei den männlichen Bäumen haben sich Tom und Dan für zwei besonders ertragreiche Sorten entschieden. Die männlichen Bäume werden im Schnitt zweimal am Tag eine Stunde lang bewässert, die weiblichen Bäume kommen mit der halben Wassermenge aus.

»Wir können vermutlich nicht noch einmal 25 Prozent Wasser sparen, aber 5 oder 10 Prozent, das könnte klappen.« Tom und Dan bewirtschaften die 70-Hektar-Farm gemeinsam mit nur einem Angestellten. Mindestens zweimal pro Woche laufen sie die gesamte Plantage zu Fuß ab und kontrollieren jeweils zwei Baumreihen auf beiden Seiten. Ab Juni gilt es, auf Lecks in den Bewässerungsschläuchen zu achten, das gesamte Tal ist dann so trocken, dass Mäuse, Kojoten, Waschbären, Kaninchen und Erdhörnchen die Schläuche aufbeißen, um zu trinken, selbst Krähen schaffen es, Löcher in die Plastikwandung zu hacken. »Das hält uns fit. Wir sehen genau, was los ist, was die einzelnen Bäume brauchen, und wir können schnell reagieren, z.B. die Wassermenge genau dort erhöhen, wo die Bäume Wasser brauchen. Oft laufen wir acht Stunden durch die Plantage. Das einzige Problem ist: manchmal ist es so wunderschön hier, du schaust einfach nach oben in die Baumkronen und plötzlich merkst du, dass du vergessen hast auf die Bewässerungsleitungen zu schauen, um mögliche Lecks zu finden.«

Mandelbäume sind kapriziös, nur unter optimalen Bedingungen finden sich im Oktober in den grünen Hüllen perfekt geformte Nussschalen, jede gefüllt mit einer prallen, großen, aromatischen Mandel. Der Zyklus beginnt im Februar, eine bestimmte Zahl trockener, warmer Tage ist nötig, damit sich der Boden so weit erwärmt, dass der Baum Blüten ansetzt. Tom und Dan sprühen dann einen biologischen Blattdünger, um die Bäume zu unterstützen, denn noch befinden sich die Wurzeln in der Winterruhe, die Energie, Blüten zu treiben, kommt aus den gespeicherten Zuckerreserven des Baumes. Zeit auch, sich mit dem Bienenmakler in Verbindung zu setzen. Im Schnitt werden für einen Hektar Mandelplantage drei Bienenvölker für die Befruchtung benötigt. In den letzten Jahren ist viel über das Bienensterben in den USA (Colony Collapse Disorder, CCD) berichtet worden. Nach Angaben der US-Umweltbehörde EPA überlebt im Schnitt ein Drittel der Bienenvölker nicht, und die Hauptursache dafür ist CCD[15].

Wie es zur Colony Collapse Disorder kommt, ist noch nicht völlig geklärt, aber der Einsatz von Spritzmitteln ist mit Sicherheit ein wichtiger Faktor. 2011 betrug die »Miete« für ein Bienenvolk zum Einsatz bei der Mandelblüte noch 135 Dollar, sagt Tom, inzwischen seien Preise von 185 bis über 200 Dollar üblich. Tom und Dan arbeiten eng mit »ihrem« Bienenbroker zusammen. Nur wenn die gelieferten Bienenvölker gesund und stark sind, wird die größtmögliche Zahl von Blüten bestäubt, und nur diese Blüten werden Mandeln ansetzen. 2016 setzten sie deshalb zum ersten Mal statt eines herkömmlichen Fungizids ein für den Bioanbau zugelassenes ein, mit gutem Erfolg, die Bienen seien danach in einem sehr guten gesundheitlichen Zustand gewesen.

Neue Wege gehen die beiden auch beim Einsatz von Düngemitteln. »Früher haben wir Stickstoffdünger kiloweise eingesetzt, heute rechnen wir mit millionstel Teilen. Außerdem bewässern wir mehr, wenn wir Dünger einsetzen, und wir setzen dem Wasser mikrobielle Produkte zu, die Bodenmikroben nähren und unterstützen. Wir fangen gerade erst an zu begreifen, wie wichtig gesunde Böden sind.« Ende Oktober haben Tom und Dan in einem Teil der Plantage zwischen den Baumreihen eine Mischung aus Klee und anderen Leguminosen gesät, »Gründüngung wird mit Sicherheit die Bodenqualität verbessern. Wir werden regelmäßig Bodenproben entnehmen und wir hoffen, dass die Stickstoffwerte ansteigen, dann kommen wir mit noch weniger chemischem Dünger aus«, meint Tom. Den

15 https://www.epa.gov/pollinator-protection/colony-collapse-disorder

Einsatz von Pestiziden haben sie im Sommer schon drastisch reduziert: Statt regelmäßig Schädlingsgifte zu sprühen, haben sie zum ersten Mal Pheromonfallen eingesetzt und sind mit den Ergebnissen sehr zufrieden. Nachhaltige Landwirtschaft ist für Tom und Dan Rogers kein Selbstzweck, natürlich wollen sie mit ihren Mandeln Profit machen, aber »damit wir gut leben können, brauchen wir gesunde, produktive Bäume und gute Böden«. Dass die Kalkulation aufgeht, zeigt sich bei den Erträgen: 2500 bis 2600 US-Pfund[16] pro Acre (0,4 Hektar) seien ein hervorragendes Ergebnis, sagen Tom und Dan, die auf 3000 Pfund/acre kommen.

Der Preis für Mandeln in Kalifornien ist vom Bedarf des Weltmarktes abhängig – und von Spekulation. 2015 rechneten die Investoren zunächst mit einem schlechten Jahr, die Mandelpreise stiegen auf 4,50 Dollar bis 5,00 Dollar pro US-Pfund. Im Herbst folgte eine Rekordernte und die Preise fielen auf 2,00 Dollar. Weil die Farm praktisch schuldenfrei ist und die Rogers die Inputkosten so niedrig wie möglich halten, können sie bei einem Mandelpreis von 2,25 Dollar gerade noch kostendeckend produzieren.

Seit dem Beginn des kalifornischen Mandelbooms investieren Hedgefonds, Versicherungen und andere Spekulanten in Plantagen und Land für Neupflanzungen. Geführt werden solche Plantagen wie ein Industrieunternehmen, meint Tom, »solche Investoren steigen schnell in den Markt ein und genauso schnell wieder aus. Erst gibt es ein Überangebot, dann sinken die Preise, und wenn der Markt zusammenbricht, ziehen sich die Investoren entweder ganz schnell zurück, oder sie kaufen die kleinen Farmen, die den Preissturz nicht überlebt haben, zu einem Spottpreis auf.«

Noch hält die Expansion im Mandelsektor unvermindert an, selbst in der extrem trockenen Gegend südlich von Bakersfield werden neue Mandelplantagen angelegt. »Dort werden so viele

16   1 US pound entspricht 0,453592 Kilogramm.

neue Brunnen gebohrt, du kannst praktisch zusehen, wie der Grundwasserspiegel sinkt«, sagt Dan. Auf solchen auf maximalen Profit in minimaler Zeit ausgerichteten Plantagen würden außerdem extreme Mengen an Agrarchemie eingesetzt, die Entwicklung sei wirklich besorgniserregend. Tom und Dan Rogers bleiben optimistisch, sie setzen darauf, dass sie mit gesunden Bäumen auf guten Böden bei geringen Inputkosten, hohen Erträgen und exzellenter Qualität langfristig am Markt überleben können.

Wir stehen noch immer auf der Grasnarbe am Rande der Plantage, vor uns die langen Reihen der in exakten Abständen gepflanzten Mandelbäume, die letzten Nebelreste sind längst verschwunden, es ist ein weiterer warmer Novembertag mit tiefblauem, wolkenlosem Himmel. Wir amüsieren uns über Zack, der versucht, die Sonnenreflexe auf dem Boden mit der Pfote zu erlegen. Dann kommen Tom und Dan noch einmal auf ihre Grundüberzeugungen zu sprechen: Die besten Farmer zu sein, die sie sein können, und teilzuhaben an einem kontinuierlichen Lern- und Entwicklungsprozess, der sicherstellt, dass Landwirtschaft in diesem Teil Kaliforniens Zukunft hat.

Ein Motto, das genauso von Craig McNamara[17] stammen könnte. 1980 gründete er Sierra Orchards, eine 180-Hektar-Farm, auf der er vorwiegend Biowalnüsse anbaut. Wir sitzen in Craigs wunderschönem Büro, einer umgebauten großen Gartenhütte, deren breite Fenster den ungehinderten Blick auf einen frühmorgendlich sonnendurchfluteten Hain alter Walnussbäume freigeben. Die Zusammenhänge von landwirtschaftlichen Praktiken, Klimawandel und Wasserknappheit beschäf-

---

17 Craig McNamara ist der Sohn des früheren US-Verteidigungsministers Robert McNamara (1961–1968), der das wachsende militärische Engagement der USA in Vietnam förderte. Als Student demonstrierte Craig McNamara gegen den Vietnam-Krieg. Von 1968–1981 war Robert McNamara Präsident der Weltbank.

tigen Craig McNamara nicht nur auf seiner Farm, seit 2002 gehört er u.a. dem State Board for Food and Agriculture an, einem Expertengremium, das die kalifornische Regierung berät. Seit fünf Jahren ist er dessen Präsident. Zu den Aufgaben des Expertenrats gehört die Ausarbeitung einer Langzeitstrategie für Kaliforniens Landwirtschaft, die bis 2030 umgesetzt werden soll. Auf der Farm selbst hat McNamara das »Center for Land-Based Learning« aufgebaut, ein gemeinnütziges Aus- und Weiterbildungszentrum besonders für junge Menschen, die nachhaltige Landwirtschaft, Nahrungsmittelproduktion und Umweltschutz verbinden wollen. »Für mich steht die Bodengesundheit im Vordergrund«, sagt McNamara, »guter Boden ist unsere Wasserbank und was Sie auf unserer Farm sehen, ist das Ergebnis von gesunden Böden. Wir haben endlich angefangen zu begreifen, wie wichtig gute Böden sind, es hat ähnlich lange gedauert wie bei Übergewichtigkeit, wo wir viel zu spät verstanden haben, dass wir dabei sind, uns umzubringen.«

Die Sierra Orchards Farm liegt im Norden des San Joaquin Valleys in der Nähe des kleinen Ortes Winters und am Ufer des Putah Creek, eines Flusses, der sogar jetzt, Ende Oktober, noch Wasser führt. Aber: »Der Wasserverbrauch in der Landwirtschaft im Winter ist viel zu groß und auf Dauer nicht haltbar«, sagt Craig McNamara. »Die Brunnen hier stießen früher bei einer Tiefe von 25 Meter auf Wasser, jetzt reichen 60 Meter nicht mehr aus. Und wir haben viel weniger Regen. Normalerweise sollten wir etwa 60 Zentimeter Regen pro Jahr haben, inzwischen ist es allenfalls die Hälfte.« Die geringe Niederschlagsmenge ist für McNamara nur eine der vielen Auswirkungen des Klimawandels: Der für die Landwirtschaft wichtige feucht-kalte Herbstnebel bleibt inzwischen immer öfter aus, und die Temperaturen liegen das ganze Jahr deutlich über den Durchschnittswerten. Das hat dramatische Auswirkungen für Obst- und Nussplantagen. »Walnussbäume brauchen etwa 1000 Stunden, in denen die Temperaturen unter 5 Grad Celsius liegen, derzeit sind es maximal noch 750 Stunden, das ist gerade noch ausreichend, aber weniger vertragen die Bäume auf keinen Fall: Sonst setzen sie keine Früchte an.«

Die steigenden Temperaturen sind nicht nur für Craig McNamara der Faktor, der für die Landwirtschaft in Kalifornien die größte Gefahr darstellt, größer noch als die Dürre. Mit Wasser kann man haushalten, aber an zu warmen Wintern lässt sich nichts ändern. Fast die gesamte Plantage ist auf unterirdische Tropfenbewässerung umgestellt, was den Wasserverbrauch im Sommer extrem reduziert hat. Die im Erdreich installierten Sensoren erlauben Craig McNamara, die Bodenfeuchtigkeit in jedem Teil der Plantage über eine App auf seinem Mobiltelefon zu kontrollieren. Im Winter werden Äcker mit dem dann reichlich im Putah Creek vorhandenen Wasser geflutet. Was nicht im Boden gespeichert wird, perkoliert zurück ins Grundwasser und führt damit wenigstens einen kleinen Teil der Wassermenge, die im Sommer über Brunnen entnommen wurde, zurück in den Aquifer, den Grundwasserleiter.

Zwischen den Bäumen wächst Gründünger. »Bei der Ernte muss für die Maschinen der Bewuchs zwischen den Bäumen ganz kurz sein«, erklärt McNamara. Zum ersten Mal hat er in diesem Jahr nicht gemäht, sondern diese Arbeit 4000 Schafen überlassen, die zwei Monate lang im Schatten der Walnussbäume grasten. Sowohl er als auch der Wanderschäfer seien mit dem Ergebnis sehr zufrieden gewesen. Auf der Farm gibt es mehrere Teiche, die sich im Winter mit Regenwasser füllen und von Wildtieren und Zugvögeln genutzt werden. Überall auf der Plantage finden sich »Inseln« mit blühenden Pflanzen, die Bienen und bestäubenden Insekten Nahrung bieten.

Zusammen mit seinem Sohn hat Craig McNamara eine Methode entwickelt, die grünen, in großen Mengen giftigen Außenhüllen der Nüsse zu kompostieren, indem sie mit den geschredderten, beim Baumschnitt anfallenden Zweigen, Rinde und Holz alter, gefällter Bäume gemischt werden. Im Vorbeifahren weist er uns auf riesige Berge von Walnusshüllen hin, die sich neben der Entkernungsanlage eines Nachbarn auftürmen und als Müll entsorgt werden müssen. Auf der Sierra Orchard Farm hingegen stehen an diesem Spätherbsttag weiße Schleier über den Komposthaufen, wie menschlicher Atem ist die Wärme, die sich durch Fermentationsprozess entwickelt, in der Morgenkühle sichtbar: In knapp einem Jahr wird aus Schalen, Rinde und Zweigen nährstoffreiche, lebendige Erde. »Seit 36 Jahren habe ich mein Herz und meine Seele in diese Farm investiert«, sagt Craig McNamara, doch alle positiven Maßnahmen könnten langfristig nur Erfolge bringen, wenn das eigentliche Problem gelöst und die rücksichtslose Ausbeutung der endlichen Grundwasserressourcen im San Joaquin Valley durch immer neue, immer tiefere Brunnen gestoppt würde.

2014 unterzeichnete der Gouverneur von Kalifornien ein Gesetz zur nachhaltigen Grundwassernutzung, den »Sustainable Groundwater Management Act«, SGMA. Für Craig McNamara ist es eines der wichtigsten Gesetze für Kalifornien überhaupt, auch wenn es erst sehr spät, nämlich 2020, in Kraft treten wird. Bis dahin können individuelle Farmer und von der Wallstreet finanzierte industrielle Farmen so viel Wasser pumpen, wie sie über Brunnenneubohrungen finanzieren können. Bislang wird nicht erfasst, wer wie viel Grundwasser wo nutzt, und noch ist nicht klar, nach welchen Regeln der Verbrauch ab 2020 eingeschränkt werden wird.

Auf welchen Widerstand und welches Unverständnis die Umsetzung von SGMA stoßen wird, erfahren wir ein paar Tage später in Stratford, einem kleinen Ort im südlichen Teil des San Joaquin Valley, westlich von Tulare. Die Farm von Charles Meyer liegt am südlichen Ortsrand. Ich »begegnete« ihm zum ersten Mal in einem kurzen, im Sommer 2016 gedrehten Dokumentarfilm.[18] Am Rande eines staubigen Ackers stehend, erzählte er, dass er in den letzten Jahren wegen des Wassermangels habe Land verkaufen müssen, um die Farm vor dem Untergang zu retten. Ein langer Kameraschwenk zeigt brachliegende Flächen

18 https://www.youtube.com/watch?v=NUaltJizQ50

45

und dann ein Baumwollfeld. Bei unserem Besuch frage ich ihn nach der Größe der Farm. Von seinen 1600 Hektar habe er 70 Hektar verkaufen müssen. Insgesamt bewirtschaften konnte er nur 400 Hektar, für mehr habe das Wasser nicht gereicht. Normalerweise baut Charles Meyer, wie schon sein Vater vor ihm, Baumwolle an, dazu etwas Weizen. Umstellen will er nicht, auch wenn Baumwolle viel Wasser braucht und nicht nur in Kalifornien, sondern im gesamten Süden der USA gedeiht. Die typischen Anbaustaaten für Weizen liegen östlich der Rocky Mountains.

Im Oktober 2016 hat Meyer einen neuen, 400 Meter tiefen Brunnen bohren lassen und hofft, dass er genug Wasser pumpen kann, um weitere sieben Jahre Baumwolle anbauen zu können, dann werden die 200 Hektar Pistazienbäume, die er 2015 gepflanzt hat, ihre ersten Erträge bringen. Ganz auf den Anbau von Pistazien umstellen will er nicht, er sieht sich weiter vor allem als Baumwollfarmer. Was denkt er über SGMA? »Das ist ein kriminelles Gesetz, von kommunistischen Politikern gemacht. Das Wasser unter unserem Grund und Boden gehört uns und niemandem sonst.«

Das Argument, dass Wasser ein Gemeingut ist, so wie die Luft, die wir atmen, lässt er nicht gelten. Und die Tatsache, dass Wasser im Sinne des Wortes im Fluss ist und aus einem riesigen Aquifer stammt? Auch das interessiert ihn nicht, schließlich sei der neue Brunnen mit seinem Geld auf seinem Land gebohrt worden. Kann er sich nicht doch vorstellen, etwas anderes als Baumwolle anzubauen? Hochwertigere Sorten wie Trauben oder Zitrusfrüchte, die nur unter den speziellen klimatischen Bedingungen des Central Valley wirklich gut gedeihen? Er deutet auf einen Gebäudekomplex auf der anderen Seite eines riesigen Feldes: Das sei eine Baumwollentkernungsanlage, die vor einigen Jahren den Betrieb habe einstellen müssen, weil wegen der Dürre nicht mehr genug Baumwolle in der Region produziert wurde. »Mein Traum ist, die Anlage aufzukaufen und instand zu setzen. Dann kann ich meine

Baumwolle wieder vor meiner Haustür entkernen und zu Ballen pressen lassen.«

Deprimiert fahren wir zurück in Richtung Fresno. Wenige Meilen südöstlich liegt Del Rey und die Masumoto Family Farm. Die Biopfirsiche, die Mas Masumoto, der Sohn japanischer Einwanderer, und seine Familie anbauen, lösen selbst in New York bei Gourmets und Spitzenköchen Entzücken aus. »Entdeckt« wurde Mas Masumoto von Alice Waters, in den USA berühmt als Köchin, Begründerin der »vom Hof zum Tisch« (*farm to table*)-Bewegung, dem Trend, mit regional angebauten Zutaten saisonal zu kochen, Inspiration für Michelle Obama und Besitzerin des Kultrestaurants Chez Panisse im kalifornischen Berkeley.

»1994, während einer meiner ersten Abende in der Küche von Chez Panisse fiel mein Blick auf ein Dessert, das zum Servieren bereitstand. (…) Ich holte tief Luft, weil der Anblick so verrückt war. Es war ein einzelner Pfirsich auf einem Dessertteller, kein Zweig Minze, kein Hauch von Himbeersoße. Es war ein Pfirsich, sonst nichts.«[19] Diese Beschreibung stammt von Dan Barber, heute selbst Spitzenkoch und Mitbesitzer von Blue Hill in Manhattan und Blue Hill at Stone Barns, einem Edelrestaurant mit angeschlossener Farm nördlich von New York. Auf der Speisekarte von Chez Panisse habe damals lediglich gestanden: »Mas Masumoto, Sun Crest Peach«, schreibt Dan Barber.

Bei unserem Besuch Anfang November ist die Pfirsichsaison leider längst beendet, dafür hat Mas Masumoto Zeit zu reden. Die biozertifizierte Farm umfasst gut 30 Hektar, auf einem Drittel der Fläche wachsen zwölf verschiedene, traditionelle Sorten Pfirsich- und Nektarinenbäume, darunter natürlich noch immer die »Sun-Crest«-Pfirsiche. Auf etwa 15 Hektar baut Masumoto kernlose Trauben an, die im Spätsommer für

---

19 Dan Barber, ›The Third Plate, Field Notes on the Future of Food‹, Little, Brown, 2014, S. 135.

knapp drei Wochen zwischen den Reihen auf Papier ausgebreitet und zu Rosinen getrocknet werden. Die Farm liegt im Bewässerungsgebiet des King River, und das bedeutet, dass in den meisten Jahren mehr Wasser zu günstigeren Preisen zur Verfügung steht, als in den meisten anderen Regionen des San Joaquin Valley. Von 2013 bis 2015 gab es auch in diesem Wasserdistrikt wegen der Dürre keine Wasserzuteilung, 2016 erhielten die Farmer immerhin 50 Prozent.

Die Farm der Masumotos hat zwei Brunnen, die auf eine Tiefe von etwa 50 Metern reichen. Für die Bewässerung werden die Furchen zwischen den Baumreihen genutzt. Mas Masumoto hält nichts von Tropfenbewässerung. »Sie schadet dem Boden, denn das Wasser nährt nur den Baum und es wird direkt zu den Wurzeln geliefert. Das macht die Bäume faul, sie werden nicht gezwungen, auf der Suche nach Wasser ein tief nach unten reichendes, starkes Wurzelnetzwerk zu entwickeln.« Die Bewässerung jeder der kurzen Baumreihen kann über ein eigenes Ventil individuell geregelt werden. Die Furche ist ganz schnell mit Wasser gefüllt, es sickert ein und kommt neben den Bäumen auch den Bodenorganismen zugute. Was nicht aufgenommen wird, diffundiert wieder ins Grundwasser. Wann immer möglich, nutzt Masumoto Oberflächenwasser, Wasser aus den beiden Brunnen verwendet er nur, wenn es absolut sein muss. Wenn 2020 SGMA in Kraft trete, müsse man sehen, wie viel Grundwasser überhaupt noch entnommen werden dürfe.

Obwohl das Gesetz die Masumotos hart treffen könnte: Anders als Charles Meyer, der seine Äcker wenigstens brach liegen lassen kann, wenn es kein Wasser gibt, sind Obst- und Nussplantagen auf eine bestimmte Wassermenge angewiesen, sonst sterben die Bäume ab. Trotzdem hält Mas Masumoto genau wie Craig McNamara und die Mandelanbauer Tom und Dan Rogers das Gesetz für wichtig und sinnvoll, sie alle sind sich einig, dass der gegenwärtig völlig ungeregelte und exzessive Grundwasserverbrauch über neue, immer tiefere Brunnen nur durch ein Gesetz eingeschränkt werden kann. Und ohne wirksamen

Schutz der noch bestehenden Grundwasserreserven hat die Landwirtschaft in Südkalifornien keine Überlebenschance. »Der Klimawandel ist Realität«, sagt Mas Masumoto, »die Temperaturen steigen an, das Wetter wird unberechenbarer und in Kalifornien wird es weniger Wasser geben.«

Genau wie für die Walnussbäume von Craig McNamara sind auch bei Pfirsichen die Klimaerwärmung und der Mangel an kalten Tagen ein Problem. Und die alten Sorten sind besonders empfindlich, wenn es ihnen im Winter zu warm ist. »Sie brauchen 600 bis 1000 Stunden mit Temperaturen unter 7 Grad Celsius. Der Winter 2015/16 war ok, aber im Jahr davor hatten wir nur ungefähr 400 Stunden, in denen es kalt genug war. Die niedrigen Temperaturen geben dem Pfirsichbaum das Signal, dass er schlafen kann. Wenn es nicht lange genug kalt ist, wachen die Bäume zwischendurch immer wieder auf. Sie haben den milden Winter überstanden, aber sie waren richtig nörgelig.«

Der Übergang von Winterkälte zu Frühlingstemperaturen gibt Obst- und Nussbäumen ein klares Signal, Blüten zu treiben und in eine aktive Wachstumsphase einzutreten. Ist es im Winter zu warm, fehlt dieses Signal, und die Bäume setzen kaum oder wenig Blüten an. Mas Masumoto und seine Tochter Nikito, die inzwischen hauptberuflich mit auf der Farm arbeitet, setzen darauf, dass die Bäume sich an die veränderten Bedingungen anpassen können. Bei anhaltender Dürre können sie stärkere, längere Wurzeln treiben, um an tiefer liegende Wasserschichten zu kommen. Mas markiert im Herbst Äste, deren Laub früh braun wird, damit sie herausgesägt werden können. »Der Baum sagt uns, dass er müde ist«, erklärt er, »wir versuchen buchstäblich, seine Last zu erleichtern. Dieser Ast wird im Sommer keine Früchte tragen und das hilft dem Baum, besser mit den heißeren, trockeneren Sommern klarzukommen.«

Masumoto setzt auf die Langlebigkeit der Bäume, Anpassung braucht Zeit. Ein Pfirsichbaum trägt nach drei bis vier Jahren die ersten Früchte und auf einer konventionellen Plantage werden die Bäume nach etwa 15 Jahren gefällt und durch neue ersetzt. Die Sun-Crest-Pfirsiche wurden 1968 gepflanzt und tragen immer noch. »Das sind richtige ›Arbeitspferde‹, dagegen sind die Sorten, die die ganz hohen Ernteerträge bringen wie Rennpferde und genauso empfindlich.« Der Klimawandel bedeute auch, dass sich die Einstellung der Kunden und des Handels ändern müsse. »Es kann sein, dass wir langfristig die alten Sorten nicht mehr anbauen können. Alles wird sich verändern, wir haben komplettes Neuland betreten. Die Früchte sind inzwischen uneinheitlich, sie sind kleiner und bekommen viel schneller Druckstellen, wir ernten insgesamt weniger, aber der Geschmack ist viel intensiver geworden.«

Die Masumotos versuchen, daraus neue Verkaufsstrategien zu entwickeln. Seit einigen Jahren gibt es auf der Farm ein Adoptionsprogramm für Pfirsichbäume der Sorte Alberta. Für 650 Dollar kann man einen Baum adoptieren, die Früchte, meist zwischen 140–270 Kilogramm, muss man selbst ernten, auf der Farm wird dafür ein Erntefest organisiert, und ob man einen Adoptivbaum mit mehr oder weniger Pfirsichen erwischt hat, ist Glückssache. Auf diese Weise entwickeln die Kunden nicht nur eine neue, intensive Beziehung zu »ihrem« Baum, den Pfirsichen und der Farm, es haben sich auch eine Reihe von interessanten Kontakten ergeben, z.B. zu einer kleinen Brauerei, die Pfirsiche mit Druckstellen oder besonders kleine Früchte für ein »belgisches Fruchtbier« verwendet. Während die Pfirsiche, die normalerweise in Supermärkten angeboten werden, grün geerntet, verschickt und dann in regionalen Lagerhallen gereift werden, sind die Pfirsiche der Masumotos am Baum ausgereift; nur so sind sie wirklich saftig und entwickeln ihr einmaliges Aroma.

Um sicherzustellen, dass die extrem empfindlichen Früchte unbeschadet bei Kunden in Los Angeles, Chicago oder New York ankommen, arbeiten die Masumotos mit einer kleinen Gruppe von Pflückern, die nicht nur überdurchschnittlich bezahlt werden, sondern auch noch einen Bonus bekommen können. Geerntet werden zunächst die Früchte ganz oben in den

Bäumen, die an den unteren Zweigen bekommen weniger Sonne, und es dauert einige Tage länger, bis sie reif sind. Das alles ist zeitaufwendig und kostenintensiv, diese Pfirsiche sind ein Luxusprodukt. Ein zunehmend begehrtes – auch erste Versuche mit Online-Marketing sind Erfolg versprechend.

Werden diese Maßnahmen ausreichen, um die Folgen des Klimawandels soweit abzupuffern, dass die Farm auch in Zukunft rentabel bleibt? »Manchmal werde ich völlig panisch bei dem Gedanken, dass zu meinen Lebzeiten hier vielleicht nichts mehr von dem wächst, was wir jetzt anbauen«, sagt Tochter Nikiko Masumoto. »In spätestens fünf Jahren müssen wir wissen, was wir außer Pfirsichen und Rosinen hier noch produzieren können.« Traditionelle Feigensorten und die Vermarktung der frischen Früchte sind eine Option, Oliven eine andere. Die ersten Bäume verschiedener Oliven- und Feigensorten sind längst gepflanzt und beginnen zu tragen, und Nikiko hofft, dass bei einigen Geschmack und Aroma so außergewöhnlich sind, dass sich der Anbau lohnt.

Mas Masumoto ist Farmer, Schriftsteller und Dichter, Tochter Nikiko ist ebenfalls Künstlerin, beide verbinden Landwirtschaft und Kunst – im Englischen stecken Kunst und Kultur noch im Wort für Landwirtschaft: *agri-culture*. »In der ›Agri-Kultur‹ müssen wir genauso Kontext schaffen, wie das Gourmets, Köche und ›Foodies‹ schon lange tun, es geht um so viele Dinge: Geschmack, Gesundheit, Technologie….«. Es gilt, die Verbindung herzustellen zwischen der Ästhetik, dem Aroma und Geschmack des Pfirsichs auf dem Dessertteller bei Chez Panisse und den Pfirsichbäumen auf der Farm der Masumotos. Wer einen Pfirsich genießt, sollte um die Farm wissen und um die Probleme mit Wassermangel, Klimawandel und zu warmen Wintern.

Mas Masumoto geht in vielerlei Hinsicht ungewöhnliche Wege, weil er langfristig und in systemischen Zusammenhängen denkt. Ein Beispiel ist die Furchenbewässerung, die nicht nur Bäume und Bodenorganismen nährt, sondern einen Teil des

Wassers wieder ins Grundwasser zurückführt. Aber in Zeiten von Dürre und hohen Wasserkosten denken die meisten Farmer vor allem daran, wie sie Wasser sparen können. Mit technischen Hilfsmitteln wie Feuchtigkeitssensoren lässt sich bei der Tropfenbewässerung die Wassermenge so genau dosieren und applizieren, dass wirklich nur die Wurzeln eines Baumes oder der entsprechenden Nutzpflanze versorgt werden. Wasserstress wird z.B. bei Tomaten in einer bestimmten Wachstumsphase gezielt als Mittel eingesetzt, um mehr Früchte mit höherem Zuckergehalt zu erzeugen. Einen wöchentlichen Bewässerungsplan aufzustellen ist ein Job für Spezialisten. Weil die Farmer seit Beginn der Dürre einen zehn- und manchmal zwanzigfach höheren Preis für das Wasser zahlen müssen, das über die Infrastruktur des CVP und das SWP in das San Joaquin Valley transportiert wird, lohnt es sich auf einmal, eine halbe oder dreiviertel Million Dollar auszugeben, um einen tieferen Brunnen bohren zu lassen.

»Jeder hat seinen Strohhalm in derselben Badewanne, und es kommt nur darauf an, wie stark und wie tief man saugt«, sagt Tom Willey, Biolandwirt in Madera nördlich von Fresno. Seit 1980 betreibt er gemeinsam mit seiner Frau und 50 fest angestellten Mitarbeitern eine biozertifizierte Gemüsefarm und gehörte damit zu den ersten Biobauern im Central Valley. Inzwischen sind schätzungsweise 120 000 Hektar Land allein im San Joaquin Valley biozertifiziert. Durch das milde Klima kann auch im Winter Gemüse angebaut werden, auf der Farm der Willeys gedeihen übers Jahr zwischen 50 und 80 verschiedene Gemüsesorten und Beerenfrüchte. Die Biosupermarktkette Whole Foods gehört seit Langem zu seinen festen Kunden, doch obwohl er für sein Gemüse beste Preise bekommt, versucht Tom Willey derzeit, die Farm zu verkaufen. Neben den steigenden Lohnkosten[20] sind die Folgen des Klimawandels der

20   Kalifornien hat nicht nur hohe Mindestlöhne, sondern für Arbeitskräfte in der Landwirtschaft gilt jetzt nach acht Stunden eine Über-

Hauptgrund. Im Sommer ist es so heiß, dass bestäubende Insekten weniger oder gar nicht fliegen, das bedeutet weniger Fruchtansätze und geringere Erträge. Gemüsesorten wie Bohnen, die ausgeglichene Temperaturen brauchen, nicht zu heiß und nicht zu kalt, gedeihen nicht mehr. Frühjahr und Herbst sind feucht-heiß – ideale Bedingungen für die Ausbreitung von Pilzerkrankungen wie Kartoffelfäule. Und dazu kommt dann noch die Dürre. Selbst in guten Jahren konnte Tom Willey allenfalls die Hälfte des Bedarfs mit Oberflächenwasser decken, die andere Hälfte stammt aus einem seiner beiden Brunnen. In 20 Jahren ist der Grundwasserspiegel um 22 Meter gesunken. 2011 ließ Tom Willey einen der Brunnen tiefer bohren. »Es ist ein Nullsummenspiel«, sagt Willey, »unser Brunnen reicht auf 150 Meter Tiefe, die Nachbarn haben gerade Mandelbäume gepflanzt und drei Brunnen bohren lassen, die 300 Meter tief reichen.«

Durch die höheren Temperaturen im Winter fällt in der Sierra Nevada der Niederschlag inzwischen häufig als Regen statt als Schnee, und es ist eine bittere Ironie für die Farmer im Central Valley, dass es jetzt zu Überflutungen kommt, wenn das Regenwasser nicht schnell genug über Flüsse und Kanalsysteme abgeleitet werden kann. Wasser, das die Landwirtschaft so dringend braucht, läuft ungenutzt ins Delta und von dort in den Pazifik.

Don Cameron – wir trafen ihn am Anfang dieses Kapitels inmitten eines riesigen Karottenfeldes – hat inzwischen eine Methode entwickelt, dieses Winterwasser zu nutzen: Er leitet es auf seine Flächen mit Dauerkulturen, im Fall der Terra Nova Ranch vor allem Mandelbäume und Weinreben. Cameron hatte die Idee 1983, einem extrem nassen Jahr mit intensiven Regen-

---

stundenregelung, die während der Ernte zu extremen Lohnkostensteigerungen führt. Besonders die Gemüseanbauer in Kalifornien können nicht mehr gegen Importe aus Mexiko konkurrieren, die Lohnkosten dort liegen bei 1–5 US-Dollar pro Tag.

stürmen. Auf seinen regelmäßigen Fahrten nach Sacramento kam er an einer Anlage mit Weinreben vorbei, die über mehrere Monate im Wasser standen und trotzdem wie sonst Früchte ansetzten. Im Winter 2011 nutzte er über die Bewässerungsgräben auf der Terra Nova Ranch abfließendes Regenwasser, um 120 Hektar Weinreben zu fluten. Von Februar bis Mai stand das Wasser konstant 50 Zentimeter hoch. Als die steigenden Luft- und Bodentemperaturen das Wasser soweit erwärmt hatten, dass es keinen Sauerstoff mehr enthielt und die Blätter gelb zu werden begannen, ließ er das Wasser ablaufen. Binnen einer Woche hatten sich die Reben erholt. »Das Experiment hat wunderbar funktioniert«, sagt Don Cameron, »in der Zeit, in der wir das Land geflutet hatten, sind schätzungsweise 3000 acre-feet Wasser wieder in den Aquifer zurückgeführt worden.«

Ein Jahr später begann Cameron mit Zuschüssen in Höhe von fünf Millionen Dollar, neue Kanäle und Bewässerungsschleusen einzurichten, mit dem Ziel, in der dritten Phase des Projekts 6500 Hektar regelmäßig zu fluten. Zusammen mit dem Almond Board versucht er, mehr Farmer davon zu überzeugen, ihr Land im Winter zu fluten. Eine von der California Water Foundation 2015 in Auftrag gegebene Studie geht davon aus, dass durch eine großflächige Ausweitung solcher Flutungsprojekte ein nachhaltiger Umgang mit den Grundwasserressourcen gewährleistet werden könnte. Die Autoren der Studie schätzen, dass dem Aquifer pro Jahr 1,2 Millionen acre-feet entzogen werden.[21] Don Cameron flutet inzwischen jeden Hektar Land auf seiner Farm, der dafür geeignet ist. »Bei Dauerkulturen funktioniert das hervorragend, besonders bei Bäumen, die in der Winterruhe sind. Zitrusfrüchte sind problema-

---

21 »Creating an opportunity: Groundwater recharge through winter flooding of agricultural land in the San Joaquin Valley«, Oktober 2015, http://waterfoundation.net/wp-content/uploads/2015/09/Creating%20an%20Opportunity%20On%20Farm%20Recharge%20Final%20Full%20Report%20(00306327xA1C15).pdf

tischer wegen der Ernte. Aber es ist alles eine Frage von Erfahrung und dem richtigen Timing.«

Auch für Cameron ist SGMA, das Gesetz für nachhaltiges Grundwassermanagement, die legislative Maßnahme, die über die Zukunft der Landwirtschaft im San Joaquin Valley entscheiden wird: Sie beendet den Wettlauf um den Zugang zu den letzten Grundwasserreserven durch das unkontrollierte Bohren immer neuer, immer tieferer Brunnen. »Die meisten Farmer haben überhaupt noch nicht begriffen, was hier wirklich passiert. Mit dem Klimawandel sind wir an einem Scheideweg. Wenn SGMA greift, dann können sie nicht mehr einfach Wasser aus dem Boden pumpen.« Doch selbst wenn die Flutungsprojekte die Wassermenge im Aquifer auf dem jetzigen Stand halten oder sogar über Jahrzehnte wieder erhöhen können, sieht Don Cameron für die Farmer im Westen des San Joaquin Valley keine Zukunft. Sie haben mit Abstand die fruchtbarsten Böden, können aber wegen des Salzgehalts im Grundwasser dort weder Brunnen bohren, noch haben sie Zugang zum »Winterwasser« aus der Sierra Nevada, das zum Fluten genutzt werden könnte. Die Terra Nova Ranch liegt nach seiner Einschätzung in einem Gebiet, in dem Landwirtschaft gerade noch möglich sein wird. »Ich glaube, dass wir überleben werden, aber in zehn Jahren wird die Farm ganz anders aussehen. Wir werden Dauerkulturen haben und einjährige Saaten, damit wir diese Felder brachliegen lassen können, wenn wir wieder mal ein Dürrejahr haben. Die einzige Konstante ist, dass sich alles ändert.«

Worin sich die Farmer und Wasserexperten, die wir trafen, unterscheiden, ist der Grad an Optimismus, mit dem sie in die Zukunft blicken. Mike Wade von der California Farm Water Coalition sagt, er mache sich überhaupt keine Sorgen. »Die Landwirtschaft wird sich verändern und verschlanken, wir werden andere Sorten anbauen. Wir haben uns immer umgestellt, wenn das nötig war, als Reaktion auf den Markt oder weil bestimmte Pflanzenkrankheiten oder Schädlinge auftraten. Unsere Industrie kann und wird sich weiterentwickeln.« Sarah Woolf, selbst Landwirtin und eine der Direktorinnen des Westland Water District räumt ein, dass sich viele Farmer mit Neuerungen häufig schwertun: »Wir sind oft nicht aufgeschlossen für neue Ideen, manchmal muss man uns zu Änderungen zwingen, selbst wenn sie am Ende so positiv sind wie z.B. Tropfenbewässerung.« Wie sieht sie die Überlebenschancen der Landwirtschaft in Südkalifornien? »Wir produzieren hier so viel Nahrungsmittel, dass es im Central Valley keine Landwirtschaft mehr geben könnte, ist einfach unvorstellbar – für die Lebensmittelversorgung in den USA und für den Export.«

Ähnlich argumentiert David Howitt, Professor an der Universität in Davis. »In Kalifornien haben wir im Vergleich zu anderen Staaten in den USA eine höhere Produktivität auf weniger Fläche und mit weniger Wasser«, sagt er. Aber auch Howitt geht davon aus, dass sich die Landwirtschaft im San Joaquin Valley stark verändern wird. Die Farmer auf der Ostseite des Tals, vor allem die mit eher kleinen Farmen, haben seiner Einschätzung nach deutlich bessere Zukunftsaussichten als die auf der Westseite, dort würden schon jetzt Farmen einfach aufgegeben, weil es kein Wasser gibt. Sinnvoll für den Anbau sind seiner Einschätzung nach Nüsse, Beerenobst, Gemüse und Trauben für Rosinen. Wenig Chancen gibt er den Milchbetrieben, auch wenn die Milchproduktion seit Jahren der stärkste oder zweitstärkste landwirtschaftliche Produktionszweig ist. Technologische Lösungen könnten noch effizientere Wassernutzung ermöglichen – Professor Howitt schätzt, dass sich aufgrund des Klimawandels die als Regen oder Schnee zur Verfügung stehende Wassermenge um 20–25 Prozent verringern wird. Der Kauf und Verkauf von Wasser müsse deshalb dringend vereinfacht werden. Außerdem könnte sich Howitt ein Prämiensystem vorstellen, als Anreiz, die Plantagen im Winter zu fluten, oder für Boden verbessernde Maßnahmen. Aber letztendlich sei die Landwirtschaft im »Fotosynthesegeschäft«, und nirgends in den USA seien die Wachstumsbedingungen so gut wie im Central Valley.

Pfirsichfarmer Mas Masumoto ist pessimistischer. »Die Landwirtschaft im Central Valley wird sich vermutlich auf den Stand von vor 50 Jahren zurückentwickeln. In Randlagen wird nichts mehr angebaut werden. Wenn du keinen guten Boden und kein Wasser hast, wirst du nichts anbauen. Und ich gehe davon aus, dass der Mandelsektor kollabieren wird, Überproduktion, kein Wasser und angewiesen auf den Export – das kann nicht gut gehen.«

Auch Craig McNamara geht angesichts des Klimawandels nicht davon aus, dass sich die Wassersituation im San Joaquin Valley verbessern wird, aber er hofft, dass Landwirtschaft, Kommunen, Umweltschützer und Fischereibetriebe einen Kompromiss finden können, das vorhandene Wasser gerechter zu verteilen. Aber selbst wenn die Farmer Technologie und nachhaltige landwirtschaftliche Praktiken einsetzen, um Wasser zu sparen, ob sie damit dem Klimawandel auf Dauer etwas entgegenzusetzen haben, ist für ihn noch keineswegs sicher. Besonders die steigenden Temperaturen und was das langfristig für Walnuss-, Mandel- und Pfirsichbäume bedeuten wird, sorgen ihn. »Wenn ich an die nächsten 25 Jahre denke, wenn sich der Klimawandel ungebremst fortsetzt, wenn es weniger Schnee in den Bergen gibt, dann bin ich nicht sicher, ob wir noch Walnüsse anbauen können. Ich hoffe so sehr, dass die Landwirtschaft in Kalifornien überlebt. Wir sind Gottes Platz auf Erden für die Nahrungsmittelproduktion. Es ist ein wunderschöner Staat mit guten Böden, gutem Klima, talentierten Menschen und uns steht viel Technologie zur Verfügung. Aber ich habe Sorge, dass wir der Verheißung, die darin liegt, nicht gerecht werden können.«

Februar 2017:
Überschwemmungen in Kalifornien – ist die Dürre vorbei?
Die Bilder aus Kalifornien sind dramatisch: Die tosenden Wasserkaskaden am beschädigten Entlastungswehr des Oroville-Damms erinnerten an die Niagarafälle, 180 000 Menschen wer-

den vorsichtshalber evakuiert. Bei San José tritt der Coyote Creek über die Ufer, 14 000 Menschen müssen ihre Häuser verlassen. Die zentrale Nord-Süd-Autobahn, I5, steht stellenweise unter Wasser. Auch am Shasta-Damm sind die Wehre nach 19 Jahren erstmals geöffnet, um den Wasserspiegel im Stausee zu reduzieren. Seit Wochen ziehen *atmospheric rivers* über Kalifornien hinweg, vom Pazifik kommende Wolkenbänder, die riesige Mengen Wasser enthalten, das sich in Wolkenbrüchen ergießt oder in den Bergen als Schnee fällt.

Für die Farmer im San Joaquin Valley bedeutet der Regen einen guten Start der Wachstumssaison 2017 und die Hoffnung darauf, dass sie im Sommer den größeren Teil ihrer Wasserzuteilung tatsächlich bekommen werden. Nach Jahren, in denen die Zuteilungen bei 0 Prozent lag, haben die Behörden für den Sommer derzeit 60 Prozent in Aussicht gestellt. Die Wasserreservoire sind – zum Überlaufen – gefüllt und die im Februar gemessene Schneedecke liegt deutlich über dem Durchschnitt.

Doch das alles bedeutet leider nicht, dass die Dürre in Kalifornien vorbei ist. Der größte Teil des Regenwassers kann nicht in Stauseen gesammelt werden und fließt »ungenutzt« über das Delta in den Pazifik. Die überdurchschnittlich hohe Schneedecke in den Sierras ist ein gutes Zeichen, aber die Temperaturen in Kalifornien steigen seit Jahren, auch in den Bergen beginnen Frühjahr und Sommer deutlich früher und dadurch schmilzt der Schnee eher. Statt im Juli die dann leeren Reservoire mit Schmelzwasser zu füllen, steht zu erwarten, dass die Schneeschmelze zu einem Zeitpunkt einsetzt, an dem die Stauseen noch voll sind: das Wasser würde ebenfalls »ungenutzt« ablaufen.

Doch das größte Problem bleibt der Grundwasserspiegel. Über Jahre haben die Farmer im San Joaquin Valley immer mehr und immer tiefere Brunnen bohren lassen, um den Wassermangel auszugleichen. Die Raumfahrtbehörde NASA hat im Februar einen Bericht vorgelegt, in dem über den Vergleich von Satellitenaufnahmen das Ausmaß der Bodensenkungen im Central Valley zentimetergenau bestimmt wird. Die Wasser führenden Schichten unter dem Tal sind porös und instabil, die schnelle Entnahme von großen Mengen Wasser über die Brunnen hat dazu geführt, dass die Gesteinsschichten wie ein trockener Schwamm zerfallen und zusammengesackt sind. Fazit der NASA-Studie: Über Hunderte von Quadratkilometern hat sich der Boden bereits um bis zu einem halben Meter gesenkt. Der Vergleich von Aufnahmen aus dem Frühjahr 2015 mit Satellitenfotos aus dem Herbst 2016 zeigt außerdem, dass sich das Senkungsgebiet flächenmäßig deutlich vergrößert hat und die Absenkungen tiefer werden. In zwei Landkreisen, Kings und Kern County, sackte der Boden innerhalb von nur zwei Jahren um 38 Zentimeter.

Das hat Konsequenzen für die Wasserinfrastruktur. Zwei der großen Kanäle, der California Aqueduct und die »Wasserarterie« des Central Valley, der Delta-Mendota-Canal, haben sich streckenweise um mehr als 60 Zentimeter gesenkt. Dadurch können jetzt nur noch etwa 80 Prozent der Wassermenge, für die die Kanäle ausgelegt sind, transportiert werden. »Die Absenkungsrate, die von der NASA seit 2014 dokumentiert wurde, ist beunruhigend und unhaltbar«, sagte William Croyle, der Direktor der Kalifornischen Wasserbehörde, DWR (California Department of Water Resources) auf einer Pressekonferenz Anfang Februar 2017.

Absenkungen seien schon lange ein Problem in bestimmten Regionen Kaliforniens, sagte Croyle, aber die Geschwindigkeit, mit der sie inzwischen voranschritten, gefährde die Infrastruktur und beeinträchtige nicht nur die Landwirtschaft. Millionen von Menschen, darunter auch die Bewohner der Metropolen Los Angeles und San Diego, bekommen ihr Wasser über die Kanalinfrastruktur im Central Valley. Nicht nur William Croyle sieht inzwischen das gesamte Wasserversorgungssystem in Gefahr.

Und daran ändern auch die Rekordregenfälle nichts: Grundwasser ist »altes Wasser«, das über die Jahrtausende im Aquifer eingelagert wurde. Regenwasser sickert nur ganz langsam in den Boden ein und dort, wo die einst Wasser führenden Schichten ausgetrocknet und wie ein Pfannkuchen in sich zusammengesunken sind, kann überhaupt kein Wasser mehr gespeichert werden. Geologen gehen davon aus, dass in den nächsten 50 Jahren in jedem Winter mindestens eine durchschnittliche Regenmenge fallen müsste, damit sich die Aquifer auf natürlichem Weg wieder füllen. Flutungsprojekte wie die von Don Cameron bleiben deshalb weiter das wichtigste Mittel, Wasser in den Aquifer zurückzuführen und den Grundwasserspiegel anzuheben. Die andere Hoffnung ist SGMA, das Gesetz zum nachhaltigen Umgang mit Grundwasser, das ab 2020 die Wasserentnahme durch Brunnen und die Zahl der Neubohrungen einschränken soll. Ein Ende der Dürre im San Joaquin Valley ist nicht abzusehen.

2
KAFFEE ADE.
WARUM DIE KAFFEEPAUSE KÜNFTIG AUSFÄLLT

»Dann treffen wir uns mal auf einen Kaffee«, die lockere Verabredung zur Kaffeepause könnte uns bald nicht mehr so leicht
über die Lippen kommen. Denn Kaffee ist auf dem Weg, ein
Edelgetränk zu werden, das sich nur noch Hipster und Wohl-
habende leisten können und das wie einst nur noch in kleinen
Tässchen gereicht wird.

Seit 2010 verlieren die Sträucher, an denen die Kaffeebohnen
reifen, an Kraft. Die Erträge lassen nach. Die Bauern klagen,
ihr Einkommen sei schon um die Hälfte gefallen. In den großen
Kaffeeregionen der Welt, in Afrika und Brasilien, dort, wo die
Königin der Bohnen, die Arabica, wächst, nehmen die Temperaturen zu, stellte 2015 eine Studie des internationalen Agrar-
forschungsinstituts CGIAR fest.[1] Besonders in den Nächten
kühlt es sich immer weniger ab. Abkühlung aber gehört zur
wichtigsten Voraussetzung für guten Kaffee. Doch seit der
Jahrtausendwende bleibt sie immer häufiger aus. Die Kaffeebauern könnten mit ihren Plantagen höher in die Berge ziehen,
aber in vielen Kaffeeregionen der Welt ist der Gipfel schon erreicht.

In Brasilien, dem größten Kaffeeproduzenten weltweit, kann

---

1 https://ccafs.cgiar.org/research-highlight/arabica-coffee-production-
   risk-due-changing-climate#.Vg2WlM56lFV

keiner mehr nach oben ausweichen. Es gibt dort keine höheren Berge mehr, die als Fluchtzone für die gewaltige Produktion des Landes infrage kämen. Und so droht dem Geschäft, von dem Starbucks und Co leben, in den kommenden Jahrzehnten der Rohstoff auszugehen. Am internationalen Agrarforschungsinstitut CGIAR suchen Forscher nach Alternativen, aber mehr als den weiteren Aufstieg der Kaffeebauern in größere Höhen können sie bisher auch nicht anbieten. Was helfen könnte, wäre eine neue Bewirtschaftungsmethode – Kaffee im Wald statt in der Plantage –, aber ob dies reicht, dem Klimawandel zu entgehen, bleibt fraglich.

Ein Besuch im Kaffeezentrum Brasiliens konfrontiert die Illusion vom endlosen Kaffeetrinken mit der nüchternen Realität. Der Klimawandel hat die Plantagen schon erreicht und verspricht nichts Gutes für die Bauern, das Land und die Kaffeetrinker. In den Kaffeeprovinzen São Paulo und Minas Gerais könnte der Klimawandel in diesem Jahrhundert nur noch wenig vom lukrativen Kaffeeanbau übrig lassen. Der Kampf ums Überleben hat begonnen.

Ortstermin in der Hauptstadt des Kaffees, in Lavras in der Provinz Minas Gerais. Der Weg nach Lavras von São Paulo führt entweder über die Landstraße, die die Menge der Lastwagen, die ins Innere des Landes fahren, kaum bewältigen kann. Acht Stunden braucht man für die knapp 400 Kilometer. Oder man bucht den Flug nach Belo Horizonte, der Hauptstadt der Provinz Minas Gerais, eine Flugstunde von São Paulo entfernt. Schon von oben sieht der Fluggast, was dieses Land reich gemacht hat. Wie ein Flickenteppich ziehen sich die kleinen Kaffeeplantagen durch die Berglandschaft. Doch erst auf dem Weg zur Kaffeemetropole Lavras erschließt sich ihr ganzer Reiz. Tiefe Täler und steile Hänge, an denen sich die letzten Reste des brasilianischen Urwalds an die Felsen klammern. Darüber auf den Kuppen und Hochflächen wächst der Kaffee, halbhohe Sträucher in Reih und Glied.

Die Geschichte dieses Landes, so erklärt es Sérgio Parreiras

Pereira, Forscher an der Universität von Lavras, wurde vom Kaffee geschrieben. Und bisher von den Kleinbauern verteidigt, sie sind die eigentlichen Herren des brasilianischen Kaffees. Mit 80 Prozent stellen sie die Mehrheit der 300 000 Kaffeefarmer des Landes. Ihre Höfe sind klein und die Flächen, auf denen sie die wertvollen Bohnen anbauen, auch. Auf gerade mal zwei Hektar bringt es der Durchschnitt. Davon kann man nur leben, wenn das Land noch andere Einkommensquellen bietet. In Minas Gerais sind das vor allem Gras, Kühe und Milch. Beides ergänzt sich gut, der Kaffee hat seine Hochzeit im Herbst und die Kühe haben ihre im Frühjahr. Dazu noch ein paar Hühner und ein paar Bäume mit Orangen, Papayas und Avocados. Auch Bananen gedeihen im warm-feuchten Klima, das reicht für eine Bauernfamilie wie die von Luzio und Marlie Valneoi. Ihr Hof liegt tief in den Bergen und hat bisher immer das erbracht, was die Familie zum Leben brauchte.

Doch seit 2014 spielt das Wetter nicht mehr mit. 2014 und 2015 blieb der Regen weitgehend aus. Eine Hitzewelle trieb die Temperaturen in die Höhe, im Boden staute sich die Hitze auf über 45 Grad. Die Sonnenstrahlen verbrannten Blätter. Das Gleiche traf auch einen Teil der Kaffeekirschen. Die Luftfeuchte stieg und mit ihr kam ein gefürchteter Pilz, der Kaffeerost, und weitere Plagen. Die Kaffeepflanzen stießen in ihrer Not Blätter und Früchte vorzeitig ab. Für Klimaforscher sind dies die Vorboten für das, was in Zukunft auf die Region zukommen wird. Klimawandel führt zu wachsender Unsicherheit für die Kaffeebauern.

Dazu gehört auch Fabricio Andrache. Er führt die Geschäfte der Facienda San Coffee in San Antonio do Amparo. Hier wächst Kaffee bis zum Horizont, kein Baum zwischen den Strauchreihen, kein Grün auf dem Boden. Das passt für Fabricio nicht in das System seiner 500-Hektar-Facienda. Er gehört zu den Großen der Branche. Die Maschinen bestimmen, was angepflanzt werden kann. Bäume, die den Kaffeesträuchern Schatten spenden könnten, stehen ihm da nur im Wege. Eigentlich bräuchte er auch mehr Schutz gegen den wachsenden Druck von Pilzsporen und Krankheitserregern. Seit die Temperaturen steigen, muss Fabricio immer häufiger zur chemischen Keule greifen. Glücklich macht ihn das nicht. Die wachsende Zahl von Krankheitserregern und neue Resistenzen haben seine Ausgaben für Chemikalien in den letzten Jahren von 50 auf 500 Real pro Hektar steigen lassen. Und ob er den Kampf gegen die Invasion von Pilzen, Bakterien und Viren mit immer neuen Agrarchemikalien gewinnen kann, ist ungewiss. Bei der letzten Trockenheit konnte er nur noch 30 der gewohnten 40 Sack Kaffee pro Hektar ernten. 25 Prozent Einbuße, das ist im Verhältnis zu anderen Kollegen noch wenig: Bis zu 40 Prozent Ertragsausfall mussten die hinnehmen. Auch auf der Facienda Santa Clara.

Santa Clara liegt gut 50 Kilometer von Lavras entfernt. Dort versiegten 2014 alle drei Brunnen. Es waren und sind die einzigen Quellen der Facienda. Zum Teil verbrannten die Kaffeebohnen am Strauch. Auch hier hatte sich der Kaffeerost über die geschwächten Büsche hergemacht. Die Hälfte der Ernte fiel aus. Simonal, der Betriebsleiter, schüttelt noch heute den Kopf: »Nein, wir waren nicht vorbereitet, überhaupt nicht«. Auch die Größe der Facienda konnte sie nicht retten, im Gegenteil. Die 500 Hektar der altehrwürdigen Plantage ließen die Geldverluste ins Astronomische steigen. Wenn der Besitzer von Santa Clara nicht in der Stadt leben und sein Geld als Jurist verdienen würde, hätten sie Konkurs anmelden müssen, erinnert sich Simonal.

Nur zwei der drei Brunnen von Santa Clara haben sich ein Jahr später wieder erholt. Höchste Zeit, sagt der Betriebsleiter, sich auf das neue Klima einzustellen, doch der Eigentümer tue sich schwer, das zu verstehen. Er ist nicht der Einzige, der die Warnungen in den Wind schlägt, die der Klimaforscher Romero Ruiz auf den Bauernversammlungen im Kaffeegürtel Brasiliens verkündet. Er rät seinen Zuhörern dringend dazu, das Klima und seine Veränderung ernst zu nehmen, sehr ernst.

Romero Ruiz berechnet am von der Hanns R. Neumann Stiftung in Hamburg geführten Institut in Lavras die Zukunft der Kaffeeregion. Seine Botschaft ist unerfreulich: Klimaextreme werden in Zukunft zum Alltag in den Kaffeeregionen gehören. Man sieht es seinem Gesicht an, es ist ihm unangenehm, einfach so die harsche Wahrheit zu verkünden, die seine Computer ausgespuckt haben. Doch seine Ergebnisse entsprechen denen des Weltklimarates IPCC in Genf. Auch er berechnete die Folgen des Klimawandels weltweit bis zum Ende des Jahrhunderts. Die Prognosen lassen keinen Zweifel daran, dass die Temperatur auch in den Bergen von Minas Gerais steigen und die Regenwahrscheinlichkeit deutlich sinken wird. Das trifft vor allem die Königin des Kaffees, die Arabica, die hier ihre größte Verbreitung hat. Sie reagiert höchst empfindlich auf Klimaveränderungen. Ihre Wohlfühltemperatur liegt zwischen 18 und 24 Grad, und ihre Heimat ist dort, wo mehr als 1000 Millimeter Regen pro Quadratmeter im Jahr fallen. Wenn die Temperaturgrenze von 30 Grad länger überschritten wird, dann stoppt ihr Wachstum, die Blätter verfärben sich gelb und Tumore bilden sich an den Sträuchern.[2]

Höhere Temperaturen, weniger Regen, diese Prognose gilt auch für das angrenzende Kaffeegebiet von São Paulo und damit für das ganze Zentrum des brasilianischen Kaffeeanbaus. Bis zum Ende dieses Jahrhunderts, so die Rechnungen von Romero Ruiz, könnte die Fläche des brasilianischen Kaffees um 80 Prozent schrumpfen. Nur noch in den Höhenlagen über 1000 Meter oder in Senken, in denen sich die Kälte sammelt, werden sich die Arabica-Bohnen halten können, erklärt er den ungläubigen Kaffeebauern auf ihrer Versammlung in Lavras. Dass sie alles bis auf eine Fläche von 20 Prozent verlie-

2   Aaron P. Davis, Tadesse Woldemariam Gole, Susana Baena, Justin Moat, »The Impact of Climate Change on Indigenous Arabica Coffee (Coffea arabica): Predicting Future Trends and Identifying Priorities«, *Plos One*, 7. November 2012.

ren sollen, wollen sie nicht glauben. Etwas Trost kann ihnen Eduardo Assat, Klimaforscher am staatlichen Agrarforschungsinstitut Empraba in Campinas geben. Er sieht die Zukunft nicht ganz so dramatisch. Eduardo rechnet auch mit Verlusten, aber höchstens mit 40 Prozent. Doch auch das würde heißen, dass zwei Fünftel des brasilianischen Kaffeelandes aufgegeben werden müssten.

Bisher will in Brasilien noch kein Bauer das Lied vom Tod des Kaffeeanbaus hören. Warum, das erklärt uns Alexandre Monteiro von der größten Kaffeegenossenschaft des Landes. Die Bauern hier misstrauen den Einzelstimmen aus der Wissenschaft. Sie leben in den Bergen, und dort setzt sich nur das durch und fort, was häufig genug wiederholt und weitergegeben wird. Alexandre nennt es den »Echoeffekt«, und bis der in den Köpfen der Bauern einen Wandel hervorruft, kann es lange dauern. Das bestätigt auch Professor Sérgio Parreiras Pereira, Kaffeeforscher an der Universität von Lavras. Wenn es um die Anpassung ihrer Plantagen an Hitze und Dürre geht, hält sich der Veränderungsdrang der Bauern hier noch sehr in Grenzen. Kaum einer kann es über sein Herz bringen, die alten empfindlichen Sorten auszureißen und sie gegen widerstandsfähigere auszutauschen. »Von seiner Ehefrau trennt man sich ja auch nicht so einfach«, scherzt der Professor. »Wer Kaffee pflanzt, ist mir ihm verheiratet«, sagt ein brasilianisches Sprichwort, das belegen auch seine Zahlen.

So liegt die Rate der Neupflanzungen gerade einmal bei 1 Prozent der Fläche, das heißt, in hundert Jahren wären die alten Plantagen durch neue, vielleicht widerstandfähige Sträucher ersetzt. Wenn überhaupt. Professor Sérgio Parreiras Pereira ist gegenüber den neuen Züchtungen skeptisch. Sorten, die Hitze und Dürre und dem wachsenden Schädlingsdruck im Experiment widerstehen, haben bisher noch nicht den Sprung aus dem Labor auf die Plantagen geschafft. Erst recht nicht bei der Arabica-Bohne, denn bei ihr kommt es besonders auf den Geschmack an, und den haben die Neuzüchtungen bisher nicht erreicht, erklärt der Professor. Und der Geschmack sei beim Kaffee nun mal das Wichtigste.

Hinzu komme ein Forschungsdefizit, ja nahezu ein regelrechter Widerstand, den Klimawandel ernst zu nehmen und ihn zum Gegenstand der Forschung zu machen. Seine Kollegen an der Fakultät in Lavras sind gespalten. Die Hälfte hält die Dürre und Hitzewellen der Jahre 2014/2015 für Ausreißer, für Wetterkapriolen, die es schon immer gegeben habe und die sich in regelmäßigen Abständen wiederholen würden. Nur ein Teil der Forscher sieht in den Wetterextremen der letzten Jahre einen Trend, der unkontrolliert nach oben in extreme Zonen laufen könnte. So fehlt es an wissenschaftlicher Forschung und an offiziellen Antworten auf die Herausforderungen des Wandels im Kaffeezentrum des Landes.

Aber es gibt Alternativen. Seit 2015 unterhält die deutsche Hanns R. Neumann Stiftung aus Hamburg einen Forschungs- und Beratungsstützpunkt in Lavras. Dieses Institut ist Teil eines weltweiten Netzes und treibt eine globale »Coffee and Climate«-Koalition an. Es ist ein Beratungsdienst für Kaffeebauern, die sich selbst keine Beratung leisten können und dem Klimawandel quasi schutzlos ausgeliefert wären.[3] Die »Coffee and Climate«-Koalition arbeitet an einem langfristigen Masterplan für die Bauern in den Kaffeeregionen der Welt, die vom Kaffeeanbau leben und ihn maßgeblich tragen. Er basiere, so Max Ochoa, der technische Direktor der Neumann-Stiftung in Brasilien, auf wissenschaftlichen Erfahrungen, wie sie an der Universität von Lavras gesammelt würden. Was er anstrebt, ist Hilfe zur Selbsthilfe. Nathan Moura Carvalho gehört zum Beraterteam der Stiftung. Er und seine Familie leben auf einer kleinen Kaffeefarm, und er weiß, mit welcher Sprache diese Überlebensstrategie unter die Farmer gebracht werden muss. Das Wichtigste, sagt er, sei Geduld. Keine Aufdringlichkeiten. Er setzt auf seine Vorbildfunktion und wartet, bis die Bauern

3   http://www.coffeeandclimate.org/

zu ihm kommen und fragen, was sie nach der Hitze und Trockenheit 2014 tun könnten, um ihre Kaffeepflanzen zu schützen.

Für Nathan beginnt das bei den richtigen Pflanzen. Das, was auf den Plantagen wächst, ist häufig zweitklassiges Pflanzgut. Viele Farmer ließen sich von den Züchtern über den Tisch ziehen, und würden Setzlinge kaufen, die keine Garantie für irgendetwas besäßen. Ein typischer Fall sei die Facienda Santa Clara. Hier habe sich der frühere Verwalter Pflanzen aufschwatzen lassen, die weder Ertrag noch Qualität lieferten und schon gar keine Widerstandskraft gegen Klimaschwankungen. Das erkläre auch einen Teil der gewaltigen Verluste, die auf Santa Clara in den vergangenen Jahren eingefahren worden seien.

Doch seit Simonal, der neue Betriebsleiter, das Kommando übernommen hat, habe sich das bereits geändert. Simonal ist ein Musterschüler in Klimavorsorge, sein Vorzeigeprojekt wächst auf dem Hof der alten Facienda zwischen verrosteten Maschinen und verfallenen Gebäuden und weist auf den Neuanfang auf Santa Clara hin. In einem überdimensionalen Käfig aus Maschendraht keimt eine neue Generation von Kaffeepflanzen. Mehr als 40 000 Pflanztöpfe, in denen Simonal den Samen von robusten Kaffeesorten zieht. Noch ruhen sie unter einer Schicht aus Stroh, die sie gegen die Hitze der Herbstsonne schützt. Doch bald schon werden sie groß genug sein, um die alten Pflanzen der Facienda zu ersetzen, die zum Teil vor 80 Jahren gepflanzt wurden, in einer Zeit, als das Klima noch ausgeglichener war als heute.

Von dieser »Kinderstube« aus geht es ins Feld. Die Setzlinge wachsen im Grünen in enger Gesellschaft mit Bohnen, Erbsen, Lupinen und Gräsern. Die Nachbarpflanzen sorgen dafür, dass der Boden bedeckt bleibt und kein Wasser verdunstet. Sie spenden Schatten und puffern die zunehmende Hitze ab. Die Wirkung ist erstaunlich. Nathan, der Berater der Neumann-Stiftung, hält ein Thermometer über den Boden, dort liegt die Temperatur bei 45 Grad. Dann steckt er es unter die Gründecke und misst dort nur noch 24 Grad, fast die Hälfte weniger. Das verspricht Entspannung für die Kaffeepflanzen, feuchte und kühle Füße, wie sie die Arabica liebt, diese liefert im Ergebnis mehr Kaffeekirschen, was dem Betrieb zugutekommt.

Das ist jedoch noch nicht alles, was die Klima-Werkzeugkiste, die sogenannte Toolbox, des »Coffee and Climate«-Netzwerks zu bieten hat. Einige Kilometer weiter auf der Farm von Luzio und Marlie ist schon mehr zu sehen. Unter den Bodendeckern werden dunkle feuchte Krümel und Wurmspuren sichtbar. Hier haben sich Regenwürmer angesiedelt. Sie durchlüften den Boden, machen ihn so für weitere Bewohner überhaupt erst interessant. Lupinen und Erbsen, die an ihren Wurzeln Knöllchen bilden, in denen Bakterien den Stickstoff aus der Luft speichern, erzeugen auf natürlichem Wege einen Pflanzendünger erster Qualität.

Die Antwort auf diese Art der Bodenpflege gibt der Kaffeestrauch selbst: Die Äste der Kaffeesträucher tragen schwer. 2016 erwarten Luzio und Marlie auf ihrem Hof eine Rekordernte. Und das wird vielleicht nicht die letzte sein. Denn Luzio und Marlie haben ihre Klimalektion gelernt, und dazu gehören auch die Bäume, die am Rand ihres Kaffeefeldes wachsen: Avocado, daneben Papaya, Orangen und Bananenstauden. Sie sollen den Wind brechen und quasi als Luftfilter den größten Feind der Bauern, den Kaffeerost und seine Sporen, abhalten. Aber das ist nicht alles, was die Bäume leisten können. Sie verbinden die Plantage von Luzio auch mit dem angrenzenden Urwald, als Brücke zwischen zwei Biotopen.

Und diese Brücke hat schon ihre Grenzgänger gefunden: eine Affenfamilie. »Sie werden es kaum glauben«, erzählt Marlie, »die versuchen, wenn wir uns mit dem Kaffee beschäftigen, hinter unserem Rücken Bananen zu klauen, dabei sind die Bananen fast größer als die Affen. Wenn sie die dann wegschleppen, ist das wie im Comic.« Was komisch daher kommt, ist Teil einer Strategie. Der Kaffee soll wieder in ein stabiles

Ökosystem eingebaut werden, in dem Vielfalt regiert und Nützlinge und Schädlinge ihr Gleichgewicht finden. Die Brücke dazu bilden die Bäume, die nicht nur die Affen in die Plantage locken, sondern auch Vögeln und Insekten Schutz bieten und so den Weg in die Kaffeeplantage ebnen.

Deshalb werden Bäume in Zukunft auch immer wichtiger im Kaffeeanbau, erklärt Professor Regis Pereira Venturin. Er forscht am Centro Technologico der Universität von Lavras, sein Spezialgebiet heißt »Agroforestry«, Waldlandwirtschaft. Bäume und Kaffee, das sei keine Unbekannte, betont er. In Mittelamerika, aber auch in Afrika gehöre die Kombination zum Standard auf den Kaffeeplantagen. Sie kühlten das hitzige Tropenklima für den Kaffee überhaupt erst auf ein verträgliches Maß ab. Auch in Brasilien hälfen sie als Schutz gegen die intensive Sonnenstrahlung, die sich in den letzten Jahren immer unangenehmer bemerkbar mache.

»Seit 2014 brennt die Sonne unangenehm auf der Haut«, erzählt der Kaffeebauer Luzio, »und sie zerschießt regelrecht die Blattoberfläche beim Kaffee.« Das Blatt, das er von einem seiner äußeren Sträucher gepflückt hat, zeigt, was er meint. Das Grün ist aus ihm gewichen, als wäre es ausradiert worden. Aber wenn seine Schattenbäume demnächst groß genug sind, in drei oder vier Jahren, hofft er, mit solchen Schäden nicht mehr kämpfen zu müssen.

Für den Präsidenten der Fairtrade-Genossenschaft Cooperativa das Produtores de Café Especial de Boa Esperança, für Andre Luiz Reis, ist dies alles schon gelebte Praxis. Seine Genossenschaft hat sich bereits 2008, als er mit 49 Bauern begann, klimaverträglich aufgestellt. 2016 zählt seine Cooperativa 186 Bauern, davon 26, die ihre Höfe organisch bewirtschaftet. Alle aber arbeiten nach den Prinzipien der Coffee and Climate Initiative: immer bedeckter Boden, kräftige Pflanzen, Schattenbäume, Düngung nur nach Bodenanalyse und weitgehend ohne Chemie. Und dies mit Erfolg.

Die Fairtrade-Bauern haben ihren Härtetest, die Dürre 2014/

2015, fast ohne Schrammen überstanden. Nur um fünf Prozent gingen ihre Erträge zurück, demgegenüber waren es bei den konventionellen Bauern bis zu 50 Prozent. Warum ist es bei ihm so glimpflich gelaufen? Das ist für Andre Luiz Reis kein Betriebsgeheimnis, sondern Teil seines Betriebserfolgs. Die Böden seiner Bauern haben wesentlich mehr Humus angesammelt, sind wesentlich lebendiger geworden und die Pflanzen wesentlich robuster gegen Wetterkapriolen. Bei ihnen ist 30 Prozent mehr Wasser im Boden gespeichert. Bei Hitzewellen sorgt die Begrünung für Abkühlung von bis zu 27 Grad im Boden. Sie setzen um die Hälfte weniger Herbizide ein, und ernten dennoch 29 Sack Kaffee pro Hektar, das sind sechs mehr als im Durchschnitt in Minas Gerais und sogar sieben mehr als im Durchschnitt Brasiliens.

An die große Glocke hat er seinen Erfolg bisher nicht gehängt, er wolle vermeiden, dass die Bauern ihm »die Bude einrennen«, sagt er. 25 Bewerber stehen bereits auf der Warteliste. Mehr kann die Genossenschaft nicht verdauen, sie will schließlich etwas anderes erreichen als ein Handelsunternehmen. Sie will den Bauern der Region als Solidargemeinschaft dabei helfen, den richtigen Weg in schwierigen Zeiten zu finden.

Wegweiser für die Idee sind auch Luzio mit seiner Frau Marlie. Sie leben das, was Andre Luiz Reis meint, wenn er von der Verantwortung für die Menschen der Region spricht. Luzio und Marlie kümmern sich besonders um die Jugendlichen im Dorf, die lieber dem Land den Rücken kehren. Flucht vor schlechter Arbeit, zu wenig Geld, Freunde, die vom Land wegziehen, weil es keine Aussicht auf Besserung gibt. Vor allem keinen Zugang zur Welt, kein Handy und kein Internet. Das wollen die beiden ändern. Marlie engagiert sich in der Dorfgemeinschaft, dort hat sie die Küche für den Kindergarten übernommen und kocht täglich Mittagessen aus dem, was die Region zu bieten hat. Luzio setzt auf die Landwirtschaft, die er wieder zu einem attraktiven Beruf machen will. Sein Ziel: mehr Qualität auch im Kaffeeanbau. Und das scheint ihm zu gelingen.

Seit letztem Jahr wirft er nicht mehr alle Bohnen in einen Sack, denn am Kaffeestrauch gibt es erhebliche Unterschiede in der Qualität. Nur ganz oben wachsen die Besten, die Premiumbohnen. Und für Premiumbohnen kann er den dreifachen Preis erzielen. Seit er die separat erntet, gehört er zu den Besserverdienern im Kaffeeland. Und beim Rundgang durch sein Haus sticht dieser neu gewonnene Wohlstand auch ins Auge, inklusive Sodaanlage in der Küche, hier fehlt es an nichts. Für Luzio ist sein Beruf attraktiv und zukunftssicher, das will er den Jugendlichen im Dorf gern vermitteln, auch wenn der Klimawandel vielleicht noch extremere Veränderungen bringen wird. Doch er ist als Fairtrade-Bauer eher die Ausnahme in der brasilianischen Kaffeewirtschafte.

Die mächtigste Institution im Kaffeegeschäft des Landes ist die Genossenschaft: COOXUPÉ in Guaxupé. Ihre imposanten Lagerhallen zeigen, wie stark der Wirtschaftsfaktor Kaffee das Land bestimmt. Auf 500 Meter Länge bis zu 15 Höhe und 30 Meter Breite lagert hier der Schatz von Minas Gerais. 4,5 Millionen Sack Kaffee, 60 Prozent davon sind für den Export bestimmt. Ihr Zielgebiet liegt in den USA, Großbritannien, Deutschland und Japan. Auch bei COOXUPÉ hat der Klimawandel schon Spuren hinterlassen, bekennt Alexandre Vieira Costa Monteiro, der Vorstand der Genossenschaft. 2014 brach die Ernte um 15 Prozent ein, doch was noch tragischer war: die Größe der Bohnen schrumpfte dramatisch. Die Menge der großen Bohnen sank von 40 auf weniger als 20 Prozent. 80 Prozent Kleinzeug, die Käufer waren nicht erfreut, der Preis rutschte ab. Wie es weitergehen könnte, darauf hat auch Alexandre Vieira Costa Monteiro keine Antwort. Er hofft, dass es nach mehr als hundert Jahren Kaffeeanbau in der Region weitergehen wird, irgendwie.

In Brasilien leben in 600 Städten des Landes drei Millionen Menschen vom Kaffee, sei es als Bauern, Händler oder Exporteure. »Was da auf uns zukommt, liegt nicht mehr in unserer Hand«, sagt Alexandre und meint, dass es eigentlich ein Fall für die brasilianische Bundesregierung sein müsste. Mit der veränderten Anbaumethode, wie sie die Berater von »Coffee and Climate« vorschlagen, ließe sich kurzfristig der Klimawandel abpuffern, aber langfristig müssten neue Pflanzen her, fordert der Vorstand von COOXUPÉ, die auch mit den Extremen leben können. Seine Hoffnung liegt in neuen Kaffeesorten, die Hitze und Trockenheit verkraften können.

Die Adresse und der Träger dieses Fortschritts ist das brasilianische Institut für Agrarforschung Embrapa in Campinas bei São Paulo. Hier wird untersucht, was die steigende Konzentration an Klimagasen in der Atmosphäre mit dem Kaffee macht und ob der Genpool des Kaffees noch eine Hintertür bereithält, durch die der Kaffeeanbau in Brasilien gerettet werden könnte. Bei Embrapa arbeitet der Think-Tank der brasilianischen Agrarforschung. Wir treffen Gustavo Rodrigues, er ist Pflanzenphysiologe und strahlt Optimismus aus. Gleich zu Anfang stellt er fest: »Keiner weiß bis heute, was wirklich im Kaffee steckt. Wir kennen seinen Genpool in Brasilien, aber eigentlich kommt er ja aus Afrika, aus Äthiopien, und dort müsste man nach Arten suchen, die auch ein härteres Klima mit mehr Dürren und Hitzewellen überleben können.«

Und damit ist Gustavo Rodrigues beim Ursprung allen Kaffees in den Urwäldern im Südwesten Äthiopiens. Von hier wurden die Vorfahren der brasilianischen Kaffeepflanzen um 1700 auf dem Seeweg zunächst nach Java, dann über Amsterdam nach Südamerika gebracht. Und es dürften nur wenige Exemplare gewesen sein, die diese beschwerliche Reise bis in die Region von São Paulo überlebt haben. Aus diesen wenigen Exemplaren speist sich heute der Genpool Südamerikas, zu wenig und zu beschränkt, um die Herausforderungen des Klimawandels meistern zu können, erklärt Gustavo.

Wie groß die Vielfalt in Äthiopien ist, zeigt ein Blick in die Gärten äthiopischer Bauern heute. Hier wurden allein 130 verschiedene Kaffeesorten gefunden. Im Urwald selbst wächst noch ein weit größerer genetischer Schatz. Doch er ist bisher nur unzureichend erfasst und noch weniger gesichert. Die Urwälder Äthiopiens, in denen der Kaffee zu den heimischen Arten gehört, fallen mehr und mehr den Sägen und Äxten zum Opfer. Die wachsende Bevölkerung fordert Wohn- und Lebensraum. So verschwindet unkontrolliert immer mehr Artenvielfalt. Keiner weiß, ob unter den abgeholzten Pflanzen nicht gerade die sind, die vielleicht dem Klimawandel trotzen, die es zumindest mit dem zunehmenden Krankheitsdruck aufnehmen könnten.

Die historischen Erfahrungen sprechen dafür, dass der Regenwald viele genetische Abwehrstrategien bewahrt hat. So führte der Ausbruch des Kaffeerosts in Sri Lanka 1869 zum Totalzusammenbruch des Anbaus. Seither trinkt man Tee auf der Insel. Dagegen blieb in Äthiopien trotz heftiger Rost-Epidemien der Kaffee erhalten, weil die Farmer auf andere Arten aus dem wilden Genpool im angrenzenden Urwald zurückgreifen konnten. Ähnliches wird von der Coffee Berry Disease berichtet, die 1971 in Afrika ausbrach. Sie konnte in Äthiopien durch neue Sorten schnell überwunden werden, in anderen Ländern führte sie jedoch zu schmerzlichen Ausfällen.[4]

Für Gustavo Rodrigues ist das Erbgut des Kaffees noch längst nicht ausgeschöpft. Das zeigen auch Versuche im Labor von Embrapa. Dabei ist auch Gentechnik kein Tabu. »Embrapa« habe bereits eine gentechnisch veränderte Kaffeepflanze geschaffen, erklärt der Forscher. Die Aussichten seien vielversprechend. So hätten seine Kollegen bei einer Sojaart das Gen der Rizinuspflanze eingesetzt und seither seien auch längere Durststrecken für diese gentechnisch veränderte Sojavariante kein Problem. Ähnliches würden sie bei Kaffee testen, aber reif für die Praxis sei diese Lösung noch nicht.

4 Tadesse Woldermariam Gole, M. Denich, Demel Teketay und P.L.G. Vlek, »Human Impacts on the Coffee arabica Genepool in Ethiopia and the Need for its in situ Conservation«, *Managing plant genetic diversity. Proceedings of an international conference*, Kuala Lumpur, Malaysia, 12–16 Juni 2000, Kap. 23, S. 237.

Allerdings gehe es auch einfacher und ohne Eingriff ins Erbgut, erläutert der Forscher. Es würde schon viel helfen, bei Arabica einfach die Wurzeln auszutauschen gegen die der sehr viel widerstandsfähigeren Sorte Robusta. Schon das könne den Leidensdruck durch Hitzewellen und Dürre verringern. Eine besonders sensible Zeit sei die Kaffeeblüte im September. Wenn dann die Temperatur nicht stimme, es zu heiß oder zu kalt sei oder der Regen ausbleibe, dann sei die Ernte dahin. Zehn Tage reichen aus, um einen Totalverlust zu hinterlassen.

Im Zweifelsfall müsse der Kaffee weiter in den brasilianischen Süden ziehen, wo es kälter sei, zum Beispiel in den Staat Paraná, argumentiert sein Kollege Eduardo Assat. Er forscht an Klimamodellen. In Paraná habe es schon einmal Kaffeeanbau im größeren Umfang gegeben. Doch damals sei der Kaffee dort gescheitert wegen der Fröste, die ihn in der Blüte erwischt, wo er besonders verletzlich sei. So seien die Ernten gleich mehrerer Jahre in Folge vernichtet worden. Mit dem Klimawandel könnte Paraná wieder frostfrei werden. Das wäre ein Ausweg für den Anbau in Brasilien, wenn auch nicht für die Anbauer in den heutigen Kaffeegebieten. Die könnten sich in der Mehrheit einen Umzug gar nicht leisten, dazu fehle ihnen einfach das finanzielle Rückgrat.

Es könnte aber auch positive Seiten im Klimawandel geben, die bisher noch nicht hinreichend erforscht wurden. Eduardo Assat neigt eher zum Optimismus in Klimafragen. Zum Beispiel der steigende Gehalt an Klimagasen in der Atmosphäre, insbesondere CO_2. Der eröffne vielleicht ganz neue Perspektiven. Schließlich sei das Gas so etwas wie ein Dünger für die Pflanzen, jedenfalls bis zu einer bestimmten Temperatur. Untersucht werde diese Wirkung der Klimagase unweit von Campinas in einem weiteren Ableger von Embrapa im Freiland von Jaguariuna. Hier wächst der erste Kaffee der Welt, der heute schon eine Atmosphäre atmet, wie sie Mitte dieses Jahrhunderts auf der Erde vorzufinden sein werden. Es ist der einzige Versuch weltweit, in dem die Pflanzen einer Klimagaskonzentration ausgesetzt werden, wie sie erst 2050 eintreffen wird: 550 ppm (parts per million).

Das Projekt zählt zu den wissenschaftlichen Leuchtturmprojekten von Embrapa. Dabei sieht es von außen eher unauffällig aus, bis auf einen Tank, mehr als zehn Meter hoch, der unvermittelt aus den Kaffeebüschen in den Himmel von Jaguariuna ragt. Es ist der Klimagasspeicher. Keine Angst, erklärt der Leiter des Forschungsprojekts Rodrigo Mendes, es ist das gleiche Gas, das Coca Cola für seine Abfüllungen verwendet. Der Klimaspeicher sorgt dafür, dass die Atmosphäre der Zukunft schon heute durch ein Rohrsystem in die Plantage strömen kann. Aus einem Ring aus Plastikröhren zischt das Gas zwischen den Kaffeebüschen ins Freie. Alles computergesteuert, die Zielmarke liegt bei 550 ppm in der Atemluft der Pflanzen. Verglichen mit dem Status von 2016, rund ein Viertel mehr. Die Reaktion der Pflanzen ist entscheidend, und die verstehen den höheren Gehalt an CO_2 in ihrer Atemluft erst einmal als Anreiz. Sie wachsen schneller als ihre Nachbarn und sie produzieren auch mehr Kaffeekirschen. 15 Prozent mehr, verrät Rodrigo. Allerdings ziehen sie dafür auch mehr Nährstoffe, mehr Phosphat und Stickstoff aus dem Boden als andere Pflanzen. So entsteht ein Defizit im Wurzelraum, das leicht in Mangelernährung enden könnte. Damit wäre der kurzfristige Mehrertrag langfristig wieder in Gefahr und am Ende auch die Pflanze selbst. Diagnose: Verhungert durch Höchstleistung.

Aber das ist im Jahr 2016 nur eine Vermutung. Vieles bleibt noch ungeklärt bei diesem Versuch. Auch die Frage, ob die Hitze und vielleicht auch die Dürre, die 2050 herrschen werden, dem Wachstum dann nicht doch vielleicht schon vorzeitig Grenzen setzen? Ob dann noch genug Wasser im Staate São Paulo oder in Minas Gerais fließen wird, um den wachsenden Durst der Kaffeesträucher zu stillen? Wie werden die Angreifer, die Pilze, Bakterien und Viren auf das Klima zur Mitte des Jahrhunderts reagieren? Jaenne ist wissenschaftliche Mitarbeiterin im Feldversuch und auf Krankheiten spezialisiert, aber auf solche Fragen kann auch sie noch keine Antwort geben. Wissenschaft braucht Zeit. Ob davon noch genügend zur Verfügung steht oder ob das kommende Extremklima einfach über dem Zentrum des Weltkaffeeanbaus zusammenschlagen wird, wer weiß.

Bei solchen Befürchtungen legt Eduardo Assat, der Klimawissenschaftler der Universität von Campinas, die Stirn in Falten. Er müsse zugeben, alle seine Berechnungen haben Grenzen. Sie reichen nur bis zu einer mittleren Erdtemperatur von 2 Grad plus. Jenseits davon versagen seine Modelle. Doch gerade jenseits davon könnte es für Brasilien besonders heiß werden. Eine Erhöhung der mittleren Erdtemperatur von 5,8 Grad sagen die Modelle für den schlechtesten Fall, für das Worst Case Scenario, voraus.[5] Schon heute ist abzusehen, dass es künftig Verteilungskämpfe geben wird, um Land, um Wasser und schließlich um das, was als Kaffeeernte noch übrig bleiben wird.

Das Kaffeeland im größten Agrarstaat der Erde wird knapp werden, und dies bei gleichzeitigem Anstieg des Konsums. Die globale Kaffeeindustrie setzt immer stärker auf den Kultfaktor der Bohnen. Der Trend geht zum Viert-Kaffee pro Tag und mehr. Und er erreicht immer mehr die wachsende Mittelschicht auch in Ländern, in denen man traditionell keinen Kaffee trinkt, sondern Tee. Starbucks beginnt seine Geschäfte auf China auszuweiten, im März 2017 verkündete Starbucks, es gäbe nun 2.600 Shops in China.[6] Auch Fastfoodketten wie McDonalds schicken sich an, mit Koffein und edlen Bohnen ihr Image aufzubessern. Die Agenten der großen Ketten ziehen mit großen Versprechen durchs Land. Sie versuchen, den Nachschub für die nächsten Jahre zu sichern.

Über den Kaffee könnte es auch zum Kampf um den noch

5   Jurandir Zullo et al, »Impact assessment study of climate change on agricultural zoning«, *Meterological Applications*, Dezember 2006.
6   Josh Horwitz, »Starbucks is opening more than a store a day in China and only plants to get faster there«, *Quartz*, 28. 3. 2017, https://qz.com/943502/in-china-theres-starbucks-and-then-theres-everything-else/

verbleibenden Boden im Kaffeeland kommen. Und um das Wasser, denn auch das wird knapp in Brasilien. Schon heute surren immer mehr Bewässerungspumpen insbesondere auf den großen Farmen des Landes und versprühen über große Rotoren künstlichen Regen. Denn Kaffee ist durstig, er verbraucht zwischen 1500 bis 2000 Millimeter Regen pro Quadratmeter. Ab 1000 Millimeter Regen beginnt er zu dursten und ab 800 Millimeter vertrocknen die Sträucher. Der Anstieg der Temperaturen wird Beregnung zum Standard im Kaffeeanbau machen, davon ist Eduardo Assat überzeugt.

Das wird den Kaffee in neue Konkurrenz bringen, und zwar mit den Städten und der wachsenden Bevölkerung Brasiliens. Schon heute leiden die Städte unter Wassermangel. 2015 gab es in São Paulo die erste Rationierung. Auch 2016 fehlte es an Wasserreserven. In den Stauseen um die Stadt liegt der Pegel unter Normal. Mehr Hitze bedeutet mehr Bewässerung. Nicht nur beim Kaffee wird sich die Konkurrenz zwischen Landwirtschaft und den Städten zuspitzen. Auch die Zitrusplantagen und die Sojakulturen, beide von wirtschaftlicher Bedeutung, verlangen ihren Anteil am Wasserhaushalt des Landes. Damit wächst der politische Sprengstoff in einem Land, das bis heute alles andere als politische Stabilität erreicht hat.

Wird Brasilien unter diesen widrigen Umständen als Kaffeeland von der Weltkarte verschwinden? Es fällt schwer, sich einen solchen Bruch vorzustellen. Noch bestimmt Brasilien mit einem Drittel den Kaffeewelthandel. Anpassung ist möglich, heißt die Devise in der Führungsetage der Agrarforschung in Brasilia. Je höher in der Hierarchie, desto mehr werden die Chancen betont, sich doch noch dem Klimawandel anzupassen. Antonio Fernando Guerra sitzt in der Hauptstadt Brasilia ganz oben in der staatlichen Kaffeeforschung Embrapa Café. Er hält die Prognose vom Verschwinden des Kaffees aus Brasilien für übertrieben. Noch seien nicht alle Optionen von Zucht und Anbau ausgeschöpft. Allein 90 Institutionen und mehr als 1000 Forscher kümmerten sich im Land um die Kaffeewirtschaft und bisher hätten sich die Pflanzen mit den edlen Kirschen als sehr anpassungsfähig erwiesen. Auch wenn der Regen nicht mehr so verlässlich falle, gebe es Lösungen wie die künstliche Beregnung. Die bringe darüber hinaus auch viel größere Ernten, so dass Verluste in anderen Regionen ausgeglichen werden könnten. Die Führungsrolle Brasiliens auf dem Weltkaffeemarkt sieht Antonio Fernando Guerra, der oberste Kaffeeexperte der Regierung, bis auf Weiteres nicht in Gefahr.

Derzeit ist Kaffee ein bedeutender Wirtschaftsfaktor. Doch seine Bedeutung für das Land ist im Laufe der Zeit stark gesunken. 1950 lag sein Anteil am Export Brasiliens noch bei 50 Prozent. Im Jahr 2016 erreicht er nur noch 2,5 Prozent. Könnte der Kaffee in der Konkurrenz um die knappste Ressource des Landes, im Kampf um das Wasser, geopfert werden? Im Zweifel Ja, da ist sich der Wissenschaftler Eduardo Assat sicher. Wasseraufstände in den Millionenstädten wie Rio de Janeiro, São Paulo oder Belo Horizonte werde sich eine brasilianische Regierung nicht leisten können, dazu sei die Lage im Land viel zu fragil.

Die wirtschaftlichen Koordinaten des Landes stehen auf Sturm. Die Geschichte Brasiliens, so sagt es der Volksmund, sei mit Kaffee geschrieben. Und dazu zählt offenbar nicht nur die Erfolgsgeschichte, sondern auch die des Scheiterns. Und die könnte mit den Dürrejahren 2014 und 2015 schon begonnen haben. Für den Weltmarkt würde das fatale Folgen haben, denn noch ist Brasilien der größte Exporteur der Welt, und es sieht nicht so aus, als ob Brasiliens Kaffeelieferung durch andere Länder kompensiert werden könnte. Auch nicht durch Vietnam, dem zweitwichtigsten Kaffeeproduzenten weltweit.

Denn auch in Vietnam sind die Vorzeichen des Klimawandels unübersehbar. Dort wird zwar der etwas robustere Kaffee mit dem entsprechenden Namen »Robusta« angebaut, er verträgt höhere Temperaturen besser als Arabica, aber er leidet auch, vor allem unter den zunehmenden Temperaturschwankungen innerhalb der Saison. In Vietnam kommt der tropische Regen dazu, der neuerdings auch während der Trockenzeit fällt. Das sei ein neues und zusätzliches Risiko, erklärt Henriette Walz, Klima- und Umweltexpertin bei UTZ in Amsterdam. Gegründet wurde UTZ 1997 von der niederländischen Kaffeerösterei Ahold Coffee. UTZ zertifiziert Agrarprodukte nach ökonomischen, sozialen und ökologischen Standards. Henriette Walz stellt fest, dass sich die Bedingungen des Kaffeeanbaus auch in Vietnam bereits deutlich verschlechtert haben. Die häufigeren Regenfälle führen dazu, dass die Kaffeekirschen, wenn sie nach der Ernte zum Trocknen unter freiem Himmel ausgebreitet werden, schimmeln und verderben.

Hinzu kommen Einbußen durch extreme Trockenheit, wie in den letzten drei Jahren, in denen das Wetterphänomen El Niño auch Vietnam in Mitleidenschaft zog. Und dies, obwohl in Vietnam schon seit Langem mehr Schattenbäume und Begrünung in den Kaffeeplantagen wachsen, als in anderen Regionen der Welt. Darüber hinaus ist es auch in Vietnam mittlerweile eine Frage des Wassers, wo noch wie viel Kaffee angebaut werden kann. Der Pegel im Grundwasser sinkt, weil zu viele Pumpen zu viele Beregnungsanlagen versorgen müssen. Mittlerweile werden fast alle Plantagen Vietnams mit künstlicher Bewässerung unterstützt. Das wiederum führt zu neuen Konflikten in den Dörfern, weil der Durst der Einwohner plötzlich in Konkurrenz zu dem der Kaffeeplantagen steht. Henriette Walz ist daher »sehr besorgt«, was den Kaffeeanbau im Land angeht. Auf längere Sicht bis 2050 führe diese Konkurrenz zu einem massiven Verlust: 50 Prozent der heutigen Anbaufläche stünden auf dem Spiel.

Die Regierung hat die Kaffeeanbauer zwar auf dem politischen Schirm, aber es gibt für sie drängendere Fragen im Land, zum Beispiel der Reisanbau im Mekongdelta. Dieser ist durch den Klimawandel noch stärker betroffen, weil das Meerwasser in die Reisgebiete einströmt. Was nun wiederum am Mekongwasser liegt, das schon im Oberlauf wegen der zunehmenden Trockenheiten immer mehr für die Bewässerung in China genutzt wird. Im Delta fehlt es dann an Mekongwasser, um das Meerwasser zurückzuspülen. Und in Zukunft, wenn auch noch der Meeresspiegel steigen wird, könnte Vietnam noch ein ganz anderes Problem haben, ein existenzielles.

Jüngste Ergebnisse verschiedener Klimamodelle weisen in die gleiche Richtung: In den wichtigsten Kaffeeländern der Welt, Brasilien und Vietnam, hat der Kaffee, so, wie er heute angebaut wird, keine Zukunft. Auch in anderen Ländern verschlechtert sich das Kaffeeklima. Die Hälfte aller Anbaugebiete der Erde, so internationale Studien, wird in Zukunft keinen Kaffee mehr liefern. Kaffee wird nur noch dort eine Chance haben, wo die Berge hoch genug sind, und dies, vor allem weit weg vom Äquator.[7] Mehr Kaffee könnte in Ostafrika und Indonesien wachsen, dort allerdings auf Kosten der Regenwälder, und das würde zu neuem Klimastress führen. Ein Ausgleich für die verlorenen Anbaugebiete ist nicht in Sicht, weder in Asien noch in Mittelamerika, das auch zu den Verlierern des Klimawandels gehören wird.[8]

Herrscht in Zukunft also Ebbe am Weltkaffeemarkt? Die Experten zucken die Schultern. Auf jeden Fall werden die Preise in Bewegung geraten und zwar nach oben. Wie weit, das lässt sich heute schon dort ablesen, wo die Reichen und Hippen ihren edlen Tropfen schlürfen, in den Kaffeebars von New York und San Francisco. Schon heute gehört die Hälfte des Kaffees, der in den USA getrunken wird, zum Spezial- und Gourmetsegment. Er liegt damit deutlich über dem durchschnittlichen Verbraucherpreis von 4,40 US-Dollar pro Kilo.[9] Für den Hipsterkaffee verlangen die Händler wesentlich mehr,

7   Christian Bunn et al., »A bitter cup: climate change profile of global production of Arabica and Robusta coffee, *Climatic Change*, März 2015, Vol. 129.

8   ebd.

9   »Hipster coffee boom sends buyers to conflict zones«, *Financial Times*, 21.10.2016, https://www.ft.com/content/803c52d4-9602-11e6-a1dc-bdf38d484582

nämlich 28 US-Dollar pro Kilo. Tendenz über zwei Jahre gerechnet: 15 Prozent plus. Aber auch das ist noch nicht der Gipfel der Preispyramide, der liegt bei 173 US-Dollar für Kaffee aus dem Jemen, der nicht nur als Rarität, sondern auch noch als Special Story gehandelt wird, als Kaffee, der den Bürgerkrieg überlebt hat.

Wie schnell dieses Niveau auch den Durchschnitt des Marktes erreichen wird, lässt sich heute noch nicht sagen. Aber so viel ist sicher: Der Markt für Kaffee wird sich entscheidend verändern, und damit auch unsere Lebensgewohnheiten. Die lockere Verabredung »Dann treffen wir uns mal auf einen Kaffee« könnte tatsächlich bald nur noch von denen ausgesprochen werden, die sich die Preise in Zukunft noch leisten können. Für den Normalverdiener könnte die Kaffeepause dann ausfallen.

3
KLEINE FLIEGE, GROSSES PROBLEM.
DIE SCHÄDLINGE UND DER WEIN

Beim Weingut Matthias Aldinger in Schwaben schrillen im Sommer 2016 die Alarmglocken. Die gefürchtete Kirschessigfliege ist in seinen Weinberg eingebrochen und hat sich dort in beängstigendem Tempo ausgebreitet. Die Fliege ist seit fünf Jahren der Fraßfeind Nummer eins auch in den deutschen Weinbergen. Sie sticht die reifen Trauben an und hinterlässt ihre Brut. Die weidet die Trauben regelrecht aus und bereitet sie vor für die Essigbakterien, die ebenfalls im Weinberg auf Beute warten. Penetranter Essiggeruch ist das Resultat, und wer zu dieser Zeit in den Weinbergen unterwegs ist, riecht schon von Weitem, dass hier etwas nicht stimmt.

Der Angriff der Kirschessigfliege auf das Weingut Matthias Aldinger kam 2016 nicht unvorbereitet. Anders als vor fünf Jahren, als die Fliegen ganz überraschend auftauchten und sich zunächst über Obstkulturen wie Kirschen und Beeren hermachten. Zum Glück für die Winzer wechselte im August 2016 die Witterung, die Sonne brach durch, und Hitzewellen durchzogen die Weinberge. Damit war die Wohlfühltemperatur für »Drosophila suzukii«, so der wissenschaftliche Name, beendet und ihre Massenvermehrung auch. Dennoch, die Lemberger-Trauben von Matthias Aldinger waren angeschlagen, sie mussten vorzeitig gelesen werden. Der Winzer hatte Glück im Unglück, seine übrigen Rebstöcke wurden nicht mehr angegriffen. »Wir haben gerade noch die Kurve gekriegt.«[1] Doch weh tut es natürlich trotzdem, wenn ein Teil des Ertrages einfach so wegbricht.

Auch beim Pfälzer Spitzenweingut Rings hat die Fliege 2016 ihre Spuren hinterlassen. Die Ernte fiel um 20 Prozent geringer aus. Aber wegen der Hitze im August hatten die Rotweintrauben dicke Schalen entwickelt, um die Verdunstung zu verringern. »Das gibt eine gute Tanninstruktur«, sagt Andreas Rings. Aber nicht nur das, dicke Schalen verhindern auch, dass die Trauben eine allzu leichte Beute der Kirschessigfliege werden.[2]

Am Kaiserstuhl weiß man ebenfalls ein Lied von »Drosophila suzukii« zu singen. Dort ist sie schon im Jahr 2014 aufgetaucht. Damals war das der erste große Auftritt der kleinen Fliege nördlich der Alpen, und noch war unklar, wie groß ihr Hunger auf Obst und Trauben wirklich ist. Mittlerweile weiß man: Er ist unstillbar. Es geht nicht mehr darum, ob es gelegentlich einen regionalen Befall gibt, der wieder verschwindet. Es geht mittlerweile um sehr viel mehr, nämlich um die Frage, ob sich diese kleine Fliege zu einer globalen Plage auswächst. Ob sie das Ende aller roten Trauben und damit des Rotweins in weiten Teilen der Welt bedeutet. Denn »Drosophila suzukii« gewinnt von Jahr zu Jahr immer mehr Terrain in den Obst- und Weinbauregionen rund um den Globus.

Erstaunlich, denn sie ist im Gegensatz zu den Strecken, die sie zurücklegt, und dem Schaden, den sie anrichtet, selbst winzig klein. Ihre Länge beträgt gerade einmal zwei bis drei Millimeter. Verwandt ist sie mit den Fruchtfliegen, die sich gern über den vollreifen Inhalt von Früchteschalen hermachen. Doch in einigen zentralen Punkten unterscheidet sie sich: in ihrer Vorliebe für reife unbeschädigte Früchte, ihrer beängstigenden Fruchtbarkeit, ihrer Anpassungsfähigkeit an neue Witterungs-

---

1   Manfred Kriener, »Weinernte 2016. Der Spätsommer rettet den Jahrgang«, *Der Tagesspiegel*, 22.10.2016.
2   ebd.

lagen und in der Vielzahl ihrer Wirte, bei denen sie Unterschlupf findet. Dies alles sind Pluspunkte für die Fliege. Sie weiß diese Klaviatur der Evolution hervorragend für sich zu nutzen.

Auch wenn sie so klein ist, ist sie alles andere als unauffällig. Was an ihr hervorsticht, sind ihre roten Augen, die wie Knöpfe aus dem Kopf ragen. Ansonsten ist ihre Körperfarbe hellbraun mit einem dunklen Strich am Bauch, die Männchen besitzen zusätzlich noch eine dunkle Flügelspitze. Unter dieser unverdächtigen Hülle verbergen die Weibchen ihre wirkliche Stärke, einen gezahnten Stachel. Er sitzt an ihrem Hinterteil und wird dann eingesetzt, wenn die Fliege ihre Eier ablegen will. Zu diesem Zweck sucht sie sich reife, unversehrte Früchte. Setzt sich auf die Außenhaut, möglichst an eine Stelle, die schon etwas vollreif und damit weich ist. Hier zieht sie ihren Sägestachel und sägt ein Loch in die Schale, in das sie dann ihre Eier ablegt. Im Gegensatz zu den Verwandten der Essigfliege, die von faulenden Früchten leben, bevorzugen die Larven von »Drosophila suzukii« frische, unversehrte Früchte für ihre Brut. Und das macht sie so gefährlich für die Winzer. Hinzu kommt ihre ungeheure Vermehrungskraft. So ist sie in der Lage, sich innerhalb weniger Tage tausendfach zu vermehren. Eine aggressive Strategie, die bisher in Europa unbekannt war. Und auf die die Bauern, deren Kulturen befallen wurden, keine Antwort hatten, als sie 2009 in Europa landete. Was die ersten Fliegenschwärme im Süden hinterließen, waren regelrechte Schlachtfelder, massenhafte Fäulnis, verdorbene Ernten und ratlose Bauern.

Erst am 2. Dezember 2011, zwei Jahre nach ihrem ersten Auftauchen, kam es im italienischen Trient zu einer Krisensitzung. Mehr als 180 Obstbauern, Winzer und Wissenschaftler kamen, um das zusammenzutragen, was über die Fliege bekannt war und wie man sich gegen ihren weiteren Einfall rüsten könnte. Allerdings war bis zu dem Zeitpunkt in Europa nur wenig über die Zerstörungswut dieses Insekts bekannt. So einigte man sich erst einmal darauf, wie denn die Invasion zu bewerten sei. Am Ende der Krisensitzung war klar, die Fliege könnte sich zu einer verheerenden Pest auswachsen, wenn nicht mit allen Mitteln dagegen vorgegangen würde.[3] Aber mit welchen Mitteln?

»Drosophila suzukii« hatte und hat bisher keine natürlichen Feinde in Europa, und übliche Spritzmittel ließen sich nicht einsetzen, wegen der Nähe zur Ernte. Es gab zunächst keine Waffe gegen den Eindringling. Und das nicht nur in Europa. Denn wie die Insektenforscher herausfanden, war die Fliege weit gereist und hatte schon auf vielen Kontinenten ihre Brut hinterlassen. In Europa fiel sie 2009 zunächst in Spanien auf. Aber ihre Heimat liegt einige Tausend Kilometer entfernt in Asien. 1916 wurde sie in Japan zum ersten Mal offiziell registriert. In den 1930er-Jahren breitete sie sich dann in Korea und China aus. Von dort trat sie ihre Reise, keiner weiß wie, über den Pazifischen Ozean an. 1980 wurde sie auf Hawaii gesichtet. Amerika, das Land der unbegrenzten Möglichkeiten, erreichte sie im August 2008. Forscher entdeckten sie in einer Insektenfalle in Kalifornien. Über die Obstplantagen und Weingärten im kalifornischen Nappa Valley zog sie weiter nach Norden. Erreichte Oregon und Washington und gelangte schließlich weiter nördlich auch in die Obstbauzone der kanadischen Provinz British Columbia. 2010 begann sie ihr Werk der Zerstörung im Obstzentrum von Florida, im gleichen Jahr fiel sie in South Carolina ein, zog weiter nach North Carolina, wurde in Louisiana, Utah, Michigan und Wisconsin gesichtet. Damit hatte sie innerhalb von 24 Monaten alle Wein- und Obstländereien der USA erobert. Wer die Wege der amerikanischen Lebensmitteltransporter verfolgt, bekommt Einsichten in die Art ihrer Verbreitung. Frisch angestochene Früchte sind

3   Alessandro Cini et al., »A review of the invasion of Drosophila suzukii in Europe and a draft research agenda for integrated pest management«, *Bulletin of Insectology*, 65 (1): 149–160, 2012.

ideale Transportcontainer für die Eier und Maden von »Drosophila suzukii«.

Wie sie die mehr als 5000 Kilometer über den Atlantik nach Europa geschafft hat, liegt bisher noch im Dunkeln, vermutlich aber ebenfalls als blinder Passagier. Damals stand sie noch nicht auf der Kontrollliste der Importüberwachung an den Flug- und in den Seehäfen. Und so konnte sie ungehindert, wahrscheinlich auf den Paletten der Fruchtimporteure, von Spanien nach Frankreich und nach Italien reisen. 2011 ging sie dem Pflanzenschutzdienst in der Schweiz in die Falle.[4] Auch die Obstbauregionen in Österreich, Belgien und Deutschland meldeten ihre Ankunft. Feuchtigkeit und Temperaturen lagen in ihrem Wohlfühlbereich zwischen 20 und 25 Grad Celsius. Diese Temperaturen wirken wie ein Brutofen. Bei günstiger Witterung kann ein Weibchen pro Tag bis zu 16 Eier legen, in ihrem Leben insgesamt 300 bis 400 Eier. Schon nach zwei Tagen beginnen die geschlüpften Larven, im Inneren der Frucht zu fressen, gleichzeitig ermöglichen sie den Essigbakterien den freien Zutritt. Nach acht bis 14 Tagen verpuppen sie sich, damit sind die Weichen für eine neue Generation gestellt. Pro Fliege und Jahr 15 bis 20 Generationen, also pro Fliege bis zu 8000 Nachkommen im Jahr.

Was passiert, wenn diese Invasion auf die Weinberge trifft, erfuhren die Winzer 2014 in ganz Europa, allen voran die Weinbauern in der Lombardei. Nach einem überaus feuchten Sommer ging ein Viertel ihrer Ernte verloren. Für Mamete Prevostini, Präsident des Winzerverbandes, ein Desaster: »Die Winzer sind mit der Arbeit im Weinberg an ihre Grenzen gegangen. Von Juni bis September hat es 66 Tage lang geregnet! Und dazu die Kirschessigfliege.«[5] Auch in der Toskana lernten

---

4 Manfred Kriener, »Kirschessigfliege bedroht deutschen Wein«, *Der Tagesspiegel*, 29.9.2014.

5 http://www.pellegrini.de/Newsletter/Erntebericht_Merum_2014.pdf, letzter Aufruf 6/2016

die Winzer die Fliege 2014 zum ersten Mal richtig kennen. Giuseppe Liberatore, Direktor des Consortio Chianti-Classico, schiebt das auf das ungewöhnliche Wetter. Witterungstechnisch sei es komplett anders gewesen als die vergangenen 40 Jahre. Die Temperaturen unter den Durchschnittswerten, gleichzeitig sei so viel Regen gefallen wie noch nie. Besonders dort, wo es bereits wegen der feuchten Witterung Probleme mit Pilzen und anderen Rebkrankheiten gebe, habe die Kirschessigfliege ein leichtes Spiel. Die Winzer versuchten, das Schlimmste abzuwenden. Sie hätten frühzeitig geerntet, bevor die reifen Beeren die Fliegen angelockt hätten. Doch auch das habe sie nicht geschont, am Ende der Lese hätten die Weinfässer der Region ein Minus von 17 Prozent ausgewiesen.

Auch in Spanien, Frankreich, der Schweiz und Deutschland hinterließ die Kirschessigfliege ab 2014 deutlich ihre Spuren.[6] Im Rotweinanbaugebiet Baden-Württembergs waren die Weinbauern zwar alarmiert, aber den Einfall der Fliege konnten sie nicht verhindern. »Dem Viech gefällt's bei uns«, erklärt Rainer Schnaitmann, Spitzenwinzer in der Region. »Du siehst absolut nichts, und drei Tage später ist alles befallen.«[7] In Württemberg traf es besonders die Traditionssorte Dornfelder und neuerdings den Trollinger. Auch hier gibt es kein Rezept. Die offiziellen Warnungen sind gut gemeint, aber treffen nicht die Biologie der Angreiferin. Der Landesbauernverband in Baden-Württemberg versucht, den Schaden zu begrenzen, und warnt besonders Winzer, die Weingärten in der Nähe von Wäldern zu bewirtschaften. Hier hielten sich die Fliegen Ende des Sommers auf den Brombeersträuchern auf und im Herbst könnten sie sich von dort leicht in die Weinberge flüchten.

Andreas Dilger, Winzer mit Passion in Freiburg im Breisgau, hat sich bisher noch mit keiner Krankheit in seinem Weingarten

6   Manfred Kriener, »Kirschessigfliege bedroht deutschen Wein«, *Der Tagesspiegel*, 29.09.2014
7   ebd.

abgefunden, auch nicht, wenn es hieß, dagegen sei kein Kraut gewachsen. So hatte er als Erster in der Region dem Mehltau, einem großen Feind der Winzer, die Stirn geboten. Wir treffen ihn im August 2016 unter freiem Himmel auf dem AgriKultur Festival in Freiburg. Hier geht es um die Zukunft des Essens und Trinkens in der Region. Die Agronauten, eine Forschungsgesellschaft für nachhaltige und regionale Landwirtschaft, haben eingeladen. Sie wollen wieder ein Netz zwischen den Freiburgern und ihrem Umland knüpfen. Nur ein Viertel der Lebensmittel, die in Freiburg auf den Tisch kommen, wachsen jenseits der Stadtgrenzen im Schwarzwald, im Breisgau und im gegenübergelegenen Elsass. Der Rest wird über die globale Nahrungskette importiert.

»Da ist noch viel Raum für Regionalprodukte«, sagt der Winzer Andreas Dilger, und er will ihn nutzen, auch mit seinem Wein, den er für die Besucher bereithält. Eine Flasche blank und schwarz, nur Glas, Korken und Wein, ohne Etikett. Noch ist der Wein nicht im Verkauf, zu verkosten schon, für Vertraute und Freunde des Hauses. Der Korken ploppt und tiefes Rot rinnt in die Probiergläser. Andreas Dilger hebt das Glas. Gespannte Erwartung, nickende Zustimmung. Der Rote, so die Resonanz der Gäste, ist ein Gedicht aus Beeren und Früchten und Wohlbefinden. Andreas Dilger freut sich. Er ist stolz auf seinen Rotwein und die Art, wie er ihn zustande gebracht hat. Dilger nutzt gezielt die Qualitäten alter Rebsorten, denn die alten Sorten besitzen etwas, das man bei ihren hochgezüchteten Verwandten kaum noch findet: Robustheit. In Dilgers Fall gegen den bisher schlimmsten Feind des Winzers, den Mehltau. In den letzten Jahren steigt der Krankheitsdruck um Freiburg herum. Die Sommer sind feuchter, das Klima ist tropischer geworden. Der Stress in den Weinbergen nimmt zu.

Und nun kommt seit zwei Jahren auch noch die Kirschessigfliege als weiterer Stressfaktor dazu, auch im Weinberg von Andreas Dilger. Doch Andreas Dilger weiß sich erneut zu helfen. Gegen die Essigfliege wehrt er sich mit einer unkonventionellen Methode: Er bläst Steinstaub über seine Rebstöcke, wenn die Trauben reif sind. Der bleibt dann außen an den Trauben haften und macht der Fliege das Leben schwer. Um ihre Eier abzulegen, muss sie sich zunächst durch die Staubschicht sägen. »Das stumpft ab«, lacht Dilger.

Wenn das nächste Gewitter kommt, ist die Steinstaubschicht allerdings wieder weggewaschen. Dann kann er nur hoffen, dass sich die Fliegen schon vorher so verausgabt haben, dass sie seine Trauben nicht mehr ansägen wollen. Grundsätzliches müsse man mit der Züchtung ändern, meint Dilger. Aber das dauert. Anders als der Mehltau sind Kirschessigfliegen Neulinge für die Weinstöcke, und eine Resistenz ist mehr als unwahrscheinlich. Auch nicht bei den alten Landsorten, denn sie haben die Fliege zu ihrer Zeit nie kennengelernt und konnten so auch keine Widerstandskräfte dagegen entwickeln. »Keiner weiß, was die Fliege wirklich vertreiben kann.«

Doch noch will Dilger die Hoffnung nicht aufgeben, denn wenn es ihm nicht gelingt, den Kampf zu gewinnen, könnte der Rotwein aus Baden verschwinden. »Viele Winzer hier kommen heute nur noch gerade so über die Runden. Wenn jetzt noch die Fliegen dazukommen, dann werden viele aufgeben, weil es sich nicht mehr lohnt.« Dilger blickt in sein Glas mit seinem gelungenen Rotwein, zuckt mit den Schultern: »Vielleicht wird es den in einigen Jahren hier nicht mehr geben.«

Der Weinfachberater Alexander Ultes aus Eichstetten am Kaiserstuhl sieht in der neuen Fliegenplage historische Parallelen zur Reblaus, die im 19. Jahrhundert fast den gesamten europäischen Weinbau zerstörte.[8] Damals gelangte die Reblaus mit Weinstöcken aus Nordamerika über England nach Frankreich. Von Frankreich aus breitete sie sich ab 1863 in Windeseile aus, überzog alle europäischen Weinbaugebiete. Besonders hart traf es die französischen Winzer. Denn die hatten die Rebstöcke aus Amerika importiert, um ihre Weinberge

8   http://weinfachberater.der-ultes.de/

neu zu bepflanzen, nachdem sie zuvor vom Mehltau vernichtet worden waren. Was sie nicht ahnen konnten: Mit dem hoffungsvollen Ersatz aus Amerika, der gegen den Mehltau widerstandsfähig war, hatten sie sich die Reblaus – und damit ein noch katastrophaleres Übel – ins Land geholt. Nun wurden sie zum zweiten Mal heimgesucht, ohne zu wissen, wie sie den Kampf gewinnen konnten. Zunächst sollten chemische Mittel der Laus den Garaus machen. Aber die Chemie blieb langfristig ohne Erfolg. Erst als eine resistente Sorte gefunden war, und diese zur Grundlage für die französischen Edelreben werden konnte, verlor die Reblaus ihren Wirt und damit ihre Kraft. Zurück blieb ein Werk der Zerstörungen. 2,5 Millionen Hektar Weinberge waren durch die Reblaus vernichtet worden.

Die Schäden, die die Kirschessigfliege bisher schon in Wein- und Obstkulturen wie Kirsch-, Brombeer-, Erdbeer- und Johannisbeerkulturen sowie bei Pflaumen und Pfirsichen verursacht, entsprechen allein in den USA schätzungsweise 500 Millionen US-Dollar.[9] Tendenz steigend. Ähnlich wie die Reblaus ist auch die Kirschessigfliege in Europa ein Einwanderer. Aber anders als bei der Reblaus wird es nichts nützen, die Wurzeln der betroffenen Weinstöcke einfach gegen andere auszutauschen. Denn im Gegensatz zur Reblaus hat die Kirschessigfliege viele Wirtspflanzen, die ihr das Überleben sichern würden, unter anderem die Brombeeren. »Wir haben festgestellt, dass Brombeeren die Lieblingskultur der Kirschessigfliegen sind«, stellt Uwe Harzer vom Dienstleistungszentrum Ländlicher Raum (DLR) Rheinpfalz fest.

Andere Früchte und Beerengewächse wie Zwetschgen, Aprikosen und Mirabellen, Heidelbeere, Stachelbeere, Himbeere, Erdbeere, Johannisbeere und Kirsche sowie Hartriegel, Holunder, Eberesche, Eibe, Feuerdorn, Hagebutte, Liguster, Sanddorn, Schlehe, Speierling, Weißdorn und sogar die Früchte des

---

9 Alessandro Cini et al., a.a.o.

Efeus gehören zu ihren Wirten.[10] Die Weintrauben sind für die Kirschessigfliegen sozusagen die Letzten in der Beutekette. Als die Letzten in der Reifekette bieten sie für die Fliegen die letzte Chance, eine möglichst große Zahl ihrer Art ins nächste Jahr zu retten. Diese Torschlusspanik könnte ihr massives Auftreten in den Weinbergen erklären.[11]

Im Weinbau in Deutschland ist seit April 2014 das Insektizid »SpinTor« gegen Essigfliegen zugelassen.[12] Es blockiert die Nerven der Insekten und führt so innerhalb von Stunden zum Tod. Doch auch dieses Mittel bietet keinen grundlegenden Erfolg, eher ein zusätzliches Risiko. Um zu wirken müsste es in die reifen Kulturen gespritzt werden. Eine Prozedur, die kaum möglich ist, ohne Rückstände in den Früchten und im Saft zu riskieren.

In einer Studie über die Frage, wie die Fruchtfliege wirkungsvoll bekämpft werden könnte, kommen die Forscher zu dem Schluss, dass bisherige Ansätze zum sogenannten »Integrierten Pestizidmanagement« nicht mehr weiter helfen. In anderen Worten, die Wissenschaft ist vorläufig mit ihrem Latein am Ende. Nun können nur neue Forschung und neue Mittel weiterhelfen.[13] Erste Hoffnung verbreiten Studien mit Pflanzenölen. Besonders Pfefferminz- und Thymianöl scheinen die Kirschessigfliege zu beeindrucken und teilweise auch umzubringen.[14] Doch die Erkenntnisse sind aus dem Jahr 2016 – bis es zu einem praxisreifen Präparat kommen dürfte, wird es noch dauern.

10 »Asiatische Fruchtfliege zerstört Bauern die Ernte«, *SpiegelOnline*, 7.8.2014, http://www.spiegel.de/wissenschaft/natur/fruchtfliegen-art-aus-asien-macht-bauern-sorge-a-985028.html

11 http://www.lbv-bw.de/Achtung-Kirschessigfliegen-Tipps-fuer-die-Bekaempfung,QUlEPTQoMzU4MjEmTUlEPTU1NzEmTUlEPTU1NzU1NzEmTUlEPTU1NzU1NzEmTUlEPTU.html

12 ebd.

13 Mark K. Asplen et al., »Invasion biology of spotted wing Drosophila (Drosophila suzukii): a global perspective and future priorities«, September 2015, *Journal of Pest Science*, Vol. 88, pages 469–494.

14 Justin M. Renkema et al., »Plant essential oils and potassium metabisulfite as repellents for Drosophila suzukii (Diptera: Drosophilidae)«, *Scientific Reports* 6, Article number: 21432, 2016.

Das Einzige, was »Drosophila suzukii« nach derzeitigem Wissen wirklich treffen kann, ist ein kalter Winter. So jedenfalls war der Stand der Wissenschaft bis 2015. Bisher galt, dass die Fliegen bei Temperaturen unter drei Grad keine Chance mehr haben. Nun allerdings scheint sie sich anzupassen. In Italien wurden Exemplare entdeckt, die auch bei ein Grad Lufttemperatur noch überleben.[15] Das verschafft der Fliege neue Spielräume nach Norden in bisher noch unberührte Obst- und Weinbauregionen. Norddeutschland, die Obstplantagen im Alten Land bei Hamburg, die neuen Winzer in Mecklenburg und auf Rügen, die Obst- und Weingärten im Süden Englands und auch Skandinavien könnten zum Zielgebiet für »Drosophila suzukii« werden.

Ihrer Anpassungsfähigkeit scheint keine Grenze gesetzt zu sein. Sie versteht es, geschickt zu überwintern, versteckt sich im Laub und schläft hinter loser Borke. Und wenn der Winter ausbleibt, umso besser für ihr Überleben. Sie erwacht im nächsten Frühjahr, wenn die Temperaturen über zehn Grad steigen, und dann beginnt erneut das Vermehrungskarussell, diesmal ein Stück weiter Richtung Norden. Die Europäische Pflanzenschutz Organisation EPPO kam schon 2012 in ihrer Risikobewertung zu dem Schluss, dass »Drosophila suzukii« sich in den meisten Regionen Europas weiter ausbreiten und dass ihre Ausrottung nicht möglich sein wird.[16] Das Klima jedenfalls wird ihr bei ihren Beutezügen keinen Strich durch die Rechnung machen. Ganz im Gegenteil: Die Prognose des Weltklimarates IPCC ist auf der Seite der Kirschessigfliege. Der Klimawandel mit den vorhersehbar steigenden Temperaturen verschafft ihr weiterhin optimale Startbedingungen auf ihrem Weg in die Wein- und Obstbaugebiete der Welt.

15 Peter W. Shearer et al., »Seasonal cues induce phenotypic plasticity of *Drosophila suzukii* to enhance winter survival«, *BioMedCentral*, published online, 22. 3. 2016.
16 Alessandro Cini, a.a.O.

4

WENN DER ACKER WEGSCHWIMMT.
BODENEROSION IN IOWA

»Vor hundert Jahren hätten wir hier noch bis zur Hüfte im Wasser gestanden«, sagt Tom Frantzen, Biolandwirt in der Nähe von New Hampton im Nordosten Iowas. Wie alle Staaten im Mittleren Westen der USA ist auch Iowa *flyover country*, eine Landschaft, die selbst viele Amerikaner nur vom Blick aus dem Flugzeug kennen, wenn sie von Küste zu Küste unterwegs sind.

Iowa liegt zwischen den Flüssen Missouri im Westen und Mississippi im Osten, im Norden liegen Minnesota und die kanadische Grenze, und wenn man von Iowas Hauptstadt Des Moines auf der Autobahn I55 etwa 1000 Meilen nach Süden fährt, durch die Staaten Missouri, Arkansas und Louisiana, erreicht man New Orleans. Aus der Luft gleicht die Landschaft einem unregelmäßigen Schachbrett, je nach Jahreszeit in frühsommerlichen Grüntönen, dann in gelb, ocker und beige, im November und Dezember dunkelbraun und anthrazit – oder bereits unter einer dicken Schneedecke ganz verborgen.

Etwa um 1850 begannen die ersten Siedler, dieses sumpfige Prärieland urbar zu machen, erzählt Tom Frantzen. Sie versuchten zunächst erfolglos Weizen anzubauen. Mit Milchvieh, Schweinen und Futtergetreide hatten sie in trockeneren Lagen mehr Glück. Einer dieser Siedler war Toms Urgroßvater. Er wanderte um 1840 von Irland in die USA aus und kam zehn Jahre später nach Iowa. Doch erst die nächste Generation verwandelte ab etwa 1915 mit Schippe und Spaten die sumpfigen

Wiesen in hochproduktives Ackerland und machte Iowa neben Kalifornien zum führenden Agrarstaat in den USA. Von Hand hoben die Farmer Hunderte von Kilometern Gräben für Drainagerohre aus. Die perforierten tönernen Rohrleitungen wurden in einer Tiefe von 1 bis 1,20 Meter verlegt und tun, so sie nicht inzwischen durch flexiblere und bruchsicherere Plastikröhren ersetzt wurden, noch immer Dienst. Durch schlitzförmige Öffnungen gelangt Wasser, das nicht mehr von den saturierten Böden aufgenommen werden kann, in die Rohre und wird in den nächsten Entwässerungsgraben abgeleitet. Die Gräben wiederum münden in Bäche und Flüsse, bis das Wasser irgendwann über Missouri und Mississippi den Golf von Mexiko erreicht. »Von der Zeit, als ich geboren wurde, bis heute ist dieses Land in einer kaum vorstellbar dramatischen Weise verändert worden«, sagt Tom Frantzen, »erst die Drainage hat den Anbau von Mais und Soja hier möglich gemacht, und heute ist man nirgends in Iowa weiter als zehn Meter von einem Drainagerohr entfernt.« Angesichts der sich ebenmäßig oft bis zum Horizont erstreckenden Ackerflächen ist kaum vorstellbar, dass darunter ein dichtes Rohrgeflecht liegt: Im Schnitt sind unter einer Quadratmeile Fläche 120 Meilen Rohre verlegt.

Dass mit dieser simplen Technologie Hunderttausende Hektar Sumpfwiesen in fruchtbares Ackerland verwandelt werden konnten, klingt zunächst nach einer großartigen Erfolgsgeschichte. Und es könnte eine sein, wenn das Wasser, das aus dem Boden via Drainagerohre in Richtung Golf von Mexiko strömt, nicht große Mengen an Nitrat und Phosphor enthielte. Nitrat ist nicht nur ein wichtiger Bestandteil von chemischem Dünger, auch manche Pflanzen, Leguminosen wie z.B. Sojabohnen, produzieren es, und auch die Exkremente von Schweinen, Hühnern und Rindern enthalten Nitrat. Umfang und Art der landwirtschaftlichen Produktion einer Region sind deshalb ausschlaggebend für den Nitrateintrag ins Grundwasser und eine intensivere Form der Landwirtschaft als in Iowa gibt es wohl nirgends sonst in den USA. Mit einer Fläche von 55 875 Quadratmeilen (etwa 145 000 Quadratkilometern) gehört Iowa nicht zu den großen Staaten, aber dafür werden 85 Prozent der Gesamtfläche landwirtschaftlich genutzt. Auf 5,3 Millionen Hektar wird Mais (überwiegend Futtermais und Mais für die Herstellung von Ethanol) angebaut, auf knapp vier Millionen Hektar wachsen Sojabohnen. Innerhalb der USA ist Iowa nicht nur führend, was Mais und Soja angeht, sondern auch bei der Erzeugung von Schweinefleisch und Eiern. In Iowa leben rund drei Millionen Menschen, 21 Millionen Schweine und 60 Millionen Hühner[1].

Und weil wir schon bei Zahlen sind: Dr. Mark Sobsey von der University of North Carolina hat errechnet, dass ein ausgewachsenes Schwein im Vergleich zu einem erwachsenen Menschen die zehnfache Fäkalienmenge produziert. Die Mehrzahl der Schweine wird in Intensivhaltung in möglichst kurzer Zeit auf das Schlachtgewicht gemästet. Überall in Iowa kann man Ansammlungen lang gezogener, fensterloser Gebäude entdecken, bei denen Abmessungen und Geruch verraten, ob es sich um einen Hühner- oder einen Schweinemastbetrieb handelt. Die anfallende Gülle wird auf die Felder ausgebracht, doch selbst die riesigen Agrarflächen Iowas sind nicht groß genug für die anfallenden Mengen.

Es gibt Auflagen, wann wie viel Gülle ausgebracht werden darf; um deren Einhaltung zu kontrollieren, fehlen jedoch Geld und Personal und, so vermuten die Kritiker, vor allem der politische Wille. Die Schweine liegen und stehen meist auf sogenannten »Spaltenböden«, so dass sich Urin und Exkremente in der darunter befindlichen »Lagune« sammeln. Wegen der ist dort bildenden toxischen Gase müssen die Ställe Tag und Nacht mit großen Ventilatoren belüftet werden. Die berechtigte Kritik von Tierschützern an solchen nicht artgerechten Haltungsbedingungen ist ein eigenes Thema, in Sachen Wasser ist relevant, dass

1   http://www.iowapoultry.com/get-the-facts/

immer wieder große Mengen von Gülle über Lecks in den Lagunen austreten, die Lagunen überlaufen oder Gülle illegal auf Flächen ausgebracht wird, um ein Überlaufen zu verhindern.

Es kommt also immer wieder zu Umweltdesastern, die in Iowa aber in der Regel nur dann rechtliche Konsequenzen haben, wenn die Folge ein Fischsterben größeren Ausmaßes ist – so jedenfalls die Einschätzung der Farmer, mit denen ich gesprochen habe. Ob über Lecks und Lagunen, über Oberflächenwasser, das nach einem Platzregen von den Feldern abläuft oder über Millionen Drainagerohre – ganz gleich, wie das Nitrat in die Gewässer kommt, die fatalen Auswirkungen im Golf von Mexiko sind inzwischen per Satellitenbild aus dem All zu sehen: Die »Todeszone« im Mündungsgebiet des Mississippi hatte 2016 eine Größe[2] von über 15 000 Quadratkilometern. Die Nitrate »düngen« Algen und andere Mikroorganismen, die sich explosionsartig vermehren und dabei dem Wasser so viel Sauerstoff entziehen, dass Fische und andere Meerestiere nicht mehr lebensfähig sind.

Was das mit Klimawandel zu tun hat? Klimawandel bedeutet für manche Regionen – und Iowa gehört dazu –, dass es häufiger und heftiger regnen wird. Im Bericht der Umweltbehörde EPA heißt es nüchtern[3]: »Das sich verändernde Klima wird in Iowa wahrscheinlich zu mehr Überflutungen führen. In den letzten fünfzig Jahren ist die durchschnittliche jährliche Niederschlagsmenge im Mittleren Westen um 5–10 Prozent gestiegen. Aber die Regenmenge an den vier nassesten Tagen des Jahres ist um 35 Prozent gestiegen, und die Wassermenge in den meisten Flüssen während der schlimmsten Überflutung des Jahres ist um 20 Prozent angeschwollen. Es ist davon auszu-

2 Angaben der US-Behörde National Oceanic and Atmospheric Administration NOAA, http://www.noaa.gov/media-release/average-dead-zone-for-gulf-of-mexico-predicted

3 https://www3.epa.gov/climatechange/Downloads/impacts-adaptation/climate-change-IA.pdf

gehen, dass in den nächsten hundert Jahren die Zahl der Regenfälle im Frühjahr und die durchschnittliche Regenmenge steigen und schwere Regenstürme in der Intensität zunehmen werden. Jeder dieser Faktoren wird das Überschwemmungsrisiko weiter erhöhen.«

Die Umweltbehörde arbeitet mit Durchschnittswerten für den gesamten Mittleren Westen, die Realität z.B. im Nordosten Iowas sieht schon im Oktober 2016 anders aus. »Einige unserer Felder sind in diesem Jahr sechs Mal überflutet worden. Zum ersten Mal in meinem Leben bin ich morgens um vier Uhr mit dem Traktor rausgefahren, um zu schauen, ob es unsere Rinder alle geschafft haben, auf höhergelegene Weiden zu kommen, oder ob welche in Gefahr sind, zu ertrinken. Das Wasser reichte an manchen Stellen fast bis zum Motor. Es war stockdunkel, und ich hatte wirklich Angst«, erzählt Tom Frantzen und zeigt, wie hoch das Wasser in jener Nacht stand: beinahe hüfthoch. In diesem Teil von Iowa habe es immer viel geregnet, sagt er, aber die Regenfälle von April bis in den Juli seien inzwischen extrem. Die Intensität habe sich verändert: An mehreren Orten seien in einer einzigen Nacht 35 Zentimeter Niederschlag gefallen, Tom Frantzen hat auf der Farm 15 Zentimeter Niederschlag in zwei Stunden gemessen – die Regenmenge, die sonst in einem Monat fällt.

Die Folgen solcher Güsse als wetterbedingte »Bodenerosion« zu bezeichnen, gibt ein nur unzureichendes Bild von der Realität, besonders auf konventionell bewirtschafteten Äckern: das ablaufende Wasser gräbt tiefe Rinnen und reißt Erde und junge Pflanzen mit sich. Manchmal müssen Mais und Soja mehrfach nach oder ganz neu ausgesät werden. Mehr Regen bedeutet natürlich auch mehr Nitratauswaschung. Bei Überschwemmungen werden immer wieder Lagunen von Betrieben mit intensiver Tierhaltung geflutet. Und Soja- und Maisfarmer bringen zusätzlichen chemischen Dünger aus, um den Nitratverlust im Boden wettzumachen.

Ein hoher Nitratgehalt im Wasser verursacht nicht nur Umweltschäden, zu viel Nitrat im Trinkwasser ist gesundheitsgefährdend und kann bei Säuglingen zu einer lebensbedrohlichen Stoffwechselstörung führen, indem es die Fähigkeit des Blutes, den Körper mit Sauerstoff zu versorgen, extrem einschränkt. Im Englischen ist dieser Zustand als »blue baby syndrome« bekannt. Eine im September 2016 vorgelegte Studie[4] des Umweltbeirates in Iowa (Iowa Environmental Council) trägt den Titel: »Nitrate im Trinkwasser: Anlass zur Sorge um die öffentliche Gesundheit für alle Bewohner Iowas«.

Die US-Umweltbehörde hat bereits 1962 festgesetzt, dass Trinkwasser nicht mehr als zehn Milligramm Nitrat pro Liter enthalten darf. Die Studie des Umweltbeirates fasst Untersuchungen zusammen, die auf den Zusammenhang zwischen dem Nitratgehalt im Trinkwasser und Erkrankungen wie Geburtsschäden, Krebserkrankungen, Schilddrüsenproblemen und anderen gesundheitlichen Problemen hinweisen. Mehrere wissenschaftliche Untersuchungen gehen davon aus, dass die zehn-Milligramm/Liter-Grenze für Trinkwasser noch zu hoch angesetzt ist. Nitrat wandelt sich im Körper zu Nitrit um und das ist bereits in viel geringeren Mengen gesundheitsschädlich. Nitrit kann außerdem im Körper in krebserregende Nitrosamine umgewandelt werden. Der Umweltbeirat resümiert: »Die Bewohner von Iowa sind den potenziellen Gesundheitsgefahren, die von Nitraten ausgehen, in besonderer Weise ausgesetzt, weil die Konzentration von Nitraten in den Flüssen Iowas und im Grundwasser zu den höchsten in den USA gehören.«

Der Klimawandel verschlimmert das Nitratproblem. Die häufiger und intensiver werdenden Regenfälle lassen den Grundwasserspiegel ansteigen und es fließt noch mehr nitrathaltiges Wasser über die Drainagerohre in Bäche und Flüsse. »Im letzten Jahr mussten wir unsere Nitratfilteranlage 177 Tage lang in

4   »Nitrate in Drinking Water: A Public Health Concern for All Iowans«,
     http://www.iaenvironment.org/news-resources/publications/water-
     and-land-publications

Betrieb haben. Das hat uns 1,5 Millionen Dollar gekostet, und das sind nur die reinen Betriebskosten der Anlage. Vor zehn Jahren lief sie an 20 Tagen im Jahr.« Groß, breitschultrig und weißhaarig ist Bill Stowe nicht nur physisch eine imposante Erscheinung. Der Chef der Wasserwerke in Des Moines ist entschlossen, der Nitratverschmutzung über die Gerichte Einhalt zu gebieten, eine Entscheidung, die ihm nicht nur den Zorn der Agrarlobby, sondern sogar Morddrohungen eingebracht hat. »Wir versorgen 500 000 Menschen hier mit Trinkwasser. Sauberes Wasser ist von elementarer Bedeutung für die biologische Gesundheit. Es kann nur mit sauberer Luft verglichen werden.« Die Wasserwerke seien die Hüter der öffentlichen Gesundheit, sagt Bill Stowe, der sowohl Ingenieur als auch Jurist ist. »Ich habe diesen Job nicht übernommen, um mich vor Gericht mit den mächtigsten Institutionen in diesem Staat anzulegen. Aber die Alternative ist so verheerend, dass wir das durchstehen müssen. Und es ist wirtschaftlich eine sinnvolle Entscheidung. Die Des Moines Water Works betreiben die weltgrößte Nitratfilteranlage. Aber sie reicht nicht mehr aus. Eine neue Anlage kostet 100 Millionen Dollar. Ich sage: Lasst uns zwei Millionen Dollar in Prozesskosten investieren, um uns die Ausgabe von 100 Millionen Dollar für eine neue Anlage zu sparen.«

Im März 2015 verklagten die Wasserwerke drei Landkreise. Die dortigen Behörden hätten die Nitratwerte im Oberlauf der beiden Flüsse, aus denen das Des Moines Wasserwerk das Wasser für die Aufbereitung zu Trinkwasser entnimmt, nicht ausreichend kontrolliert. Die Drainagerohre unter den Äckern seien zwar im Besitz der einzelnen Farmer, das Wasser werde jedoch in öffentliche Gräben, Dolen und Rohre geleitet, und diese unterliegen genau wie alle anderen öffentlichen Wasserwege und Flüsse der Kontrolle eines Aufsichtsgremiums.

Wasserrechte in den USA sind kompliziert, nicht nur in Kalifornien. Während Städte und Gemeinden ablaufendes Regenwasser nicht ungeklärt in öffentliche Wasserwege einleiten dürfen, sind landwirtschaftliche Flächen davon ausgenommen.

Drainagerohre jedoch sind Quellen »punktueller« Umweltverschmutzung, argumentiert Bill Stowe, und für die könne die Ausnahme nicht gelten. »Die Landwirtschaft trägt keinerlei Verantwortung für das, was sie tut. Jeder andere Industriezweig ist verantwortlich. Der Racoon River[5] ist eine offene Kloake für die Landwirtschaft.« Wie brisant die Klage der Wasserwerke ist, lässt sich nicht nur aus der Tatsache ablesen, dass noch immer um die gerichtlichen Zuständigkeiten gestritten wird und die Agrarlobby Medienberichten zufolge Millionenbeträge für den Prozess lockergemacht hat, der vermutlich im Sommer 2017 beginnen wird.

Der Prozess wird sich über Monate hinziehen und das Ergebnis wird mit großer Wahrscheinlichkeit angefochten werden. Wie die Fronten politisch verlaufen, ist auch klar: »Des Moines hat dem ländlichen Iowa den Krieg erklärt«[6], sagte der Gouverneur des Staates, Terry Branstad[7], in einem Interview mit der Tageszeitung ›The Des Moines Register‹, noch bevor die Wasserwerke die Klage überhaupt erhoben hatten. Eine Aussage, die Bill Stowe eher kühl lässt: »In diesem Staat dominiert das Iowa Farm Bureau[8], was Gouverneur Branstad sagt, ist vergleichsweise unwichtig. Er hat nichts getan, um die Gesundheit der Menschen in Iowa zu schützen, stattdessen hat er die Kosten der Umweltschäden auf die Konsumenten abgewälzt, um die

5   Die Des Moines Water Works nutzen ausschließlich Wasser aus dem Racoon River und dem Des Moines River.

6   http://www.desmoinesregister.com/story/news/politics/2015/01/13/branstad-nitrates-war-rural-iowa/21722629/

7   Terry Branstad wurde im Dezember 2016 vom zu diesem Zeitpunkt noch designierten Präsidenten Donald Trump als US-Botschafter für China vorgeschlagen.

8   Das Iowa Farm Bureau ist Teil der American Farm Bureau Association, AFBA, einer der stärksten Agrarlobby-Gruppen in den USA. Die AFBA setzt sich, meist gemeinsam mit Agrarchemiefirmen, gegen jegliche Umweltgesetzgebungsinitiative ein, die Praktiken der konventionellen, industriellen Landwirtschaft einschränken oder verbieten könnte.

Interessen der Lobbygruppen zu wahren. Er benimmt sich wie ein König, nur sind wir hier nicht in einer Monarchie.«

Gouverneur Branstad insistiert, dass freiwillige Maßnahmen der Farmer ausreichen werden, das Nitratproblem zu lösen. Angesichts der sich weiter verschlechternden Situation – 2016 war die Nitratbelastung höher denn je – hält Bill Stowe das für keine Lösung: »Es wäre lächerlich, wenn wir so tun würden, als wenn freiwillige Maßnahmen uns geben würden, was uns zusteht. Farmer aufzuklären und zur Umstellung zu ermuntern ist so, als wenn Sie mich ermuntern würden, freiwillig Steuern zu zahlen. Wir brauchen gesetzliche Bestimmungen, um die öffentliche Gesundheit zu gewährleisten.«

Für Stowe ist das auch ein sozioökonomisches Problem. Wegen der hohen Kosten für die Nitratfilteranlage mussten die Wasserwerke die Wasserpreise 2016 um zehn Prozent erhöhen. Und das trifft viele in Des Moines hart. Drei Viertel der Schüler und Studenten in den innerstädtischen Gebieten haben Anspruch auf subventionierte Schulmahlzeiten, ein klarer Indikator dafür, dass das Familieneinkommen unter der Armutsgrenze liegt. Für Bill Stowe geht es im bevorstehenden Prozess um Grundsatzentscheidungen: »Das Thema hier ist, dass wir eine stark subventionierte Landwirtschaft haben. Und die Landwirte müssen sich verantwortlich verhalten und zur Verantwortung gezogen werden. Wir stehen am Scheideweg. Wie stellen wir uns die Zukunft dieses Staates vor? Ist Iowa, der Staat zwischen den großartigsten Flüssen der USA, dem Missouri und dem Mississippi, nichts anderes als ein industrieller Mastbetrieb, der von Mais und Schweinen lebt?«

Für die Protagonisten der industriellen Landwirtschaft, für die allein die Gewinnmaximierung zählt, auch wenn sie zu Lasten von Kühen, Schweinen, der Umwelt oder der Gesundheit z.B. von Erntearbeitern geht, ist Iowa ideales Terrain. Mit Gensoja, Genmais und Massentierhaltung bei Schweinen und Hühnern ist Iowa zum führenden Agrarstaat in den USA geworden. Der Preis dafür sind Monokulturen, schlechte Boden-

und Wasserqualität, Einsatz großer Mengen von chemischem Dünger, Herbiziden und Pestiziden. »Der Landwirtschaft werden keine Auflagen gemacht, es gilt das Mantra ›wir ernähren die Welt‹, fasst der Chef der Des Moines Wasserwerke die Situation zusammen. Was die industrielle Landwirtschaft beim »Wir ernähren die Welt«-Mantra vergisst zu erwähnen, ist, dass Mais und Soja meist nicht oder nur indirekt in menschlichen Mägen landen: 40 Prozent[9] des US-Mais sind Viehfutter –, 30 Prozent werden zu Ethanol verarbeitet, 12 Prozent gehen in den Export – in der Regel als Viehfutter – und knapp sechs Prozent werden zu Fructose-Glucose-Sirup und anderen Süßmitteln verarbeitet. Bei Sojabohnen sieht es nicht anders aus, der World Wildlife Fund (WWF)[10] geht davon aus, dass weltweit 75 Prozent als Viehfutter genutzt werden.

Aber inzwischen sind nicht nur Biobauern davon überzeugt, dass es notwendig ist, Landwirtschaft mit der Natur und nicht gegen sie zu betreiben. Der Klimawandel und die negativen Auswirkungen, die die steigenden Regenmengen auf die Bodenqualität haben, bringen inzwischen auch konventionell arbeitende Farmer zum Nach- und Umdenken. Einer von ihnen ist Jon Bakehouse.

An einem warmen Montagmorgen im Oktober sitzen wir nicht auf der Veranda des wunderschönen alten, holzverkleideten Farmhauses, das Jons Ururgroßvater bauen ließ, als er die Farm 1880 gründete, sondern in dem modernen, stilvoll eingerichteten Bungalow auf dem Nachbargrundstück. Hier leben Jons Eltern. Offiziell leitet Jon die 280-Hektar-Farm eigenständig, aber sein Vater, Bach Bakehouse, arbeitet weiterhin mit und steht Jon mit Rat und Erfahrung zur Seite. Ein nicht ganz einfaches Miteinander, denn Jon und Bach haben sehr unterschiedliche Ansichten in Sachen Landwirtschaft. Die Farm ist

9   National Corn Growers Association: http://www.worldofcorn.com/#-corn-usage-by-segment
10   http://wwf.panda.org/what_we_do/footprint/agriculture/soy/facts/

typisch für Iowa: Die Haupteinkommensquelle sind der Anbau von GM-Mais und GM-Soja. Daneben gibt es noch Weideland für die 25 Mutterkühe mit ihren Kälbern und die Rindermast. Jon pflanzt inzwischen wieder konventionelle, nicht genmanipulierte Maissorten an und hätte am liebsten gar keine GM-Sorten mehr auf dem Acker. GM-Saatgut ist wesentlich teurer und Dünger und Pestizide müssen sowohl bei GM als auch bei konventionellen Sorten eingesetzt werden. »Für mich ist die Frage: Welchen Nutzen bringen uns die GM-Sorten? Konventionelle Sorten sind nur ein bisschen arbeitsintensiver, und man muss vorausdenken«, sagt Jon.

Die höheren Kosten sind nur ein Argument, Jons Zweifel an den Methoden der industriellen Landwirtschaft reichen tiefer. Den einzigen Job auf der Farm, den er immer verabscheut habe, sei, Pestizide zu sprühen. »Ich dachte jedes Mal, dass das nicht gut sein kann. Du liest die Warnhinweise auf der Verpackung, die Sprühnebel können dir ins Gesicht kommen, und du sprühst, um etwas abzutöten. Aber ich glaubte, dass es notwendig sei, denn was könnte nobler sein, als zu helfen, die Welt zu ernähren.« Der Moment, ab dem er begann, komplett umzudenken, kam vor drei Jahren. Sein Sohn Anderson war damals drei Jahre alt und wollte auf dem Hof mit Sojabohnen spielen, die dort zum Säen bereitlagen. Die Saatbohnen sind mit chemischem Dünger umhüllt, um dem Keimling ideale Startchancen zu geben, und mit einer Pestizidschicht, die Schädlinge fernhalten soll. »Ich rief Anderson zu: Fass das nicht an! Und er sagte: ›Papa, das ist doch das, was wir essen?‹«. Danach, sagt Jon, habe er begonnen, über nachhaltige Landwirtschaft zu lesen, vor allem über Gründüngung, und er habe angefangen, über den Zustand der Böden nachzudenken. »Wir können vielleicht noch 50 Jahre lang pflügen, mehr nicht. Dann ist die Humusschicht komplett verschwunden. Wir sind unfähig, uns an das Grundprinzip der Landwirtschaft zu halten: Pass auf den Ackerboden auf. Wir ernähren die Welt und ruinieren dabei die Umwelt.«

»Wir haben so fantastische Böden hier in Iowa, wir haben

selbstverständlich angenommen, dass das immer so sein wird«, wirft Jons Mutter ein. Jon hat sich in Fahrt geredet: »Wir misshandeln den Boden und die Bodenlebewesen. Ich kenne mich mit Navis aus, mit GM-Saaten, mit Termingeschäften, aber ich weiß nichts über Bodengesundheit. Wir lassen Mutterboden vom Wind zu den Nachbarn wehen oder mit dem Wasser die Flüsse hinunterspülen.«

Er sei weiterhin nicht überzeugt, dass die Rückkehr zu Nicht-GM-Sorten bei Mais und Soja eine gute Idee sei, sagt Bach Bakehouse, der bisher nur aufmerksam zugehört hat. »Als ich mit der Landwirtschaft angefangen habe, wussten wir wirklich nicht, wie wir dem Unkraut noch Herr werden sollten. Wir haben jedes Unkrautvernichtungsmittel gesprüht, das wir auftreiben konnten, und meistens haben wir mehrere zusammengemischt, das war ein echtes Hexengebräu. Und dann sind wir immer wieder mit der Kreiselegge über die Felder gegangen, nur damit wir die Unkräuter vor der Aussaat loswurden. Wenn du vom Traktor stiegst, warst du schwarz, der Boden war nur noch Staub. Dann kam Roundup[11] und plötzlich hatten wir ein effizientes Mittel. Einmal über den Acker fahren, fertig. Zu viele Farmer haben nicht hoch genug dosiert, deswegen haben wir jetzt Probleme mit Superunkräutern.«

Aber davon abgesehen, zu den Zeiten *vor* Roundup könne Jon ja wohl nicht zurückwollen. Jon und sein Vater führen diese Unterhaltung offensichtlich nicht zum ersten Mal, aber trotz seiner Bedenken lässt Bach seinen Sohn neue Wege gehen. Jons erster Versuch 2010, den Boden mit Gründüngung zu verbessern und gleichzeitig das im Frühjahr aufkeimende Unkraut zu unterdrücken, war ein Fehlschlag.

---

11 Roundup ist ein Unkrautvernichtungsmittel der Firma Monsanto. Der Hauptwirkstoff ist Glyphosat. Gentechnisch veränderte Mais- und Sojasorten von Monsanto sind resistent gegen Glyphosat, d.h., Unkräuter können auch während der Wachstumsperiode von Mais und Soja mit Roundup bekämpft werden.

»Der ganze Acker war ein einziges Schlammchaos«, erinnert sich Jon, »die Gründüngung muss vor dem Winter auf dem Feld wirklich etabliert sein, und das ist bei unserem Klima manchmal schwierig. Aber wir haben mit verschiedenen Mischungen experimentiert, und letztes Jahr war der Roggen zwei Meter hoch.« Noch sprüht Jon im Frühjahr Glyphosat, bevor er Mais oder Soja sät, aber durch die verbesserte Bodenqualität konnte er die Düngermenge um die Hälfte reduzieren. Bei Gabe Brown, einem Farmer in North Dakota, der als Gründünger-Guru gilt, hat Jon in der Praxis gesehen, wie man, statt Glyphosat einzusetzen, die Pflanzen mit einer Walze bearbeiten und mulchen kann, bevor man Mais oder Soja sät. Jon hofft, diese Technik auch demnächst anwenden zu können.

Die Farm der Familie Bakehouse liegt im Südwesten Iowas im Bereich der Nishnabotna-Wasserscheide. »Die meisten Flüsse hier haben Messwerte für Nitrat und Phosphor[12], die sind absolut jenseits von Gut und Böse. Die beiden Ortschaften hier in der Nähe, Griswold und Malvern, haben so hohe Nitratwerte in den Brunnen, dass sie Wasser aus anderen Quellen beimischen müssen, damit es überhaupt trinkbar ist. Gründüngung im Winter zu säen ist die beste Wasserschutzmaßnahme, die wir ergreifen können«, sagt Jon, »und wenn man Land bewirtschaftet, dann muss man das verantwortungsvoll tun.« »Das ändert nichts daran, dass ohne Gründüngung die Erträge bei Mais und Soja besser sind«, wirft Bach ein, »ich weiß doch, wie die Farmer hier damit angeben, wenn sie sich zu einem Kaffee treffen.«

Es ist wichtig, was die Nachbarn denken, jeder kennt jeden in diesen kleinen, entvölkerten, ländlichen Gemeinden, in denen es nicht mehr viel gibt, auf das man stolz sein könnte, außer eben auf die Ernteerträge. Vor der Farmkrise in den Achtzigerjahren

---

12 Phosphor ist genau wie Nitrat ein wichtiger Bestandteil von Kunstdünger. Wie Nitrat trägt es zu vermehrtem Algenwachstum bei, wenn es in Flüsse oder Seen gelangt.

gab es in Iowa 200 000 Farmen, heute sind es weniger als 90 000, und immer noch ziehen die meisten jungen Leute weg auf der Suche nach einem Job. In Hastings, dem zur Farm nächstgelegenen Ort, gab es einmal so viele Läden, dass die Leute aus dem 60 Kilometer entfernten Omaha im Nachbarstaat Nebraska kamen. Heute gibt es in Hastings noch eine Straßenkreuzung, die man mit dem Auto vorsichtig überqueren muss, um keines der dort pickenden Hühner zu überfahren.

Wenn ein Farmer wie Jon Bakehouse beginnt, über Bodenqualität und alternative landwirtschaftliche Praktiken nachzudenken, wird das von den Nachbarn schnell als Kritik aufgefasst. »Wenn ich etwas Neues ausprobiere, dann immer auf einem Acker, der möglichst weit von der Straße entfernt ist, damit man im Vorbeifahren nichts davon sieht«, sagt Jon. Die Umstellung auf nachhaltige Methoden ist kompliziert, Misserfolge, so, wie Jon sie mit den ersten Versuchen mit Gründüngung erlebt hat, sind unvermeidlich. Bach Bakehouse erinnert sich an die Zeit, als er selbst ein junger Farmer war und Dinge anders machen wollte. Die Freiheit, neue Wege zu gehen, solle sein Sohn auch haben, sagt er, und beobachtet deshalb Jons Entscheidungen mit wohlwollender Skepsis.

Von Nachbarn, die, ermuntert und unterstützt von den Agrarchemiefirmen, im Zweifel lieber noch mehr chemischen Dünger und neue Pestizidkombinationen einsetzen, während sie darauf warten, dass der Preis für Mais und Soja endlich wieder über die Herstellkosten steigt, ist natürlich keine Hilfe zu erwarten. Jon hat das Glück, dass ein alter Schulfreund eine Farm in der Nähe bewirtschaftet – zu erkennen an der großen Windturbine, die inzwischen einen Teil des Energiebedarfs der Farm deckt. Jon und Steve unterstützen sich gegenseitig und beide sind Mitglieder der »Practical Farmers of Iowa«, PFI, einer 1985 gegründeten Organisation, die Landwirte durch Weiterbildung, Forschung und Information fördert.

PFI ist für Farmer wie Jon und Steve, die an nachhaltiger Landwirtschaft interessiert sind, die Art von unterstützender

Gemeinschaft, wie sie konventionelle Farmer im Coffeeshop finden. Das Hauptziel der inzwischen 3500 Mitglieder starken Organisation ist jedoch die praktische Forschung, durchgeführt von den Landwirten, koordiniert, betreut und ausgewertet von den Wissenschaftlern an der Iowa State University in Ames. Dieser Ansatz bringt enormen Gewinn für beide Seiten: Die Wissenschaftler können Versuchsreihen unter realen Bedingungen, über längere Zeit und auf größeren Flächen anlegen. Die beteiligten Farmer arbeiten an der Lösung für sie relevanter Probleme und haben dabei die fachliche Unterstützung der Universität. Zwischenberichte und Ergebnisse werden nicht nur allen PFI-Mitgliedern zugänglich gemacht, auf Mitgliederversammlungen, in Schulungen und bei Farmbesuchen werden Erfahrungen, Meinungen und Ideen ausgetauscht und Freundschaften geschlossen.

Jon Bakehouse führt gerade einen dreijährigen Versuch durch, in dem verglichen wird, ob Gründüngung besser gedeiht, wenn zuvor auf dem Feld eine früh oder eine spät reifende Sojabohnensorte gepflanzt wurde – das Ergebnis könnte Jons Problem lösen, wie sich die Gründüngung vor dem Einbruch des Winters etablieren und das Schlammchaos im Acker vermeiden lässt. Und diese Versuchsfelder liegen diesmal direkt an der Straße, damit die Nachbarn sehen können, welche nachhaltigen Methoden erfolgreich sind und welche nicht – vielleicht macht Jons Art zu landwirtschaften dann nicht nur die Runde im Coffeeshop, sondern auch Schule.

Einer der Mitbegründer der »Practical Farmers of Iowa« ist Ron Rosmann. Die 280-Hektar-Farm der Rosmanns in Harlan liegt ungefähr eineinhalb Autostunden nördlich von der Bakehouse-Farm. Die Landschaft hier ist noch weiter und offener als im leicht hügligen Südwesten Iowas. In vielen Ortschaften sieht man auf den ersten Blick, woher die Bewohner einst kamen – in der 130-Seelengemeinde Westphalia sind die Straßennamen und -schilder noch immer in Deutsch. Ron Rosmanns Vorfahren kamen um 1883 nach Iowa – mit Kühen, Schweinen und Getreideanbau war die Farm immer das, was man heute »diversifiziert« nennt. Ron Rosmann übernahm den damals konventionell geführten Betrieb 1980, nach dem Tod seines Vaters. Die Umstellung auf Biolandbau sei ein langer Prozess gewesen, erzählt Ron, genau wie Jon Bakehouse war ihm der Umgang mit Pestiziden ein verhasster Job: »Man kann die Düsen am Sprüher nicht mit Gummihandschuhen sauber machen, ich habe mich jedes Mal gefragt, wann ich denn wohl Krebs bekomme von diesem Zeug.« Die Ölkrisen der Siebzigerjahre überzeugte Rosmann davon, dass eine auf chemischem Dünger und Pestiziden und damit auf Erdöl (dem Rohstoff für beides) basierende Landwirtschaft auf Dauer keine Zukunft haben würde. Stattdessen lernte er, in großem Stil zu kompostieren: Die Kompostberge werden mit einer Art Bagger umgesetzt und der so gewonnene Humus trägt maßgeblich zur Fruchtbarkeit der Böden bei. Ab 1983 setzte er keine Spritzmittel mehr ein, 1994 wurde das Land der Farm biozertifiziert, inzwischen sind es auch die Schweine- und Rinderhaltung. Heute gibt es kaum etwas, das auf der »Rosmann Family Farm« nicht produziert wird: 50 Hektar sind reines Weideland, auf 40 Hektar wird Heu und Grünfutter produziert, dazu kommen je ca. 70 Hektar Mais und Soja, 40 Hektar Weizen, Futtererbsen, Rüben, Gerste und Hafer.

Ron Rosmann arbeitet mit 40 verschiedenen Sorten. Was in welchem Jahr wo gepflanzt wird, hängt vom Wetter ab, von der Bodenbeschaffenheit und von den Pflanzenkrankheiten und Schädlingen, die im vorangegangenen Jahr aufgetaucht sind. »Mein bestes Mittel, Schädlinge zu bekämpfen und Krankheiten zu verhindern, ist die Fruchtfolge«, sagt Ron. Unterschiedliche Pflanzen entziehen dem Boden unterschiedliche Nährstoffe, mit von Jahr zu Jahr wechselnder Aussaat kann sich der Boden erholen und Krankheitskreisläufe werden unterbrochen. Bei Monokulturen hingegen breiten sich Pflanzenkrankheiten wie ein Lauffeuer aus: Bis zum Jahr 2000 sei ein bestimmter Pilz nur bei einem Prozent aller Maispflanzen aufgetreten, inzwischen seien es 40 Prozent. Für Ron Rosmann ist die industrielle Landwirtschaft eine »Landwirtschaft der verbrannten Erde«, der Mangel an Artenvielfalt, die riesigen Mais- und Sojamonokulturen haben seiner Meinung nach katastrophale Folgen für Bodenqualität und Wasser. Eine Meinung, die die Agrarlobby, Bauernverbände und Vertreter der Agrarchemiefirmen nicht teilen.

Der Klimawandel verstärke vor allem die Wasserprobleme. Wie viele Landwirte erfasst Ron Rosmann die Regenmenge auf der Farm und nach seinen Messungen liegen sie inzwischen um 25 Prozent über den langjährigen Durchschnittswerten. Um zu verhindern, dass sich nach starken Regenfällen riesige Wassermengen durch die Drainagerohre direkt in die umliegenden Bäche ergießen, hat Rosmann entlang der Felder breite, permanente »Grünstreifen« gepflanzt, die Wasser speichern wie ein Schwamm. Bei unserem Besuch an einem warmen Oktobertag bahnen wir uns einen Weg durch hüfthohes Präriegras, das über die Jahre ein dichtes, tief reichendes Wurzelgeflecht entwickelt. Bei jedem Schritt fliegen Schmetterlinge und andere Insekten auf. Er habe inzwischen über 50 verschiedene Tierarten in dieser Miniprärie identifiziert, erzählt Ron. Die dahinterliegende Dauerweide ist von Bäumen umsäumt, die einer kleinen Rinderherde Windschutz und Schatten spenden.

Gepflanzt hat Rosmann nicht nur verschiedene Nadelbäume, sondern auch Haselnusssträucher und verschiedene Obstbäume. Er träumt davon, den Obstanbau auszuweiten, und er möchte einige Teiche mit Schilfgras anlegen, als Rastplatz für durchziehende Wasservögel, aber vor allem auch als Wasserfilter für das kontaminierte Oberflächenwasser, das von einem höher gelegenen, konventionellen Betrieb abläuft. In seinem Pick-up macht Ron mit uns eine Farmtour und zeigt uns die Folgen der industriellen Landwirtschaft. Der Besitzer des benachbarten kleinen Rindermastbetriebs leitet die Gülle häufig ungeklärt in den Keg Creek, einen Bach, der sich dann durch die Farm der Rosmanns schlängelt. Dort, wo eines der Abflussrohre in den

Creek mündet, ist das Wasser braun, schäumt und stinkt. Die Pflanzen an der Bachböschung sind alle gelb und verdorrt. Wie viele andere hat auch dieser Farmer keinen Feldstreifen gelassen, sondern den Mais bis direkt an die Böschung gepflanzt. Dem GM-Mais hat die Agrarchemie nicht geschadet, wohl aber den Pflanzen am Bachufer.

Von einer kleinen Anhöhe aus zeigt uns Ron den Rindermastbetrieb eines anderen Nachbarn. 6000 Tiere stehen auf engstem Raum ohne Zugang zu einer Weide. Die Güllelagune ist bereits mehrfach übergelaufen. Gerade pumpt der Farmer die stinkenden Fäkalien mit Wasser vermischt direkt zu einigen entfernteren Feldern, wo sie von einer Bewässerungsanlage in einem braunen Sprühregen verteilt werden. Ron Rosman schätzt, dass in Iowa 40 bis 60 Prozent der Nitrate, die in Form chemischer Dünger oder Gülle auf die Felder ausgebracht werden, ausgewaschen werden und in den Flüssen landen. Einer seiner Cousins zieht seit Jahren regelmäßig Wasserproben und schickt die gemessenen Nitratwerte, die meist weit über der Zulässigkeitsgrenze liegen, an die zuständige Aufsichtsbehörde, reagiert hat dort bislang niemand.

So viel Ron Rosmann bereits jetzt für Umwelt- und Artenschutz tut, die Liste seiner Pläne und Ideen ist immer noch lang: Überall könnte man die Böden weiter verbessern, noch nachhaltiger arbeiten, sich besser auf den Klimawandel mit noch mehr Regen und höheren Temperaturen einstellen. Dauerkulturen sind wichtig, Bäume und Weideland. Tierhaltung und Ackerbau gehören auf einer Farm zusammen, sagt er, nicht nur, weil Mist wunderbarer Dünger ist, sondern weil z.B. die 115-köpfige Red-Angus-Herde auf den abgeernteten Feldern fressend »nachliest«, was nicht im Mähdrescher gelandet ist. Und »mob grazing« möchte Ron Rosmann ausprobieren, er habe mehrere Farmen besucht, auf denen die Qualität des Weidelands dadurch deutlich verbessert worden sei: Auf freier Wildbahn grasen Büffel als Herde eng beieinander und fördern dabei im Nebeneffekt das Wachstum der Präriegräser. »Mob grazing« repliziert das Herdenverhalten: Die Tiere beweiden eine kleine Fläche intensiv und werden mindestens einmal pro Tag auf ein frisches Weidestück gelassen.

Rons Sohn David hat wieder mit der Hühnerzucht angefangen, derzeit gibt es auf der Farm 200 Legehennen und 200 Masthähnchen, und mit einem mobilen Hühnerhaus könnten die Hennen von der Weide picken, was den Kühen beim »mob grazing« entgangen ist oder was sie nicht mögen – z.B. Schnecken und andere Schädlinge. Und Schweine halten die Rosmanns ebenfalls. Die 65 Sauen produzieren zwei Würfe im Jahr – derzeit verlassen jährlich 600 Mastschweine die Farm, 800 bis 900 sollten es sein. Die Stallaufteilung könnte noch verbessert werden, sagt Ron, und vielleicht sollte man die Eber selbst züchten, statt mit zugekauften zu arbeiten.

So sinnvoll und spannend all diese Pläne sind, sie zeigen auch das Grundproblem dieser Form der diversifizierten, nachhaltigen, umweltfreundlichen Landwirtschaft: Auf diese Weise qualitativ hochwertige Lebensmittel herzustellen ist extrem arbeitsintensiv, die Gewinnspanne ist gering und am Ende müssen auch noch Verkauf und Marketing organisiert werden. Die Rosmanns haben deshalb bereits vor 17 Jahren das »Rosmann Family Farm«-Label kreiert. Trotzdem dauerte es mehrere Jahre, bis sie feste Lieferverträge mit Geschäften in Des Moines und Omaha hatten. Maria Rosmann hat inzwischen auch noch einen Hofladen aufgebaut, der, um rentabel zu sein, ein volles Warensortiment vorhalten muss – von Brot bis Biowaschmittel. Schwiegertochter Ellen betreibt einen »farm to table«-Lieferdienst, mit einer kleinen Crew von Fahrern liefert sie täglich frische Farmprodukte an Läden und Restaurants. Ein anderes Familienmitglied hat gerade in Harlan ein kleines Restaurant aufgemacht, eine Mischung aus Sandwichshop und Internetcafé, natürlich mit Fleisch und Eiern von der Rosmann Farm. »Langsam entsteht hier wieder eine Infrastruktur, über die wir unsere Produkte verkaufen können«, sagt Ron optimistisch.

Im Vergleich dazu ist der Anbau von Mais und Soja in Monokulturen auf riesigen Feldern nicht nur wesentlich einfacher, sondern auch rentabler: So wie sich in Europa viele Landwirte (noch) auf EU-Subventionszahlungen verlassen können, so sichert die US-Regierung das Einkommen von Mais- und Sojafarmern über ein eigenes Gesetz, die »Farm Bill«, ab. Für seine Umweltmaßnahmen, z.b. die mit Präriegräsern und Bäumen bepflanzten Grenzstreifen, bekommen Farmer wie Ron Rosmann (derzeit noch) Fördergelder, aber diese Zahlungen sind geringer, als das, was man verdienen könnte, wenn man auch noch auf diesen Randflächen Mais oder Soja anbauen würde.

Tom Frantzen, der Farmer im Nordosten Iowas, der in diesem Jahr bereits sechsmal schwere Überschwemmungen erlebte, hält genau wie Ron Rosmann die Feldrandstreifen für außerordentlich wichtig: Bei extremen Regenfällen, wie sie die Frantzens 2016 erlebt haben, können auch solche Flächen Überflutungen nicht verhindern, aber je mehr Wasser die Böden aufnehmen können, desto geringer sind die Schäden. Tom Frantzen hat zwölf Hektar Land aus der Produktion genommen, darauf Bäume gepflanzt und ein Mini-Naturschutzgebiet geschaffen. Solche Umweltmaßnahmen sind für das Überleben der Farm wichtig, aber die Subventionszahlungen der Regierung machen das Leben etwas leichter.

In vieler Hinsicht arbeitet er ganz ähnlich wie Ron Rosmann. In einer fünfjährigen Fruchtfolge pflanzt er Mais, Soja, Hafer (oder Weizen oder Roggen), dann Heugras, und im fünften Jahr schließlich wird der Acker zur Weide. Zum Betrieb gehören außerdem Fleischrinder und Schweine. Die Angus-Rinder haben ein dichtes Fell und können auch im Winter draußen bleiben. »Wir versorgen sie mit Heu und sie übernehmen das Düngen«, sagt Tom. »Im Sommer beweiden die Tiere täglich einen anderen Abschnitt und im Herbst dürfen sie zur ›Nachlese‹ auf die abgeernteten Felder.« Die 50 Mutterschweine verbringen den Sommer draußen auf der Weide, von November bis März sind sie im Stall, in diesem Teil Iowas kann der Boden bis auf eine Tiefe von zwei Metern frieren. Die Sauen haben mit Gummimatten gepolsterte Buchten, die sie noch besser als Stroh vor Kälte und Nässe schützen.

Tom und Schwiegertochter Amanda betreuen die Schweine gemeinsam. Vor einiger Zeit haben sie einen Kurs bei der besonders für ihre Erkenntnisse im Umgang mit Nutztieren bekannten Verhaltensforscherin Temple Grandin gemacht. Seither wissen sie, wie sie den Schweinen jeglichen unnötigen Stress ersparen können – die Position »Schwanz geringelt«, der sichere Indikator für Zufriedenheit bei einem Schwein, ist jetzt überall im Stall zu sehen. Mit Tom und Amanda fahren wir an den Stallungen eines Nachbarn vorbei, 7500 Schweine werden in den lang gezogenen, fensterlosen Gebäuden in Rekordzeit gemästet. »Die Produktionsrate und damit der Profit liegt deutlich über unserer«, kommentiert Tom, auf Kosten der Umwelt.

Während bei den Frantzens die mit Stroh vermischten Exkremente der Schweine kompostiert werden, injiziert der Nachbar die Gülle direkt in den Boden. Das Verfahren ist legal und wird ab der Ernte im Oktober bis zur nächsten Aussaat im April praktiziert, es sei denn, der Boden ist gefroren. Ohne Pflanzen auf dem Acker, die wenigstens einen Teil der Nitrate aufnehmen könnten, fließt ein Großteil der Gülle mit Regenwasser vermischt direkt durch die Drainagerohre ab. Aber Schweinefleisch zu Dumpingpreisen lässt sich eben nur in dieser Form der Intensivmast produzieren. Umweltfreundliche Maßnahmen – z.B. Schweinehaltung auf Stroh und das Kompostieren von Mist – kosten Zeit und Geld und verteuern den Ladenpreis.

Tom Frantzen ist Biolandwirt aus Überzeugung, aber es ist allein der Aufpreis, den er für seine Produkte aus zertifiziert biologischem Anbau bekommt, der den Betrieb wirtschaftlich überlebensfähig macht. Die Vermarktung erfolgt über Organic Valley, eine der weltweit größten unabhängigen Bauern-Kooperativen mit Sitz im Nachbarstaat Wisconsin. Und natürlich sind auch die Frantzens langjährige Mitglieder der Organi-

sation »Practical Farmers of Iowa«, die fachliche und morali-
sche Unterstützung bietet.

Die Entscheidung für oder gegen Biolandbau ist nicht nur
eine Frage der Überzeugung, sondern auch eine rechnerische.
Zwar bekommt der Landwirt für Bioprodukte einen höheren
Preis, demgegenüber stehen aber die jährlichen, nicht unerheb-
lichen Zertifizierungskosten und eine Umstellungszeit von drei
Jahren, in der die Erträge meist zunächst zurückgehen und die
Differenz noch nicht vom »Bioaufschlag« aufgefangen wird.
Wenn nicht bio, was dann? In all unseren Gesprächen, in Iowa
und in Kalifornien, wurde klar: Die Preise, die Farmer erzielen,
wenn sie konventionell produziertes Gemüse, Obst, Fleisch,
Milch oder Getreide »anonym«, also nicht unter einer bestimmten Marke, an einen Zwischenhändler, Agenten oder Supermarkt verkaufen, reichen nicht aus, um gleichzeitig nachhaltig zu arbeiten oder sogar aktiv etwas für die Umwelt zu
tun. Wenn Landwirte ihre Betriebe so umstellen sollen, dass sie
dem Klimawandel so gut wie möglich gewachsen sind und wir
auch in Zukunft noch etwas zu essen haben, dann muss das
finanziell honoriert werden. Das hat nichts mit Belohnung für
gutes Verhalten zu tun, es geht nicht um irgendeinen zusätzlichen Luxus für Landwirte, es geht um das Überleben der
Betriebe und unser aller Ernährungssicherheit.

»Manchmal hilft es ja, wenn man in der totalen Krise steckt,
dann kommt man auf neue Ideen«, sagt Ron Mardesen, als wir
auf einer seiner Wiesen stehen und einer Gruppe von Ferkeln
beim Spielen zuschauen. Seit über 30 Jahren bewirtschaftet
Ron Mardesen eine 50-Hektar-Farm im Südwesten Iowas. Die
Krise kam 1998, als der Preis für Schweinefleisch auf acht Cent
pro US-Pfund (435 g) fiel. »Damals waren unsere Kinder noch
klein, ich wusste wirklich nicht, wie ich die Familie durchbringen sollte«, erinnert er sich. Viele Schweinemäster in Iowa entschieden sich in dieser Krise, Vertragsproduzenten für eine der
großen Fleischfirmen zu werden. Für den Bau eines norm-
gerechten Stalls zur Intensivhaltung inklusive Güllelagunen mit

genügend Fassungsvermögen mussten sich die meisten zwar tief verschulden, aber Fleischverarbeiter wie Hormel versprachen bessere Preise und Abnahmegarantien.

»Wir haben die Schweine immer auf Gras gehalten«, sagt Mardesen, »Ausmisten ist zwar nicht so glamourös, wie die Schweine nur mit Futter und Wasser zu versorgen. Aber der Gestank in diesen Intensivmastanlagen! Ich würde das nicht aushalten und auch niemandem zumuten, unter solchen Bedingungen zu arbeiten.« Mardesen war kurz davor, die Farm aufzugeben, als er von Bill Niman und der Niman-Marke hörte.

Bill Niman hatte sich an der US-Westküste mit hervorragendem Rindfleisch von seiner Ranch nördlich von San Francisco einen Namen gemacht und »Niman« als Marke etabliert. Genau wie der kalifornische Pfirsichfarmer Mas Masumoto gehört auch Niman zu den in Alice Waters Restaurant Chez Panisse auf der Speisekarte namentlich erwähnten Produzenten. 1994 begegneten sich Niman und Paul Willis, ein Schweinemäster aus Iowa, und beide beschlossen zunächst, das Schweinefleisch von Willis Farm unter dem Niman-Label zu vermarkten. Die Nachfrage war so groß, dass Paul Willis begann, andere Mäster in Iowa zu suchen, die bereit waren, unter den strengen Kriterien für Tierhaltung und Umweltschutz zu produzieren.

Für Ron Mardesen kam das Niman-Label gerade noch rechtzeitig: »Sonst sähen Sie heute hier keine Schweine mehr.« Auf 35 Hektar Land produziert er Mais und Soja, das Futter für seine Tiere. Der Rest ist Weideland. »Ein Schwein braucht 380 Kilogramm Mais (15 bushel), bis es das Schlachtgewicht erreicht. Wir schauen, wie die Ernte ausfällt, und rechnen dann aus, wie viele Tiere wir damit ernähren können«, erklärt Mardesen. Sieben bis zehn Sauen und ihre Ferkel leben in einer Gruppe auf einem halben Hektar Wiese, bis es zu kalt wird und sie in den Stall umziehen. Über die Weide verteilt stehen Dreiecksrahmen, Holzhütten, die aussehen wie überdimensionierte, kurze Tobleronestangen, alle mit dem Eingang nach Südosten ausgerichtet, so lebt es sich windgeschützt, und die erste Sonne wärmt am frühen Morgen. Eine Woche vor der Niederkunft lässt Ron Mardesen die Sauen auf die Weide mit den frisch aufgestellten, gereinigten Behausungen. Die werdenden Mütter begutachten schnüffelnd die Standorte, bis sie sich entscheiden. Zwei der Sauen haben erst vor gut einer Woche geworfen, jetzt liegen sie neben ihrer Hütte in der Sonne, während einige Ferkel ihre Bäuche wie Berge erklimmen, um über ihre Geschwister an die Zitzen zu kommen. Nach fünf bis sechs Wochen steigen die Ferkel von Muttermilch auf feste Nahrung um. Zwei bis zweieinhalb Monate leben sie mit ihren Müttern auf der Weide, dann sind sie Teenager und ziehen als Gruppe in einen an beiden Schmalseiten offenen, mit einer dicken Strohschicht ausgelegten Stall. Dort bleiben sie drei Monate, bis sie ihr Schlachtgewicht erreicht haben.

Für Ron Mardesen dürfen seine Schweine nur einen schlechten Tag im Leben haben, nämlich den letzten. Einmal in der Woche bekommen die Teens einen riesigen Strohballen, den sie mit großem Eifer auseinandernehmen und verteilen. Die wachsende Strohunterlage absorbiert Fäkalien und Gülle, nirgends gibt es den beißenden Ammoniakgeruch, der sonst Schweineställe bereits von Ferne kennzeichnet, die Tiere liegen warm und trocken oder kommen neugierig ans Gatter. Stroh und Mist würden kompostiert, chemischen Dünger setze er schon seit 20 Jahren nicht mehr ein, sagt Mardesen. Die richtige Fruchtfolge sorge dafür, dass sich Schädlinge und Pflanzenkrankheiten nicht etablieren könnten.

Und immer wichtiger wird die Bodenqualität: Auch Ron Mardesen geht davon aus, dass die jährliche Niederschlagsmenge inzwischen etwa um ein Viertel höher ist als früher: Es braucht sehr gute Böden, um solche Regenmengen aufnehmen zu können. Diese nachhaltige, umwelt- und tierfreundliche Form der Schweinezucht rentiert sich für Mardesen, wenn er pro Jahr mindestens tausend schlachtreife Schweine verkaufen kann. Er produziert zwar das Futter selbst und hat keine Düngekosten, aber Sauen in Intensivhaltung, die nur stehen oder liegen, aber nicht herumlaufen können, gebären 25 Prozent mehr Ferkel, und es fallen keine Kosten für die Einstreu an.

Unter dem Niman-Label haben die Farmer eine Abnahmegarantie für ihre Schweine und erzielen einen Preis, der mindestens die Herstellkosten deckt. Das Fleisch, dessen Herkunft zu jedem Zeitpunkt bis zum Erzeuger zurückverfolgt werden kann, wird nur in sehr guten Supermarktketten verkauft, nicht bei Discountern. »Viele Leute geraten inzwischen fast außer sich, wenn es darum geht, was sie essen. Glücklicherweise sind sie bereit, den Preis zu zahlen, den wir haben müssen, um diese Produkte zu produzieren«, sagt Ron Mardesen. Die Niman-Marke, die nachhaltige Produktionskriterien definiert und deren Einhaltung garantiert, hat nicht nur ihn vor dem Bankrott bewahrt. »Durch das Niman-Label behalten hier Leute ihren Hof, und das erhält die kleinen, ländlichen Gemeinden am Leben.«

Elliott ist der Ort, in dem Ron Mardesen aufwuchs. »Damals gab es da einen Laden, drei Kneipen, drei Gaststätten, zwei Tankstellen, zwei Kirchen, einen Getreidespeicher, eine Bank, zwei Düngemittelhändler und ein Holzlager. Heute gibt es noch die beiden Kirchen, eine Gaststätte und die Bank – aber beide sind nur für ein paar Stunden in der Woche geöffnet. Wenn es uns gelingt, nicht nur die bestehenden Familienbetriebe zu erhalten, sondern Familien aufs Land zurückzuholen, dann brauchen wir wieder Schulen, Gaststätten, Automechaniker ...« Er hat Hoffnung, dass es möglich ist, die ländliche Ökonomie wiederzubeleben – was ganz nebenbei den Umgang mit Klimawandel und die dafür nötigen Veränderungen erleichtern würde: Inzwischen habe eine neue Generation junger Menschen Interesse an der Landwirtschaft, sagt Ron Mardesen, das seien umweltbewusste Leute, für die der Klimawandel eine Realität sei, keine Gefahr für die Zukunft, sondern etwas, das jetzt passierte. Sie wollten Farmer werden, um die Nahrungsmittel zu produzieren, die sie selbst essen möchten, und das gehe nur, wenn sie sich mit dem Klimawandel auseinandersetzten und Lösungen fänden.

In der Gegend um Elliott sind Anzeichen für einen solchen Trend vorhanden, aber noch nicht offensichtlich. Für den Abend verabreden wir uns mit Ron Mardesen und seiner Frau Denise in ihrem Stammlokal, dem Rainbow Café in Red Oak. Von der langen Theke hat man einen freien Blick auf die diversen Bildschirme, auf denen man parallel mehrere College-Football- und Basketballspiele verfolgen kann. Ron und Denise haben den letzten freien Tisch ergattert und erklären uns die Speisekarte: »Was man nicht frittieren kann, kann man auch nicht essen«.

Ob man als Beilage »the whole garden«, den ganzen Garten, haben wolle, fragt die Bedienung. »Mit oder ohne Salat?«, lautet die Übersetzung für uns Ausländer. Der »ganze Garten« auf meinem Teller besteht aus einem Blatt Eisbergsalat, einer Tomatenscheibe, einigen Zwiebelringen und einem Stück Essiggurke. »Man muss ja fragen«, sagt Ron, »es gibt schließlich Leute, die mögen keine Tomate.« Es wird noch lange dauern, bis im Rainbow Café Ron Mardesens »Niman-Label«-Fleisch und in Red Oak gewachsener Salat serviert werden wird.

Auf Veränderung zu hoffen und zu warten ist nicht Seth Watkins' Sache. Für den Rinderzüchter aus Clarinda[13], einem kleinen Ort im Südwesten Iowas, nahe der Grenze zu Missouri, sind die Entvölkerung der ländlichen Gebiete, schlechtes Essen, Umweltschäden und Klimawandel ein Gesamtpaket, dem etwas entgegengesetzt werden muss. An einer Ecke anzufangen reicht ihm nicht. Seine Laufbahn als Farmer be-

---

13 Iowa-Fakten am Rande: An der Hauptstraße in Clarinda, zwischen den Bungalows mit gepflegtem Rasen, fällt ein bescheidenes, aber schön renoviertes Holzhaus mit überdachter Veranda auf – das Geburtshaus von Glenn Miller.

gann Watkins 1994 mit 160 Hektar Land, inzwischen ist er für mehr als 1000 Hektar und eine 60-köpfige Rinderherde verantwortlich. Die Einsicht, dass man Landwirtschaft nur mit der Natur und nicht gegen sie betreiben kann, hatte er 1998 in einer Nacht Anfang März, als ein verheerender Schneesturm über Iowa hinwegzog. Zusammen mit einem Mitarbeiter kämpfte er über Stunden in eisiger Kälte, um im Februar geborene Kälber am Leben zu halten. In dieser Nacht sei keines gestorben, aber ihm sei klar geworden, wie unsinnig dieser frühe, künstlich herbeigeführte Geburtstermin sei, wenn normalerweise Kühe nicht vor April kalbten. Viele Farmer wählten den frühen Geburtstermin, um im April für anstehende Feldarbeiten mehr Zeit zu haben. In seiner Herde brächten nun nur noch die Fleckviehmütter ihre Kälber im Frühjahr zur Welt, Herefords- und Angus-Kühe kalbten im Herbst (im September oder Oktober geborene Kälber sind im Januar und Februar, wenn es am kältesten ist, alt genug, um das Wetter auszuhalten).

Angesichts des Klimawandels sei keine dieser Rinderrassen ideal, sagt Watkins. In den letzten Jahren sei die Temperatur manchmal an zwölf Tagen hintereinander auf mehr als 38 Grad Celsius im Schatten gestiegen, Angus-Rinder mit ihrem schwarzen Fell litten bei solcher Hitze. »Was wir brauchen, sind Rinder, die extreme Hitze und extreme Kälte aushalten – und eine hervorragende Fleischqualität haben«, sagt Watkins, der weiter nach Bullen einer geeigneten Rasse für die Zucht Ausschau hält.

Seine Herde ist in sechs Gruppen mit je 100 bis 140 Tieren aufgeteilt. Das Land hier ist hügelig. Die Weide, die Seth uns zeigt, fällt steil zu einem kleinen Bach ab, dessen Ufer von großen, alten Bäumen gesäumt sind. Es ist Ende Oktober, aber so heiß, dass Kühe und Kälber im Schatten liegen. Seth Watkins nimmt eine Tüte mit Kraftfutter von der Ladefläche und beginnt, sie zu schütteln. Die Tiere spitzen die Ohren, und dann dauert es nur Sekunden, bis die ersten im Laufschritt auf dem

Weg zu uns sind. »Ich bringe ihnen immer etwas mit«, sagt Seth, »sie sollen mich nur mit guten Dingen in Verbindung bringen.« Er zeigt uns die gefasste Wasserstelle für die Tiere etwas oberhalb des Baches. Das Wasser ist absolut klar und der Nitratgehalt liegt bei 2 parts per million (ppm), in den Flüssen der Umgebung werden regelmäßig Werte von 12 ppm und mehr gemessen.

Die Tränke wird aus einem der 57 Teiche gespeist, die Seth Watkins als natürliche Schilfgras-Wasserfilter angelegt hat. Einige haben schön gestaltete Uferbereiche und Parkmöglichkeiten, wer mag, kann hier ein Picknick veranstalten, angeln oder frühmorgens Vögel beobachten. Watkins zieht nicht nur Fleischrinder, er baut in Fruchtfolge auch Mais, Soja, Hafer und Alfalfa an. Im Winter sät er Gerste, Sorghum und Alfalfa als Gründünger. Die Bodenqualität habe sich in den letzten acht Jahren deutlich verbessert, sagt er: »Inzwischen behandele ich die Böden wie einen Goldbarren, davon raspelt man auch nichts ab und lässt es vom Wind zu den Nachbarn wehen.« Eine dicke Humusschicht, die große Mengen Wasser speichern kann, ist seiner Meinung nach das Beste, was Farmer in Iowa den enormen, durch den Klimawandel bedingt noch stärkeren Regenfällen entgegenzusetzen haben.

Der schwarze, für seine Fruchtbarkeit berühmte Boden Iowas bildete sich einst über Jahrtausende unter der Grasdecke der Prärie, die weite Teile Nordamerikas bedeckte – bis im 19. Jahrhundert die Siedler kamen und sie umzupflügen begannen. Seth Watkins zeigt uns ein Stück Land, auf dem sich vor ein paar Jahren von selbst wieder die ursprünglichen Präriegrassorten angesiedelt haben. In Zusammenarbeit mit Wissenschaftlern von der Iowa State University – natürlich ist auch Watkins PFI-Mitglied – hat er vor einigen Jahren auf seinen Äckern permanente Präriegrasstreifen angelegt. Studien gehen davon aus, dass auf hügeligem Ackerland in der Nähe einer Wasserscheide 10 bis 20 Prozent Präriegräser in einem Mais- oder Sojabohnenfeld die Auswaschung von Humus, Nitrat und Phosphor dramatisch reduzieren können. Auf einer Webseite des US-Landwirtschaftsministeriums heißt es: »Die tiefen Wurzeln und steifen Stängel der einheimischen Präriepflanzen verlangsamen den Regenwasseroberflächenabfluss und geben dem Boden mehr Halt als Süßgräser. Sie sind außerdem besser für Wildtiere geeignet. Sogar kleine Prärieflächen haben das Potenzial, eine Farm deutlich besser vor extremen Klimaereignissen wie schweren Regengüssen und Überflutungen zu schützen.«[14] Seth Watkins kommt gern auf die Anhöhe, von der aus er uns die Präriegrasstreifen zeigt, in den letzten fünf Jahren habe er hier viermal mehr Vogelarten und eine Vielzahl bestäubender Insekten als früher beobachten können. »Und die ganze Zeit über verbessert sich unter uns die Bodenqualität«.

So, wie Seth Watkins Landwirtschaft betreibt, wäre die Biozertifizierung ein einfacher Schritt, den er jedoch bewusst nicht macht. »Das Fleisch unserer Tiere ist als ›zertifiziertes, reines Angus‹ in jedem Supermarkt in der Gegend zu haben. Wenn es zertifiziertes Biofleisch wäre, dann könnten es sich gerade die Menschen, die gesundes, gutes Essen brauchen, nicht mehr leisten, Leute wie die Frau, die meine über neunzigjährige Mutter pflegt, oder die Sonderpädagogin, die sich um mein Kind kümmert, oder der Mann, der meinen Traktor sauber macht.« Gesunde, bezahlbare Lebensmittel, sauberes Wasser und saubere Luft: Das sind Dinge, die seiner Meinung nach allen Menschen zustehen. Genau wie Ron Mardesen ist auch Seth Watkins davon überzeugt, dass diversifizierte Familienbetriebe, kleine und solche mittlerer Größe, Arbeitsplätze schaffen werden, und so die Wirtschaftskreisläufe auf dem Land und die ländlichen Gemeinden wiederbeleben können.

Selbst ein kleiner Milchbetrieb kann für den Klimawandel gerüstet sein, schwarze Zahlen schreiben und die Menschen in der näheren Umgebung mit Biomilch und Käse versorgen. Zu-

---

14 https://www.nrcs.usda.gov/wps/portal/nrcs/detail/ia/newsroom/features/?cid=stelprdb1143858

gegeben, Francis Thicke ist ein etwas anderer Biobauer: Geboren im nördlichen Nachbarstaat Minnesota, studierte er Musik, Philosophie und Landwirtschaft mit Schwerpunkt Bodenkunde. Nach vier Jahren im US-Landwirtschaftsministerium beschloss er, seine Kenntnisse in die Praxis umzusetzen, und weil sein Bruder inzwischen die elterliche Farm leitete (einen Milchbetrieb, der bereits 1975 biozertifiziert wurde), ließ sich Thicke in Fairfield im Südosten Iowas nieder.

Auf 300 Hektar baut er etwas Futtergetreide für die gerade laktierenden Milchkühe an, das meiste Land sind jedoch Weiden, die in Parzellen von etwa einem halben Hektar eingeteilt sind. Die 160 Tiere werden zweimal am Tag auf ein neues Stück Weide gelassen, und sie sind auch im Winter draußen. Pro Woche produzieren die Kühe etwa 7500 Liter Milch, die in Thickes Mini-Molkerei entweder frisch abgefüllt oder zu Käse verarbeitet werden. Fairfield ist der Sitz der Maharishi Universität, die von Studenten aus aller Welt besucht wird. Dass es hier Absatzmöglichkeiten für Biomilch, Paneer[15] und Käse gibt, ist nicht verwunderlich. Aber auch in Iowa sind immer mehr Kunden auf der Suche nach lokalen Produkten. »Inzwischen haben wir 12 kleine Molkereien in Iowa die alle ihre gesamte Produktion in der direkten Umgebung verkaufen.«

Wenn er nicht Trompete spielt, was er gelegentlich auch für seine Kühe tut, dann denkt Francis Thicke über Landwirtschaft, Bodengesundheit und Klimawandel nach. 2010 schrieb er ein Buch[16] zum Thema und kandidierte (erfolglos) für das Amt des Landwirtschaftsministers in Iowa. Mit unserem Besuch unterbrechen wir ihn beim Schreiben einer Begrüßungsrede: Am Abend wird Bill Stowe, der Direktor des Des Moines Wasserwerks in Fairfield sein, um über die Nitratproblematik

15 Eine Art indischer Hüttenkäse.
16 Francis Thicke, PhD, ›A new vision for Iowa Food and Agriculture. Sustainable Agriculture for the 21st Century‹, Mullberry Knoll Books, 2010.

im Trinkwasser und den bevorstehenden Prozess zu sprechen. Francis Thicke wird ihn vorstellen. »Bill Stowe erweist uns einen unglaublich wertvollen Dienst, nicht nur hier in Iowa, sondern US-weit. Er hat die Diskussion begonnen.«

Für Thicke ist klar, dass der Klimawandel die Probleme in der Landwirtschaft deutlich verstärken wird. Auch er ist PFI-Mitglied, und es geht ihm darum, die Bauern direkt und mit positiven Beispielen auf der eigenen Farm zu überzeugen. Gründüngung über den Winter ist für ihn ein erster Schritt – für die Verbesserung der Bodenqualität und die Reduzierung der Nitratbelastung. »Die Farmer müssen endlich anfangen. Sie müssen die Anfangshürde überwinden. Sie müssen klein anfangen, verstehen, wie es geht, und dann ausweiten.«

Warum sind so viele Landwirte nicht bereit, ihre landwirtschaftlichen Praktiken zu ändern, sondern setzen weiter auf neue GM-Mais- und -Sojasorten, die die Applikation immer neuer, noch potenterer giftigerer Spritzmittelcocktails vertragen? Warum setzen sie darauf, dass Düngemittel noch höhere Erträge bringen? Ich stelle die Frage an Tim Burrack auf seiner 1200-Hektar-Farm bei Arlington in Nordost-Iowa. Wir sitzen im Büro seines vor drei Jahren neu gebauten Hauses. Am Fahnenmast in der Auffahrt wehen die US-Flagge und die Fahne Iowas. Die vom Boden bis zur Decke reichenden Panoramafenster des riesigen Wohnzimmers geben den Blick frei auf die fast endlos scheinende Weite eines abgeernteten Maisfelds. Auf 100 Hektar hatte er hier für einen der ganz Großen im Saatgutgeschäft GM-Maissaatgut produziert.

Seit 45 Jahren ist Tim Burrack Landwirt. Die Hälfte seiner Ackerfläche ist gepachtet, die andere gehört ihm selbst. »Der Klimawandel ist durchaus positiv«, sagt er, durch die steigenden Temperaturen sei jetzt Landwirtschaft in Regionen möglich, in denen es bisher zu kalt gewesen sei. »Die Nahrungsmittelproduzenten brauchen den Klimawandel nicht zu fürchten, aber wir müssen neue und andere Technologien entwickeln.« Tim Burrak pflanzt seit 1996 gentechnisch veränderte Mais-

und Sojasorten an und war damit einer der Farmer, die die Technologie von Anfang an nutzten. Für ihn sei das ein »life style choice« gewesen, eine Frage des Lebensstils. Statt wie früher von der ersten Feldbestellung bis zur Ernte beständig gegen Unkraut anzukämpfen, könne er jetzt Roundup auch während der Wachstumsphase einsetzen. »Ich hatte plötzlich viel mehr Zeit für andere Dinge und für die Familie.« Die Entscheidung, GM-Saaten anzubauen, sei die Entscheidung für ein anderes, besseres Leben.

Er gibt unumwunden zu, dass es in Iowa Probleme mit dem Wasser gibt, aber er bezweifelt, dass daran allein die Landwirtschaft schuld ist, schließlich könne niemand genau sagen, wie hoch der Nitratgehalt vor hundert Jahren gewesen sei. Den Prozess, den Bill Stowe über das Des Moines Wasserwerk angestrengt hat, hält er für politisch motiviert: »Es muss ein Gleichgewicht geben zwischen Wasserqualität auf der einen Seite und Nahrungsmittelproduktion auf der anderen. Man will doch wohl nicht Farmer, die Nahrung produzieren, nur wegen der Wasserqualität bestrafen. Technologie wird das Wasserproblem lösen, aber das kann natürlich noch 20 Jahre dauern«. Tim Burrack räumt ein, dass Mais und Soja keine Nahrungsmittel, sondern im wesentlichen Viehfutter und Grundstoff für die Ethanolgewinnung seien. »Wir ernähren zwar nicht die Welt, aber für unsere Region sind das nun mal die beiden lukrativsten Feldfrüchte.«

Bis es technische Lösungen gebe, müssen seiner Meinung nach freiwillige Maßnahmen ausreichen, Gründüngung im Winter beispielsweise. »Farmer greifen solche neuen Techniken auf, sofern es dadurch keine Einbußen bei der Ernte gibt.« Er selbst experimentiert seit sechs Jahren und auf etwa 800 Hektar mit Gründüngung, aber das sei nicht einfach. Zunächst habe er vom Flugzeug aus gesät, mit schlechten Ergebnissen, weshalb er inzwischen dieselben Maschinen wie bei der Aussaat von Mais nutze. Gründüngung ist sein Versuch, die Bodenerosion im Winter zu verhindern, aber eine Verbesserung der Boden*qualität* habe er noch nicht festgestellt. Und die Kosten seien hoch: 75 Dollar pro Hektar für Saatgut, Aussaat und Herbizide, um die Gründüngung im Frühjahr abzutöten, damit Mais oder Soja gesät werden könnten, diese Kosten müssten sich über die Ernteerträge amortisieren.

Klimawandel ist für Tim Burrack eine Realität, die Diskussion über die Ursachen beschließen wir nicht zu führen. Es regne inzwischen deutlich öfter und vor allem heftiger, im Winter setze der Frost später ein, 2015 seien noch im Dezember 15 Zentimeter Niederschlag als Regen und nicht als Schnee gefallen. Das größte Problem sei die Aussaat im Frühjahr: Die Böden müssten so weit abtrocknen, dass die schweren Maschinen nicht im Schlamm stecken blieben. Tim Burrack hat deshalb in noch größere, schnellere Maschinen investiert, so dass er bei Bedarf seine 1200 Hektar Ackerland innerhalb eines noch engeren Zeitfensters einsäen kann.

Wenig später stehen wir in der ebenfalls neu gebauten Maschinenhalle, die so groß ist wie ein Hangar. An der Wand hängt eine gigantische amerikanische Fahne, in farblichem Kontrast zum Grün von Tim Burracks neuester Errungenschaft: einem riesigen Traktor. Knapp eine halbe Million Dollar hat das Gerät gekostet, eine sinnvolle Investition, sagt Burrack, damit könnten die nächsten drei Generationen arbeiten.

Der ganze Maschinenpark sei mehrere Millionen Dollar wert, aber am allerwichtigsten sei ihm das Gerät in der entlegensten Ecke der Halle, und das nicht nur, weil es sich schon viele Male amortisiert habe. Wir stehen vor einer alten, etwas angerosteten baggerähnlichen Maschine, die so klein ist, dass sie sich neben dem Rest wie Spielzeug ausnimmt: Mit diesem Rohrleger verlegt und ersetzt Tim Burrack noch immer Drainagerohre auf all seinen Äckern.

Die Schulden für die neuen Maschinen wird nicht nur Tim Burrack, sondern auch sein Sohn Jordan abzahlen müssen. Und darin liegt ein Teil der Antwort, warum so viele GM-Mais- und Sojafarmer keine Pufferzonen am Feldrand lassen oder gar Präriegras pflanzen, warum sie nicht Wasser reinigende Schilfgrasteiche anlegen oder im Herbst überall Gründüngung säen: Wer Kredite bedienen und für 6000 Hektar Land Pacht zahlen muss, auch wenn die Maispreise im Keller sind, der bepflanzt jeden verfügbaren Quadratmeter Acker mit etwas, das vielleicht doch ein paar Cent Gewinn einbringt.[17] Und er wartet auf die nächste technische Entwicklung, die vielleicht in der Lage ist, die Erträge zu steigern.

Jordan Burrack steht vor der Halle und führt uns die Drohne vor, die er gerade gekauft hat. Damit könne man aus der Luft überprüfen, ob und wo ein Drainagerohr verstopft sei und der Acker unter Wasser stehe, oder wo zusätzliche Düngergaben notwendig seien. Jordans Drohne habe nur eine geringe Reichweite, aber die Nachbarn hätten bereits ein hochentwickeltes Modell im Einsatz. Kostenpunkt 20 000 Dollar.

Der Klimawandel wird die Landwirtschaft weiter verändern, auch in Iowa. Die Frage ist: in welche Richtung und wie schnell? »Wir müssen aufhören, Mais für die Ethanolgewinnung anzubauen«, sagt Ron Rosmann. »Für mich ist das eine unmoralische Handlung, genau wie die Herstellung von Glucose-Fructose-Sirup. Und genauso unmoralisch ist für mich die Haltung, dass wir das Recht haben, mit unserem Ackerland zu machen, was wir wollen. Als Farmer sind wir Hüter des Bodens.«

Eine weitere, massive Hürde auf dem Weg zu einer positiven Veränderung sind die Subventionen, die Farmer von der US-Regierung als eine Art Versicherungsprämie bekommen. Wer Mais und Soja anbaut, kann sich nicht nur gegen Ernteverluste durch schlechtes Wetter absichern, sondern auch eine Versicherung abschließen, die ein Mindesteinkommen garantiert. »In

---

17 Der Mähdrescher der Rosmanns stammt aus den Achtzigerjahren des letzten Jahrhunderts und braucht für die gleiche Fläche dreimal so viele Runden. Dafür ist sein Einsatz nicht auf völlig ebene Felder beschränkt – und er ist längst abbezahlt.

diesem System werde ich dafür bezahlt, wenn ich angesichts sinkender Maispreise beschließe, mehr Mais anzubauen«, sagt Seth Watkins. Zuschüsse für Umweltmaßnahmen sind deutlich geringer, finanziell gesehen ist es daher sinnvoller, Mais anzubauen, statt Streifen mit Präriegras anzulegen. Belohnt wird nicht nachhaltige Landwirtschaft, sondern auf Gewinnmaximierung ausgelegte Praktiken mit fatalen Folgen für die Umwelt, insbesondere für Boden- und Wasserqualität.

Francis Thicke sieht derzeit zwei sich getrennt voneinander entwickelnde Kräfte: Einerseits wollen immer mehr Konsumenten wissen, woher ihre Nahrung kommt. Die Generation der »Millenials« ist in der Mehrheit umweltbewusst und weiß, dass der Klimawandel ihre Zukunft bedroht. Es gibt zunehmend eine Infrastruktur für Menschen, die lokal erzeugte Produkte einkaufen und saisonal kochen wollen. Auf der anderen Seite stehen die Agrarlobby und die Agrarchemieindustrie, die mit viel Geld sehr erfolgreich in Washington zu verhindern wissen, dass sich an den landwirtschaftlichen Praktiken und damit an ihren Gewinnen etwas ändert.

Thicke sieht aber auch, dass vor allem für kleinere Betriebe, die nicht die Wirtschaftlichkeit von Großbetrieben haben können, die Kosten für Maschinen, Düngemittel und neues GM-Saatgut, das gegen noch mehr Herbizide resistent ist, in keinem Verhältnis zu den fallenden Preisen für Mais und Soja stehen. »Eine Organisation wie Practical Farmers of Iowa hat wachsende Mitgliederzahlen, Farmer sehen auf den Feldern der Nachbarn, dass das mit der Gründüngung funktionieren kann, und sie sehen, dass immer mehr Farmer Lebensmittel produzieren und nicht nur Mais für Ethanol und Viehfutter.«

Und darin könnte für Iowa eine unerwartete Chance dank des Klimawandels liegen: Derzeit stammen 90 Prozent der Lebensmittel, die im Agrarstaat Iowa verkauft und verzehrt werden, *nicht* aus Iowa. In der Frischgemüseabteilung eines vergleichsweise großen Supermarktes in Fairfield finden sich genau zwei Sorten, die auf einem Acker in Iowa gewachsen sind: Mangold und Grünkohl. Alles andere, von Salat bis zu Roten Rüben und Pastinaken, kommt aus Kalifornien, mehr als 3000 Kilometer entfernt.

Mit fortschreitendem Klimawandel stellt sich die Frage, wann in Kalifornien die Wasserkosten in der Landwirtschaft zu hoch sind, um weiterhin Gemüse zu produzieren, das auch in anderen Staaten angebaut werden kann. Natürlich werden in Iowa nicht demnächst die Mandelbäume blühen, aber »in einem 400 Kilometer Radius um Des Moines könnten wir das gesamte Gemüse und einen Teil des Obstes für den Rest der USA anbauen«, sagt Ron Rosmann. »Außer Südfrüchten und Nüssen wächst hier alles«, stimmt Francis Thicke zu. Eine Studie habe ergeben, dass man in einem von den insgesamt 99 Counties in Iowa zwischen einem Viertel und der Hälfte des Bedarfs an Obst und Gemüse von sechs Bundesstaaten des Mittleren Westens decken könne.

»Um ganz Iowa zu ernähren, bräuchte man nicht mehr als 40 000 Hektar. Die Frage ist, was wir mit den restlichen zehn Millionen Hektar Ackerland hier machen sollen«, sagt Seth Watkins lachend und wird dann sofort wieder ernst. Er wird häufig von Farmorganisationen eingeladen, über seinen Betrieb, Präriestreifen und die Schilfgrasteiche zu sprechen. »Wir Farmer haben immer nur reagiert. Ich verstehe, wie wir an den Punkt gekommen sind, an dem wir jetzt stehen. Wenn man Landwirtschaft auf endlichen Ressourcen aufbaut, dann ist das das Ergebnis.« Für ihn spitzt der Klimawandel die Fragestellung weiter zu: »Wir müssen uns entscheiden, ob wir Teil dieses Planeten sein wollen oder nicht. Mutter Natur ist eine großartige Partnerin, und sie muss mit 51 Prozent die Aktienmehrheit haben. Sie ist klüger als wir und sie gewinnt.«

April 2017: Die Auseinandersetzung zwischen den Des Moines Water Works, der Agrarlobby und den Gerichten hat sich nochmals verschärft, der Ausgang ist ungewiss. Im Februar 2017 legte die Regierung des Staates Iowa überraschend ein Gesetz vor, das die Auflösung der Des Moines Water Works vorsieht. Die Gesetzesinitiative stieß im Iowa State Senat bisher auf Widerstand, eine Entscheidung wird nicht vor Anfang 2018 erwartet. Und der für Iowa zuständige Bundesgerichtshof hat das von den Des Moines Water Works angestrengte Verfahren verworfen, ohne über die Frage zu entscheiden, ob es sich bei Drainagerohren in der Landwirtschaft um »punktuelle« (und damit gesetzlichen Auflagen unterliegende) Umweltverschmutzung handelt oder nicht.

Die Agrarindustrie ist erleichtert, man weiß aber auch, dass die Frage der Nitratbelastung des Wassers durch die Landwirtschaft keineswegs vom Tisch ist. In einem Interview (*AgriTalk*, 21.3.2017) musste der Landwirtschaftsminister von Iowa, Bill Northey, zugeben, dass eine Wiederaufnahme des Verfahrens oder zukünftige Klagen keineswegs ausgeschlossen sind. Es bleibt spannend.

5

ÖL-VERDERBER.
DIE OLIVENFRUCHTFLIEGE MACHT SICH BREIT

Die Olivenmühle von Giuseppe Giannini liegt in einer der ältesten Olivenregionen Italiens. In Umbrien und der angrenzenden Toskana werden die besten Öle des Landes gepresst, »Natives Olivenöl Extra«. Hier hat Giuseppe viel investiert, alles neu gebaut, die erste Olivenmühle im neuen Jahrtausend. Ein Zeichen der Hoffnung in einer Gegend, wo Oliven und Wein wachsen, wo aber kaum noch ein Bauernsohn eine Zukunft sieht. Die Höfe zu klein, die Hänge zu steil, die Parzellen zu winzig, das Land für Maschinen zu zerklüftet, eine Gegend für bäuerliche Handarbeit, aber auch hier will die keiner mehr machen und erst recht keiner bezahlen. Zu wenig Ertrag, zu wenig Verdienst.

Die Trendwende kam, als Giuseppe seine Ölmühle aufmachte und begann, alte knorrige Olivenhaine wieder instand zu setzen. Das Geschäft lief blendend. Sein »Natives Olivenöl Extra« hatte mehr Liebhaber, als die Olivenbäume der Gegend hergaben. Kaum war die Ernte vorbei, war er ausverkauft, bis auf einen Restvorrat für ganz gute Freunde, für die er immer ein paar Liter zurücklegte. Das hätte eine wunderbare Erfolgsgeschichte werden können, wenn nicht »Bactrocera oleae«, die Olivenfruchtfliege, dazwischengekommen wäre. 2014 gelang ihr der erste Einbruch in die Olivenhaine in Mittelitalien. In normalen Jahren hätte die Olivenpresse von Giuseppe Giannini ins neue Jahr hinein das grüne Öl aus den Oliven der Gegend gepresst, aber 2014 standen die Maschinen schon ab November still.

So wie Giuseppe Giannini ging es 2014 den meisten Ölproduzenten in Italien: Die Olivenfliege verdarb ihnen die Ernte, und zwar gründlich. Am stärksten traf es die Toskana und Umbrien, wo die besten Oliven für die höchste Güteklasse »Natives Olivenöl Extra« wachsen. Die Missernte ruiniert nicht nur viele Produzenten, auch für die Verbraucher kam der Ausfall teuer. Für Giuseppe Giannini war nach der Ernte klar: »Der Preis wird um über 60 Prozent steigen.«

Weiter südlich war die Lage noch schlechter. »Das ist das einzige Öl, das noch übrig ist, und das ist vom letzten Jahr«, sagt Federico Leszczynski, Agrarwissenschaftler und Leiter des Landguts Tenuta Ronci.[1] Gegen einen Feind, der unter optimalen Bedingungen arbeite, argumentiert er, seien die Bauern machtlos gewesen. Während er redet, hält er eine halb leere Flasche mit dickem grünem Öl in die Höhe. In guten Jahren liefern seine 1700 Olivenbäume rund 10 000 Halbliterflaschen der besten Qualität. Jede Flasche kann er zu acht Euro verkaufen. »Dieses Jahr haben wir keine einzige Flasche abgefüllt.« Das Jahr 2014 hat einfach zu wenig brauchbare Oliven an den Bäumen gelassen, die Ernte lohnte sich nicht mehr. Die Olivenfliege hatte ganze Arbeit geleistet.

Wie stark sich die Olivenfliege ausbreitet, hängt vom Wetter ab. Heiße Sommer und kalte Winter halten Schädlinge wie »Bactrocera oleae« normalerweise unter Kontrolle. Dass sich die Olivenfliege 2014 so explosiv vermehren konnte, war kein Zufall, sondern die Folge des außergewöhnlich feuchten Sommers. Auch wer mit der Chemiespritze versuchte, seine Ernte zu retten, hatte kaum Erfolg. Das Wetter verhinderte, dass die In-

---

1   »Olivenöl wird deutlich teurer, Fliege vermiest Olivenbauern in Italien die Ernte«, *Frankfurter Allgemeine Zeitung*, 13.12.2014, http://www.faz.net/aktuell/wirtschaft/menschen-wirtschaft/olivenoel-wird-deutlich-teurer-fliege-vermiest-olivenbauern-in-italien-die-ernte-13319518.html

sektizide überhaupt zur Wirkung kommen konnten. Der Regen wusch sie gleich wieder ab. In der Toskana, in Umbrien und in der Provinz Marken fielen bis zu 80 Prozent der Ernte aus. Professor Salvatore Di Napoli vom Institut für Pflanzengesundheit in Pescia spricht sogar von Totalausfällen. Betroffen waren hiervon vor allem Biobauern wie Nico Sartori, der im Rückblick auf die Ernte 2014 kopfschüttelnd feststellt: »Ich kann mich in meinem ganzen Leben nicht daran erinnern, so etwas schon einmal erlebt zu haben.«

Fachleute warnten schon vor Jahren, dass die Olivenfliege eines Tages zum Problem werden könnte, wenn sich die Lebensbedingungen für die Fliege verbessern sollten. Und genau das war 2014 der Fall. Was »Bactrocera oleae« liebt, sind moderate Temperaturen zwischen 20 und 25 Grad, also keine Hitzewellen. Bei mehr als 30 Grad stellt sie ihre Vermehrung ein, ebenso ihre Angriffe auf die Olivenplantagen. Was sie unbedingt braucht, ist Feuchtigkeit, Regenfälle, wie sie in Mittelitalien seit einigen Jahren auch im Sommer zur Regel werden. Sie bringen auch die notwendige Abkühlung ins sommerliche Land und damit mehr vom Wohlfühlklima, das die Olivenfliege für eine schnelle Vermehrung braucht.

Die Fliege, die sich nun so explosionsartig vermehrt, ist in Italien kein Neuling. Sie hat schon immer in den Olivenhainen gewohnt und dort die Früchte angestochen. Doch seit das Klima für sie im Sommer günstiger wird, steigert sie auch ihre Angriffslust und ihre Vermehrungsrate. Während früher höchstens zwei bis drei Generationen im Jahr aufwuchsen, sind es neuerdings bis zu zwölf Vermehrungszyklen. Ihre Angriffe beginnen sie im Juli. Das ist die erste Welle, erklärt der Olivenexperte Salvatore Di Napoli. Im August/September schlagen sie dann eine weiteres Mal zu. Was sie lieben, sind die dünnhäutigen Oliven, und das sind dann auch meistens die mit dem üppigeren Fruchtfleisch. Sie bieten eine größere Oberfläche und bekommen bei Regenwetter leicht eine schwammigere Haut. Die Fliege durchsticht sie und legt ihre Eier unter die Haut. Dort wachsen dann aus den Eiern die Larven heran. Sie leben vom Olivenfleisch, das fressen sie nicht, sondern lösen es auf, verflüssigen es mit ihrem Speichel und saugen es dann ein. Das hinterlässt tiefe Tunnel in der Olive. Schon das macht sie unverwertbar. Aber es kommt noch ein Bakterium hinzu, das alles verschlimmert, erklärt Professor Salvatore Di Napoli vom Institut für Pflanzengesundheit. Es bildet eine Art Mantel um die Olive und trägt dazu bei, dass sich das Innere schneller verflüssigt. Nach erfolgreicher Arbeit der Larven fallen die meisten Früchte ab. Aber auch die, die noch auf den Bäumen hängen, sind für die Ölproduktion verdorben. Sie enthalten einen Bitterstoff, der den Säuregehalt der Oliven um das Fünffache in die Höhe katapultiert und so das Öl ungenießbar macht. Wenn die Bauern im Oktober mit ihren Netzen und Harken zur Olivenernte auf ihre Terrassenfelder ziehen, finden sie nur noch wenig, was für »Natives Olivenöl Extra« zu gebrauchen wäre.

Aber auch wer nicht auf Öl setzt, sondern auf Speiseoliven, kann mit der Olivenfliege böse Überraschungen erleben. Diese Oliven besitzen meist mehr Volumen und daher eine größere Oberfläche, sind von Natur aus weicher und damit eine noch leichtere Beute. Die Einzigen, die den Olivenfliegen standhalten, sind Sorten mit dicker Schale wie die Sorte »Coratina«. Die Bauern müssten sie jetzt und sofort anpflanzen, empfehlen die Experten. Denn bis diese Sorte Ertrag liefert, können sieben bis zehn Jahre ins Land gehen. Für die Bauern ist dieses Spiel auf Zeit nicht zu gewinnen. Denn sie besitzen dazu weder die Voraussetzungen noch die finanzielle Kraft. Ihr Problem: Wenn die Fliege erst einmal ihre Bäume befallen hat, geht es bergab mit ihrem Konto. Die Verluste zehren ihre Rücklagen schnell auf. In einer solchen Situation denkt keiner mehr an Investitionen, an Neupflanzungen, an einen Neuanfang. Der Olivenprofessor weiß um die Grenzen seiner Ratschläge, zumal der Befallsdruck auch in Zukunft weiter steigen wird, weil die Fliegen immer neue Reviere erobern.

Früher konnten die Olivenfliegen nicht in den Höhengebieten

Italiens überleben. Dort hielten sie sich höchstens in feuchten Sommern auf. Im Winter zogen sie sich in die wärmeren Küstenregionen zurück. Doch das hat sich mittlerweile grundlegend geändert. Im Winter 2016, so stellten Salvatore Di Napoli und seine Kollegen in Pescia fest, blieben die Fliegen ganzjährig in den Olivenregionen der Berge. Sie überwintern dort im Laub auf dem Boden oder in den Höhlen der Bäume und entwickeln sich so zu einer stationären Landplage, die bei günstigen Bedingungen jederzeit und überall in voller Stärke losschlagen kann.

Die Olivenfliege ist jedoch nicht die Einzige, die den Olivenbauern das Überleben schwer macht. Hinzu kommt »Rogna dell'Olivo«, der Olivenkrebs. Er fordert jährlich neue Opfer. Was ihm hilft, ist die Nachlässigkeit der Bauern. Er macht sich über Schnitt- und Schlagwunden in der Rinde in den Bäumen breit. Sein Taxi ist ein Bakterium, das beim Schnitt der Olivenbäume durch Scheren und Äxte übertragen wird. Aber auch in der Ernte kann es zur Infektion kommen. Der Grund liegt in den rüden Umgangsformen der Bauern mit ihren Olivenbäumen. Nicht selten prügeln sie auf die Bäume ein, um die Oliven abzuernten. Oder sie reißen einfach besonders vielversprechende Äste herunter, um die Oliven dann auf dem Boden leichter einzusammeln. Diese Wunden bilden die Einfallstore für das Bakterium. Schwarze Wülste markieren den Befall und lassen den Baum früher oder später absterben.

Auch hier spielt das Klima im Hintergrund eine Rolle. Denn auch für »Rogna dell'Olivo« muss es feucht und warm sein, ebenso wie für die Olivenfliege. Im Fall des Olivenkrebses gibt es allerdings Gegenmittel. Was hilft, wären der sorgsame Umgang mit dem Bäumen und das Desinfizieren der Sägen und Scheren von Baum zu Baum. Doch an die Durchschlagskraft ihrer Ratschläge glauben die Experten vom Institut für Pflanzengesundheit in Pescia selbst nicht ganz. Besonders in den kleinen Olivengärten der Nebenerwerbsbauern ist der Umgang mit den Bäumen eher traditionell – und das heißt ruppig.

Gegen die Olivenfliege setzen sie auf Früherkennung. Mithilfe von gelben Farbtafeln wird im Frühjahr der Befall gemessen. Hormonfallen sollen die Fliegen anlocken, um dort ihre Eier abzusetzen. Allerdings nicht in Oliven, sondern in ein giftiges Substrat, das den Maden nicht bekommt. Die Agrarchemie bietet noch mehr, um den Befall abzuwehren: Pestizide. Doch diese Unterstützung stößt schnell an Grenzen. Insektizide in den Speiseoliven oder im Öl wären eine Katastrophe für das Image. Deshalb darf die Hilfe der Agrarchemie eigentlich nur weit vor der Ernte genutzt werden, wenn das Rückstandsrisiko ausgeschlossen werden soll.

In Spanien macht seit Kurzem eine neue Methode von sich reden. Per Gentechnik werden unfruchtbare Männchen gezüchtet, die die Vermehrung der Fliegen stoppen könnten. So erklärt es jedenfalls der britische Hersteller der männlichen Brut. Seit 2013 preist die Firma Oxitec sein Produkt, das sterile Fliegenmännchen, unter dem Namen OX3097D an. Es sei die ideale und rückstandfreie Waffe im Kampf gegen die Fliegenplage. Doch um damit auf dem europäischen Markt Fuß zu fassen, muss der Hersteller erst noch im Freilandtest beweisen, dass das Versprechen von Unfruchtbarkeit, Vermehrungsstopp und schließlich Tod aus Mangel an Nachwuchs auch stimmt.

In der Nähe von Tarragona sollte zu diesem Zweck eine Art Freiluftkäfig um einige Dutzend Olivenbäume herum gezimmert werden, der dann mit Netzen gegen die Außenwelt abgeschirmt werden sollte. Unter dem Netz hätten die unfruchtbaren Männchen dann im Freiland, aber nicht in Freiheit, zeigen können, ob sie tatsächlich in der Lage sind, die fruchtbaren Weibchen zu finden und sie dann auch erfolgreich zu begatten. Doch der Versuch kam nicht zustande. Es gab Unstimmigkeiten mit der Regierung in Barcelona über die Risiken dieses Freilandversuchs.

Es wäre die erste kontrollierte Freilassung gentechnisch veränderter Tiere in der Europäischen Union gewesen. Die Bedenken der katalanischen Regierung waren nicht so einfach auszuräumen: auch wenn die Versuche unter Netzen stattfänden, könne eine komplette Kontrolle und Isolierung der Tiere nicht gewährleistet werden. Oxitec dagegen teilte mit, man habe inzwischen weitaus Erfolg versprechendere Fliegenstämme gezüchtet als denjenigen, der für den Versuch angemeldet worden sei. Mit diesen neuen Stämmen werde man in der Zukunft weiter testen. Deshalb nehme man erst einmal den Antrag zurück und wolle in Bälde einen neuen Anlauf für einen Freisetzungsantrag nehmen.[2]

Ob dies so geschieht, ist unklar. Mittlerweile hat Oxitec in den USA einen weitaus empfänglicheren Markt erobert. Im Windschatten der Präsidentenwahl haben die Wähler in Florida 2016 darüber abgestimmt, ob dort ein gentechnisch verändertes Moskito der Firma Oxitec mit dem Namen OX513A freigelassen werden sollte. Es besitzt ein Gen, dass die Moskitobrut noch im Larvenstadium absterben lässt. Der Grund für diese Maßnahme ist das Zika-Virus, das durch weibliche Mücken der Art »Aedes aegypti« verbreitet wird und in einem Teil von Florida, im County Miami-Dade, für Unruhe gesorgt hatte, weil in dieser Region mehr als 200 Menschen von den Mücken infiziert worden waren. Erfahrungen aus Brasilien und den Cayman-Inseln ließen hoffen: Dort wurde mithilfe des genmanipulierten Moskitos die Zahl der gefährlichen Überträgermücken um 90 Prozent dezimiert. Die Entscheidung für OX513A war umstritten, doch der Erfolg der Methode hat den Widerstand zum Schweigen gebracht. Anders in Europa.

Hier wurde der Antrag zwar 2015 zurückgezogen. Doch die Bedenken sind damit nicht vom Tisch. Helen Wallace, Direktor von GeneWatch UK, hält ihre Reserve aufrecht. »Es wird

---

2 »Vorerst kein Freisetzungsversuch mit genmanipulierten Tieren in der EU«, 10.08.2015, *top agrar online*, https://www.topagrar.com/news/Home-top-News-Vorerst-kein-Freisetzungsversuch-mit-genmanipulierten-Tieren-in-der-EU-2317713.html

eine ganze Menge von gentechnisch veränderten Fliegen unter den Netzen geben, keiner weiß, welche Folgen die massenhafte Freisetzung von nicht einheimischen GM-Fliegen auf die Umwelt haben wird.«[3] Damit steht nach wie vor aus, ob die Gentechnik im Kampf gegen die Olivenfliege zum Einsatz kommen wird. Skepsis ist angebracht, denn die Fliegen haben viele Wirte. Auch in die Gärten der Bauern oder in die Macchia, das wilde Buschwerk außerhalb der Olivenhaine, können sie sich zurückziehen.

Deshalb setzen immer mehr Bauern auf ein Pflanzenstärkungsmittel. Es trägt den Namen »Bordolese« und besteht aus einer Brühe aus Kalk und Kupfersulfat, die in die Kronen der Bäume gespritzt wird. Es soll die Blattoberfläche festigen, die Zellwände robuster machen und damit auch die Oliven stärken. Die Bauern setzen ihre Hoffnung in diesen selbst gebrauten Sud nicht nur im Kampf gegen die Olivenfliege, sondern auch gegen einen weiteren Angreifer auf die Olivenplantage, der seit einigen Jahren von Süden her in Italien eingefallen ist. Sein Name »Xylella fastidiosa«.

»Xylella fastidiosa« ist mit dem bloßem Auge nicht auszumachen, es ist ein Bakterium, auch Feuerbakterium genannt. Zunächst fiel es im Süden des italienischen Stiefels auf, in Apulien. Das Bakterium greift nicht die Früchte, sondern die Bäume als Ganzes an. 2013 fiel »Xylella Fastidiosa« zum ersten Mal in Italien auf. Es wurde von Forschern am italienischen Institut für nachhaltigen Pflanzenschutz in Bari identifiziert. Sein konkreter Weg nach Apulien konnte bisher nicht geklärt werden. Nur so viel ist sicher, es kommt aus Mittel- und Südamerika.

Vor allem die apulische Provinz Lecce wurde schwer getroffen. Rund zehn Millionen Olivenbäume wachsen hier. Eine Million davon seien infiziert, hieß es 2015. Aktuelle Zahlen gebe es nicht, und Schätzungen seien schwierig, erklärt Donato

3   Julie Butler, »Oxitec Still Pursuing Trial Release of GM Olive Flies in Spain«, *Olive Oil Times*, 12.01.2014.

Boscia, Leiter des italienischen Instituts für nachhaltigen Pflanzenschutz in Bari. Von der Infektion eines Baumes bis zu den ersten Symptomen könne es Monate dauern. Betroffen seien alle Jahrgänge, auch die uralten Bäume, die Apuliens Landschaft prägten, und dort schon seit Jahrhunderten Oliven hervorbrächten. Eine schnelle Diagnose sei schwierig, weil das Bakterium erst zu erkennen ist, wenn es seinen Vernichtungsfeldzug bereits begonnen hat.

Seit 2013 hinterlässt es eine Spur der Verwüstung in Apulien. Jahrhundertealte Olivenplantagen im Todeskampf. Bäume mit grauen Kronen, abgestorbene Blätter, verdorrt in der Sonne Süditaliens. Antonio Di Lorense steht im Olivenhain seiner Familie, Olivenbauern in der 12. Generation. Was er in den Händen hält, ist das Zeichen für den Niedergang, das Ende der Einkommensquelle seiner Familie. In normalen Jahren bringte ein Olivenbaum rund 300 Kilo Früchte, erklärt er dem Besucher, daraus presse er rund 50 Liter Olivenöl, und die könne er für 500 Euro verkaufen. Aber jetzt nach dem Einfall von »Xylella Fastidiosa« ist davon nichts mehr übrig. Nur noch die Größe der Bäume erinnert an ihre Ertragskraft, aber sie ist erloschen.

Über Kilometer säumen die grauen Baumriesen die Straßen der Region. Die Infizierten werden nicht gleich abgeholzt, so, wie es die Europäische Gemeinschaft in einem Katastrophenplan für Apulien eigentlich gefordert hat. Zunächst versuchen es die Bauern noch mal mit Baumchirurgie, mit einem drastischen Rückschnitt bis auf das gesunde Gewebe im Baum. Doch auch das bringt bislang nicht die erhoffte Heilung. Wo sich das Feuerbakterium eingenistet hat, sorgt es dafür, dass die Adern der Bäume, die Bahnen durch die ihr Lebenssaft fließt, verstopfen. Ihr Kreislauf bricht zusammen, die Blätter erhalten kein Wasser mehr und vertrocknen.

Der Befall ist zunächst an einzelnen Ästen zu beobachten. Werden die abgesägt, ist nur Zeit gewonnen, aber keine Heilung. Meist hat sich »Xylella fastidiosa« dann schon längst auch in der Tiefe des Stammes breitgemacht. Und das bedeutet das Ende des Olivenbaumes. Egal, wie alt er ist, auch 2000 Jahre schützen nicht vor den Sägen der Abholzunternehmen. »Hier geht es nicht nur um Oliven, hier geht es um die Kultur einer Region«, sagt Vincente, der Nachbar von Antonio Di Lorense. Auch er hat bereits einen großen Teil seiner Bäume verloren. Doch das Bakterium bleibt von den Motorsägen unbeeindruckt. Es breitet sich weiter aus.

Verbreitet wird es durch ein Insekt, eine Zikade, die sich vom Saft der Olivenblätter ernährt. Sie sticht die Blätter an und saugt den Saft der Olivenbäume auf, gleichzeitig hinterlässt sie jedoch die gefürchteten Bakterien, die sich in ihrem Saugstachel als blinde Passagiere eingenistet haben. Von der Einstichstelle aus dringen die Bakterien tief ins Innere des Baumes vor und lassen sich dann vom Saft durch das Leitungsnetz der Olive tragen. Wo sie sich festsetzen, beginnen sie, das Gefäß zu verschließen, stoppen den Strom von Nährstoffen zwischen Wurzeln und Blättern. Wo, lässt sich nicht vorhersagen, auch nicht, wie schnell – klar ist nur, wenn sie einmal im Gefäßsystem unterwegs sind, sind sie nicht mehr zu stoppen. Bisher ist gegen den Feuerbrand »Xylella fastidiosa« kein Kraut gewachsen.

Die Behörden reagieren mit radikalen Anordnungen: absägen, fällen, alles Gras und Kraut, das zwischen den infizierten Bäumen wächst, muss mit Chemie abgetötet werden, um so den Wirt und Transporteur des Bakteriums auszurotten. Doch diese Radikalkur ruft Widerstand hervor, bei den Bauern, die um ihre Existenz bangen, und bei den Anwohnern, die um ihre Kulturlandschaft fürchten. In Süditalien kommt der Verdacht hinzu, dass es bei den Abholzaktionen nicht nur um Vorbeugung gegen eine gefährliche Seuche geht, sondern um wirtschaftliche Interessen der Tourismusindustrie. Das sorgt für zusätzlichen Widerstand.

Die Küste Apuliens mit ihren uralten Olivenbäumen galt bisher als Kulturdenkmal, das vor Investoren sicher war. Doch das Interesse von Hotelkonzernen an der unberührten Küste, an Straßen, Kanälen und Leitungen wächst. Die Interessenten, so mutmaßen die Olivenbauern, warten, bis die Olivenbäume, als Investitionshindernis Nummer eins, endlich verschwunden sind. Ob und was an diesen Vermutungen der Bauern Apuliens dran ist, und ob es Gründe für das rigorose Abholzungsprogramm der Behörden gibt, die mit der Krankheit gar nichts zu tun haben, wird wohl niemals ganz geklärt werden. Klar aber ist, dass mit dem Argument Feuerbrand wahrscheinlich Hunderttausende von Bäumen aus der Landschaft Apuliens verschwinden werden, wenn nicht doch noch ein Gegenmittel gefunden wird.

Das Bakterium verstört nicht nur die Olivenbauern im Süden Italiens. Mittlerweile hat es auch Korsika und Südfrankreich erreicht. Die europäischen Behörden haben Schutzzonen von 20 Kilometern um die erkrankten Bäume gezogen. Mögliche Wirtspflanzen dürfen nur noch mit einem Pflanzenpass reisen. Wo die Krankheit auftritt, gilt sofort Alarmstufe Rot, mit Meldung an die europäischen Behörden. Seit das Feuerbakterium Europa erreicht hat, herrscht Ausnahmestimmung unter den Pflanzenmedizinern. Was der Erreger anrichten kann, wissen sie aus Nord- und Südamerika. Dort hat er sich auch in den Weinbergen, besonders aber in den Zitrusplantagen eingenistet und vernichtet dort seit 2004 die Kulturen. Er gefährdet die Orangenernte in Brasilien, in den USA sorgt er gerade für den Exitus der Zitrusplantagen in Florida. Ebenso wie in Italien spielt auch hier ein Insekt die Rolle des Überträgers. Auch hier wird das Bakterium mit dem Speichel übertragen, auch hier rätseln die Forscher, warum es sich derart aggressiv vermehrt. Die Vermutung liegt nahe, dass hier ebenfalls die Veränderung des Klimas eine Rolle spielt. Zumindest indirekt, indem es die Generationsfolge der Überträger, der Insekten, beschleunigt.

Wie und warum sich das Feuerbakterium in den letzten Jahren so rasant über die Welt verbreitet, ist bisher kaum erforscht. Da die einzige natürliche Verbreitung über saugende Insekten erfolgt, die in der Regel nur kurze Strecken von bis zu

100 Meter fliegen können, warnen Experten vor allem vor dem Transport befallener Pflanzen. Der Weg des Feuerbakteriums »Xylella fastidiosa« deutet an, dass es vom wachsenden und unkontrollierten Welthandel profitiert haben könnte. Es wird vermutet, dass es mit Kaffeepflanzen aus Mittelamerika in die Niederlande kam und sich von dort aus weiter in Europa verbreiten konnte.

»Xylella fastidiosa« besitzt auch die Kraft, auf andere Nutzpflanzen überzuspringen. Mehr als 120 Arten listet die Europäische Gemeinschaft in einer Art Fahndungsliste auf, die vor der Katastrophe warnen soll, und die ständig aktualisiert wird.[4] »Dem Bakterium kann ein sehr breites Spektrum von Pflanzen als Wirt dienen, darunter Mandel-, Pfirsich-, Pflaumen-, Aprikosen-, Zitrus-, Kaffee- und Olivenbäume sowie Weinreben, Ulme, Ginkgo und Sonnenblume«, teilte die Europäische Behörde für Lebensmittelsicherheit EFSA mit. Auch Gartengehölze wie Rosmarin, Lavendel und Oleander gelten als Gefahrenquellen, selbst die deutsche Eiche könnte zum Wirt und zum Opfer des Erregers werden.[5] Außerdem können Pflanzen das Bakterium auch ohne erkennbare Krankheitszeichen in sich tragen, was den Kampf gegen »Xylella fastidiosa« noch schwieriger macht.

Ob das Feuerbakterium gemeinsam mit der Olivenfliege dem Olivenanbau in Europa ein Ende setzen wird, ist bisher noch nicht ausgemacht. Die Prognosen lassen nur so viel erkennen: Der Klimawandel wird alle Anbaugebiete treffen, wenn auch in unterschiedlicher Form. Die Vorhersagen von Luigi Ponti vom Centro Ricerche Casaccia in Rom und seinen Kollegen basieren auf den derzeit aktuellen Klimaprognosen für den Mittelmeerraum.[6] Sie besagen, dass die Jahresdurchschnitt-

---

4   http://ec.europa.eu/food/plant/plant_health_biosecurity/legislation/
    emergency_measures/xylella-fastidiosa/susceptible_en.htm

5   Pflanzenschutzdienst des Landes Brandenburg, Pflanzengesundheits-
    kontrolle 01/2016.

6   Luigi Ponti et al., »Fine-scale ecological and economic assessment of
    climate change on olive in the Mediterranean Basin reveals winners

stemperaturen im Zeitraum von 2030 bis 2060 um etwa 1,8 Grad Celsius steigen werden. Im Mittelmeerraum wird dies allerdings durch die geografischen Besonderheiten in den verschiedenen Regionen zu sehr unterschiedlichen Klimaeffekten führen.

Die Aussichten für die Regionen Toskana, Umbrien und den Marken sehen nicht gut aus, auch südlich von Rom werden Ausfälle wahrscheinlicher. Allerdings gilt dies nur, wenn bei der zusätzlichen Erwärmung die ˙1,8-Grad-Celsius-Grenze eingehalten wird, die Erwärmung also nicht noch stärker ist, und wenn nicht noch weitere Erreger den Weg in die Olivenhaine finden. Die Frage bleibt offen, wie groß die Ausfälle bei den Olivenernten der Zukunft sein werden und wo die Oliven herkommen, die 2050 auf europäischen Tellern liegen.

Entscheidend wird sein, so Salvatore Di Napoli vom Institut für Pflanzengesundheit in Pescia, ob die Bauern weiterhin das Interesse an ihren Oliventerrassen behalten, sie weiter pflegen, düngen und ernten. Und das wiederum könnte davon abhängen, wie sich die Kosten für den Anbau und die Preise für Oliven auf dem Markt entwickeln. Und da sieht Salvatore Di Napoli für die Zukunft eher schwarz. Zu den Konditionen, die heute im Olivenanbau gelten, werden die kleinen Bauern wohl kaum Nachwuchs finden.

Ihre Kinder kennen die Plackerei in den Terrassen und wissen auch, dass die Gewinne aus dem Verkauf nicht so wachsen wie die Kosten des Anbaus. Wenn nun noch weitere Plagen hinzukämen, werde der Anbau für die kleinen Bauern am Ende kein Geschäft mehr sein, vermutet der Professor aus Pescia, einer Region, in der die Oliven heute noch die Landschaft bestimmen. Dem kann Luigi Ponti vom Centro Ricerche Casaccia in Rom nur zustimmen: »Die klimatisch bedingten Umwälzungen

and losers«, *PNAS, Proceedings of the National Academy of Science of the United States of America*, Vol. 111, no. 15, 5598–5603, doi:10.1073/pnas.1314437111

beim Olivenanbau könnten dazu führen, dass kleine und weniger profitable Anbaugebiete aufgegeben werden.« Dies wiederum mit negativen ökologischen Folgen, denn der Olivenanbau bildet einen wichtigen Baustein in der Natur im Mittelmeerraum. Durch den Verlust von Anbaugebieten könnte das Risiko für Brände und Bodenerosion steigen und damit ungewollt das Verschwinden ganzer Kulturlandschaften in Gang gesetzt werden.

Zunächst jedoch führt das Zusammentreffen der bakteriellen Infektion »Xylella fastidiosa« und der Fliege »Bactrocera Oleae« nur zu Knappheiten. Der italienische Bauernverband Coldiretti meldet für 2015 eine stark sinkende Olivenölproduktion. Als Konsequenz steigen die Preise, auch der Betrug mit Olivenöl nimmt zu: Kriminelle verkaufen minderwertiges Olivenöl als »Extra Vergine« oder deklarieren importiertes Öl als original italienisches, die Einfuhren aus Tunesien stiegen im Jahr 2015 um insgesamt 681 Prozent. Coldiretti warnt vor einer »Invasion« minderwertigen Olivenöls. Das Einzige, was die Bauern besänftigen kann, sind die steigenden Preise. Die verteuern auch das Öl in den Supermärkten. Der Verbraucherpreis stieg im europäischen Durchschnitt um ein Fünftel, in den Olivenölländern wie Spanien zogen die Preise um 27 Prozent an. Tendenz weiter steigend.

Die Aussichten auf gute Gewinne lockt das große Kapital auf die Olivenmärkte. Es geht dabei nicht um die Fortführung einer bäuerlichen Tradition, sondern um industrielle Anlageobjekte. Die entstehen allerdings nicht mehr in Italien, sondern jenseits des Mittelmeers. Im nördlichen Afrika werden neue Olivenhaine gepflanzt. Hochleistungssorten auf ebenen Flächen, auf denen große Maschinen genügend Platz haben. Diese übernehmen Pflege und Ernte, da ist kein Bedarf mehr für Pflücker und Landarbeiter. In Nordafrika werden Ertragszuwächse von 41 Prozent prognostiziert. Dies vor allem, weil Schädlinge wie »Xylella« und die Fliege »Bactrocera Oleae« im Wüstenklima keine Chance haben.

Wenn dennoch in Zukunft Oliven in der Toskana wachsen sollen, dann nur mit staatlichen Subventionen und mit Enthusiasten, sagt der Olivenspezialist Salvatore Di Napoli. Die gebe es neuerdings verstärkt. Man könne sie auf den Straßen der Toskana kaum übersehen. Traktoren mit jungen Menschen, insbesondere jungen Frauen, fahren in den alten Terrassen herum, schneiden vernachlässigte Bäume, wollen die Oliven und die Landwirtschaft in der Toskana nicht sterben lassen. Sie leben den Gegenentwurf zu den Großproduzenten, die sich gerade in Nordafrika niederlassen. Sie setzen wieder auf lokale Sorten, auf Vielfalt und robuste Mischungen, und dies nicht nur bei Oliven, sondern auch bei Obst, Getreide und Wein. Und sie setzen wieder auf alte landwirtschaftliche Traditionen der Region, auf den Etagenanbau. Dieser hat die Landwirtschaft und die Landschaft seit Jahrhunderten geprägt. Ob das Ergebnis allerdings mehr wird als eine touristische Attraktion, unser Klischeebild von der Toskana, bleibt abzuwarten.

6

BITTERE ORANGEN.
DER GELBE DRACHE AUF DEM VORMARSCH

Brasilien ist die Heimat des Orangensafts. Im Staat São Paulo arbeiten die größten Orangenpressen der Welt. Wer aus der Stadt nach Norden fährt, reist mitten durch das Orangenzentrum des Landes. Leichtes Mittelgebirge, das von einem Flickenteppich von großen und kleinen Plantagen durchzogen ist. Die Pisten, die ins Land hineinführen, sind zu beiden Seiten von Orangenbäumen gesäumt, tiefes Grün, gelegentlich mit orangeroten Punkten durchsetzt. Wir halten an, unser brasilianischer Begleiter pflückt ein paar Früchte, aber die sind zu unserer Überraschung noch überwiegend grün. Macht nichts, erklärt er uns, das sei in Ordnung. Orangen in Brasilien müssten sich nicht orange verfärben, wenn sie reif seien. Zum Beweis schält er eine der pflückfrischen Früchte. Sie sind vollreif, auch wenn sie nach unseren Kriterien nicht so aussehen. Die meisten von ihnen wandern nach der Ernte in eine der großen Pressen. Sie sind der Rohstoff für eines der wichtigsten Exportprodukte des Landes, für Orangensaftkonzentrat.

80 Prozent des weltweit gehandelten Konzentrats stammt aus dem Staat São Paulo und den angrenzenden Regionen. Es bildet die Basis für die meisten Orangensäfte, die in Europas Supermärkten stehen, in Deutschland sind sie besonders beliebt. Sie gelten als Inbegriff von Gesundheit, Vitaminquellen erster Wahl. Ein tadelloses Image, wenn da nicht der perma-

nente Chemikalienregen in den Orangenmonokulturen wäre, ohne den die Früchte nicht gedeihen könnten. Gegen die Chemieduschen gehen die brasilianischen Arbeiter auf die Straße, führen Delegationen aus Deutschland vor, wie leichtfertig mit den Spritzeinsätzen verfahren wird, wie sehr besonders die Arbeiterinnen unter den Folgen leiden. Der Protest hat Folgen, provoziert Widerstand in der Orangenindustrie. Öffentlichkeit ist nicht gerne gesehen hinter den Zäunen der großen Produzenten.

Journalisten haben seither kaum eine Chance, einen Blick in den Alltag der Orangenfarmen zu werfen. Auch wir haben es nicht geschafft, mit einem der drei Großen der Branche ins Gespräch zu kommen, dafür aber mit den Kleinen. Und diese erzählen uns, dass sie von den Großen erpresst würden. Die Größten der Branche haben ein Preiskartell gebildet und bestimmen, was die Bauern für ihre Orangen und was die Arbeiter auf den Farmen für ihre Arbeit bekommen. »Zu wenig«, erklärt Reginaldo Vincentim, Vizepräsident der Caargrosol Cooperative der Orangebauern in Itiápolis. Der junge Mann steht inmitten seiner Orangenbäume, die Äste biegen sich vor Früchten, eigentlich eine gute Ernte, aber er winkt ab. Manchmal reiche es noch nicht einmal, um die Produktionskosten zu bezahlen. Und wenn jetzt noch die neue Krankheit, die sie den »Gelben Drachen« nennen, hinzukomme, bedeute das für ihn weitere Kosten für noch mehr Spritzmittel und Ernteausfälle in unkalkulierbarer Höhe. Ob er das durchhalten könne, wisse er nicht. Optimismus sieht anders aus.

Die neue Seuche in den Orangenhainen ist nicht ganz neu in Brasilien, sie hat den Sprung nach Südamerika im Jahr 2004 geschafft. Seither wütet sie in den Plantagen, ohne dass ihr die Strategen des Orangenanbaus ernsthaft zu Leibe rücken konnten. Könnte es sein, dass der »Gelbe Drache« oder »Huanglongbing« (HLB), wie der Erreger auch genannt wird, die Orangenproduktion Brasiliens zu Fall bringt? In den Chefetagen der Industrie herrscht professioneller Optimismus vor. Man habe im Orangengeschäft schon so viele Krankheiten überlebt, da sei auch der Gelbe Drache kein wirkliches Problem.

Doch das sieht die Wissenschaft anders. Moricio Coelho, Orangenexperte am brasilianischen Zentrum für Zitrusforschung »Funde Citrus« in Araraquara, warnt davor, die neue Krankheit zu unterschätzen. »Ich habe schon viel erlebt – Pilzkrankheiten, Orangenkrebs, plötzliches Verdorren ganzer Bäume, aber das, was ich bei ›Huanglongbing‹, dem Gelben Drachen, bisher gesehen habe, ist die schlimmste Krankheit in den Orangen überhaupt.«

Der Erreger war ursprünglich im heißen Klima Asiens zu Hause. Vor gut hundert Jahren tauchte er zum ersten Mal bei Bauern in der Umgebung der heutigen Millionenstadt Chaozhou auf.[1] 1965 entdeckten ihn Forscher auch in Südafrika. Und nach weiteren zwei Jahren fanden Experten auf den Philippinen heraus, dass es sich beim gelben Drachen nicht um nur einen Erreger, sondern um ein Doppelpack handelt, ein mörderisches Tandem. Es besteht aus einem Blattfloh, gerade einmal vier Millimeter groß, mit dem Namen »Diaphorina citri«, und einem Bakterium. Beide wirken nur zusammen. Der Floh als Taxi, im Gepäck das Bakterium als Parasit. Es nimmt die Orangenbäume in eine Art Würgegriff. Vermehrt sich im Inneren, in den Gefäßen der Bäume, und blockiert so deren Kreislauf. Dadurch wird der Transport von Zucker- und Nährstoffen in den Saftleitungen im Inneren der Bäume gebremst und schließlich blockiert. Die Blätter färben sich gelb und die Früchte verkrüppeln, ohne auszureifen.

Zunächst verbreitete sich das aggressive Gespann in Asien. Erst später sprang es nach Afrika über. Allerdings mit einem kleinen Unterschied. In Asien besteht das Duo aus dem Bak-

---

[1] Roland Knauer, »Droht das Ende der Orangen?«, *welt.de*, 9.8.2015, http://www.welt.de/wissenschaft/umwelt/article145000824/Droht-das-Ende-der-Orangen.html?config=print.

terium »Candidatus Liberibacter asiaticus«, in Afrika wird es durch einen engen Verwandten ausgetauscht, durch »Candidatus Liberibacter africanus«, der sich auf die Länder südlich der Sahara spezialisiert hat. Erst seit der Jahrtausendwende treibt das Gespann auch in Süd- und Nordamerika sein Unwesen. In Brasilien wurde es 2004, in Florida 2005 entdeckt, allerdings hier mit einer vorher noch unbekannten Form des Erregers »Candidatus Liberibacter americanus«. Seither ist das gefährliche Duo in ganz Amerika unterwegs, in den Zitrusplantagen Floridas über Texas bis Kalifornien, in Mittelamerika und auch in Brasilien.

Gefährlich wird es vor allem im Frühjahr, wenn die frischen Orangen ihre jungen Triebe schieben. Dann fliegen die winzigen Blattflöhe in die Plantagen ein und setzen sich auf die jungen weichen Blätter. Ein Stich mit dem Saugrüssel genügt, um einen Baum zu infizieren und ein infizierter Baum reicht aus, um Hunderte weitere erkranken zu lasse. Für eine ordentliche Infektion reicht es, wenn der Floh eine halbe Stunde an den Blättern eines Orangenbaums saugt.

Angefeuert wird die Epidemie durch die Orangenbäume selbst. Wenn sie befallen werden, produzieren sie einen Aromastoff, genannt Salicylsäure-Methylesther. Dies in Mengen, die wiederum die Blattflöhe anlocken. Damit ist die Weiterverbreitung garantiert. Unter der Wirkung des Aromastoffs verändert auch der infizierte Blattfloh sein Verhalten. Er fliegt schneller und damit weiter als sonst. So kann die Krankheit größere Entfernungen überwinden und die Epidemie weiter ins Land tragen.

Wie der Gelbe Drache in die beiden Amerikas gelangen konnte, wissen die Wissenschaftler am brasilianischen Zentrum für Zitrusforschung »Funde Citrus« bisher noch nicht. Das Einzige, was sie mit Sicherheit sagen können, ist, dass das Gespann des Gelben Drachen und die Zitrusbäume das gleiche Klima schätzen, nämlich subtropisch, warm und feucht. Und bekannt ist auch, dass der Blattfloh als Überträger bei steigenden Temperaturen seine Fruchtbarkeit massiv steigern kann.

So beobachtete der Insektenforscher Helvecio Coletta Filha, am Centro de Citrocultra in Cordeiropolis, dass die Generationenfolge bei höheren Temperaturen von vier auf acht Zyklen pro Jahr nach oben schnellt. Und steigende Temperaturen sind genau das, was der Klimawandel bisher schon in den Orangengürtel gebracht hat und, so die Prognosen, ihm auch weiterhin bescheren wird. Damit könnte sich das Klima für den Gelben Drachen in den nächsten Jahrzehnten noch verbessern, und das wiederum stellt die Forschung heute schon vor neue Herausforderungen und die Praxis erst recht.

Das derzeit größte Problem für die Orangenindustrie des Landes sind nicht die massiven Ertragsausfälle durch den gelben Drachen, sondern vor allem die sauren Früchte. Denn wenn die Transportbahnen in den Bäumen erst einmal verengt oder blockiert sind, dann können sie nicht mehr genug Zucker von den Blättern in die Früchte transportieren. Ohne Zucker aber fehlt dem Orangenkonzentrat der Geschmack. Saure Früchte können ganze Chargen verderben. Ein Qualitätsverlust beim Saft wäre für das Image tödlich, also bleibt nur die radikale Vorbeugung. Aber auch die hat ihre Grenzen.

Die Kur gegen den Gelben Drachen beginnt, bevor die Bäume gepflanzt werden. Eigentlich dürften ausschließlich Jungpflanzen verwendet werden, die garantiert frei sind vom Bakterium des Huanglongbin. Das erreicht man nur in Baumschulen, in die die Mücken garantiert nicht eindringen können, in Hochsicherheitsgewächshäusern. Die kann man am Centro de Citrocultra in Cordeiropolis besichtigen. Zunächst muss der Gast eine Schleuse passieren, dort wird die Kleidung gewechselt und die Schuhsohlen werden mit einer Desinfektionslösung getränkt. Dann erst geht es auf das Gelände in den Hochsicherheitsbereich. Darin verbergen sich riesige Gewächshäuser, die mit einem feinen Gaze-Netz gegen die Außenwelt abgesichert sind. Undurchdringlich für Mücken jeder Art. Hinter dem Netz stehen in langen Topfreihen Jungpflanzen, die als Nachzucht in den Plantagen eingesetzt werden sollen. Keimfrei, jedenfalls bis sie in der Plantage sind. Dann jedoch beginnt der Wettlauf um die Lufthoheit.

Mit gelben Tafeln wird getestet, ob sich die Flöhe schon im Anmarsch befinden. Wenn ja, wird die chemische Abwehr in Stellung gebracht. Insektizide, eine ausgetüftelte Mischung, die die Angreifer schon treffen soll, bevor sie die Blätter der jungen Pflanzen erreichen. Aber das hört sich leichter an, als es in der Praxis ist. Dort warten zwei Probleme, zum einen die Nachbarn und zum anderen die Resistenzen, die sich gegen Spritzmittel aufbauen können. Die Gefahr von Resistenzen kann theoretisch durch einen regelmäßigen Wechsel der Wirkstoffe reduziert werden. Aber auch dieser Wechsel könnte an seine Grenzen kommen, wenn sich der Vermehrungszyklus der Mücken unter wärmeren Klimaten beschleunigt. Am Zentrum für Orangenforschung sucht Eduardo Giradi nach Alternativen, auch an biologischen Methoden wird gearbeitet. Eine Strategie funktioniert über einen Parasiten, ein Insekt, das seine Eier in die Larven der Flöhe legt und sie damit gar nicht erst erwachsen werden lässt. Noch wirksamer aber ist ein Pilz, der sich über die Larven ausbreitet und sie dann von innen aussaugt. Der ließe sich auch mit der chemischen Bekämpfung kombinieren, da Pilze nicht auf Insektizide reagieren.

Diese Alternativen bekämpfen die Flöhe, aber die stellt nur einen Teil des Problems dar. Der andere liegt im Bakterium, und das kann weder mit chemischen Duschen noch mit Pilzen oder Parasiten erreicht werden. Das Bakterium lebt unangreifbar tief in den Gefäßbahnen der Bäume und bleibt so gegen alle Kampfstoffe von außen immun. Die Industrie fordert eine Radikalkur mit der Kettensäge. Befallene Bäume sollen abgeschnitten und ausgemerzt werden. Ein solcher Kahlschlag brächte zwar Entspannung, wäre aber auch keine Lösung, denn das eigentliche Problem bei der Bekämpfung, sagt Eduardo Giradi, ist ein soziales: die sozialen Beziehungen innerhalb der Nachbarschaft zwischen den großen Farmen, den Kleinbauern und denen, die ihre Landwirtschaft nur noch als Hobby betreiben. Die Gefahr des

Gelben Drachens wird je nach wirtschaftlichem Gewicht ganz unterschiedlich wahrgenommen. Die Kleinbauern sehen nicht ein, warum sie sich von ihren Bäumen trennen sollen. Wenn die ersten Blätter gelb werden, übersehen sie das gerne, weil die Ernte zu Anfang noch nicht maßgeblich schrumpft. Erst muss sich das Bakterium vorarbeiten. Bis es zu größeren Ernteausfällen kommt, kann es drei bis vier Jahre dauern. Erst dann geht es mit den Erträgen massiv bergab: von 40 bis 60 Tonnen auf weniger als 15 Tonnen pro Hektar. Für Eduardo Giradi steht fest: Wenn nicht alle bei der Bekämpfung des Flohs an einem Strang zögern und rechtzeitig das Arsenal von Chemie und Biologie zum Einsatz brächten, sei langfristig kein Erfolg zu erzielen.

Noch schwerer aber sei es in den Hausgärten, wo die Orangenbäume mit zur Familie gehörten. Hier helfen nur großzügige Angebote. Wie dies: Wenn der Zitrusbaum fällt, dann bekommt die Besitzerfamilie auf Lebenszeit die Apfelsinen von Verband der großen Produzenten ersetzt. Aber auch das reicht nicht, um den Gelben Drachen zu vertreiben, denn er weicht aus und versteckt sich dort, wo die Abwehr nicht hinkommt und die Gegenwehr sehr gering ist, in den Ziersträuchern der Privatgärten. Einer davon sei der in Brasilien so beliebte Orangen-Jasmin, klagt Eduardo Giradi. Aus diesem Rückhalt könne der Blattfloh jederzeit wieder angreifen, am liebsten in frisch angepflanzte Plantagen, weil dort die Blätter am leichtesten anzustechen seien.

Auch wenn sich die Produktion von Orangen vor allem in den Staaten São Paulo und Minas Gerais, im Zitrusgürtel Brasiliens, konzentriert: Orangen blühen überall in Brasilien. Das Land ist viel zu groß und die Menge der Zitrusplantagen mit 750 000 Hektar unüberschaubar. Bisher konnte die Infektion zwar auf 15 Prozent der Fläche beschränkt werden, rechnet Moricio Coelho vor. Aber eine Möglichkeit, die Krankheit effektiv zu bekämpfen oder in Schranken zu halten, gibt es bisher nicht.[2]

2 Roland Knauer, »Droht das Ende der Orangen?«, a.a.O.

Das mussten auch die Farmer Floridas lernen, bei denen die Epidemie noch viel größeren Schaden angerichtet hat. Dort hat der Gelbe Drache fast die gesamte Orangenfläche (80 Prozent) erobert. Dies wäre aus brasilianischer Sicht zu verhindern gewesen. Doch im Gegensatz zu Brasilien lehnen die Farmer in Florida das Ausrotten der infizierten Bäume strikt ab. Für sie gilt es, ihre Bäume so lange in der Produktion zu halten wie möglich. Sie versuchen, die Widerstandskraft der Bäume durch stärkere Düngung zu erhöhen. Und sie verwenden Techniken, die mehr von Hoffnung als von Wirkung getragen sind. Auf der amerikanischen Versuchsfarm in Vero Beach, Florida, wurden breite, reflektierende Folien zwischen den Bäumen ausgelegt in der Hoffnung, dass sich dadurch die Temperatur erhöhen und die Flöhe sich so von ihrem Angriff abschrecken ließen. Den Gelben Drachen konnten sie damit jedoch nicht beeindrucken.

Und so schrumpfen die Ernten in Florida immer stärker. Im Dezember 2015 kündigt das U.S. Department of Agriculture an, dass die Orangenernte 2016 voraussichtlich um 20 Prozent niedriger ausfallen werde, ein Verlust von 74 Millionen Kisten. Das wäre die kleinste Ernte seit 50 Jahren. Das war Anlass für den Landwirtschaftsminister Floridas, Adam Putnam, öffentlich zu fragen, wie lange die 10-Milliarden-Dollar-Industrie in Florida überhaupt noch überleben werde. In jedem Jahr müssten 2,3 Millionen Orangenbäume nachgepflanzt werden, um den Ausfall durch den Gelben Drachen auszugleichen.[3] Doch bisher fehlt es an Taten.

Florida als größter Orangenproduzent Nordamerikas, das ist die Überzeugung von Eduardo Giradi, wird seine Zitrusplantagen so nicht retten können. Das Einzige, was dort helfen

3   Greg Allen, »How Long Can Florida's Citrus Industry Survive?«, *National Public Radio*, 27.11.2015, https://www.npr.org/sections/thesalt/2015/11/27/457424528/how-long-can-floridas-citrus-industry-survive

würde, sei ein radikaler Kahlschlag und ein Neuanfang wie in Brasilien. Aber davon sind die Bauern in Florida noch weit entfernt. Sie hoffen vielmehr auf neue Züchtungen. Da es bisher keine resistente Zitrusvariante auf der Welt gibt, setzen sie ihre Erwartungen auf die Gentechnik. Sie soll die Widerstandskraft schaffen, die die Natur bisher nicht zur Verfügung stellen kann. Ein Gen der Spinatpflanze könnte die Lösung bringen, doch bisher ist davon noch kein Klon in der Praxis angekommen. Auch das Centro de Citrocultra im brasilianischen Cordeiropolis arbeitet in diese Richtung. Doch bisher gibt es noch nicht einmal eine Genehmigung für Freilandversuche, und selbst wenn Erfolge im Labor zu vermelden wären, würde es noch Jahre dauern, bis eine solche Pflanze auf den Farmen angepflanzt werden könnte.

Könnte ein Umzug der Orangen in andere Landschaften, in die der Gelbe Drache noch nicht vorgedrungen ist, eine Lösung sein, und die Orangenindustrie Brasiliens und Floridas retten? »Da gibt es kein Entkommen«, erklärt der Experte Eduardo Giradi. Wenn der Anbau wandere, wandere auch der Drache, denn beide, der Zitrusbaum und der Drache, liebten das gleiche Wohlfühlklima zwischen 12 und 35 Grad. Darüber hinaus sei die Infektion längst über ganz Amerika verteilt, nur aus Panama habe man noch nichts von einem Befall gehört. Die Welternährungsorganisation FAO schätzt, dass HLB inzwischen weit mehr als 100 Millionen Zitrusbäume weltweit vernichtet hat, allein für Florida wird der Schaden auf eine Höhe von mindestens neun Milliarden Dollar geschätzt.

Die Zitrusplantagen in Europa wurden bisher zwar noch verschont, doch ein Teil des Tandems wurde bereits gesichtet. 1994 tauchte der Blattfloh »Trioza erytreae« auf Madeira auf, 2002 meldeten die Kanarischen Inseln das Insekt, 2014 erreichte es das europäische Festland, die Iberische Halbinsel. Seither macht sich Alarmstimmung breit. Der gefährliche Blattfloh wurde im Norden Spaniens und in Portugal gesichtet. Doch bisher sind die Symptome des Gelben Drachens in Europa noch nicht zu erkennen. Vielleicht, weil das Bakterium seinen Weg über das Meer noch nicht gefunden hat. Doch die Orangenbauern auf der Iberischen Halbinsel sind skeptisch. Warum sollten gerade sie verschont bleiben, wenn Asien, Afrika und Amerika fast flächendeckend heimgesucht wurden? Spanien als größter Orangenproduzent in Europa hat viel zu verlieren. Und die Europäer ebenfalls. Wenn die Region Valencia vom Gelben Drachen befallen würde, dann wäre nach dem Saft aus Brasilien auch die Ernte der frischen Orangen aus Spanien in Gefahr.

Allerdings nicht überall. Es gibt Hoffnung. Das zeigt ein Besuch auf der Hazienda von Friedrich Lehmann in Gibraleon, im Südwesten Spaniens, etwa 20 Kilometer nördlich der Atlantikküste. Seine 50-Hektar-Hazienda Jelanisol & Montebello hebt sich von seinen Nachbarn ab. Statt in betonhartem roten Boden wachsen bei ihm die Orangenbäume in lockerer Erde im Grünen. »Da kann man ruhig mal reinfassen«, ermuntert Friedrich Lehmann den Besucher. Ein Spaten hilft bei der Exkursion in die Tiefe. Wenn die Gräser, Lupinen und Wildkräuter zur Seite geschafft sind, hat man freien Blick auf die Würmer, Asseln und Tausendfüßler im Untergrund.

Permakultur und lebendiger Boden: Das ist das Rezept von Friedrich Lehmann. Er ist als Orangenbauer ein Selfmademan. Ein Zufall hat ihn auf die Plantage in Gibraleon gebracht. Zuvor hat er als Biofruchtimporteur gearbeitet und dabei seine Passion für die Grundlagen der Landwirtschaft entdeckt. Für ihn ergibt das Wirtschaften nur Sinn, wenn dabei die Natur ebenso gut wegkommt wie die Menschen, die davon leben. Und das nicht nur heute, sondern über Generationen hinweg. Für Lehmann muss Landwirtschaft enkeltauglich sein. Und wie das in natura aussieht, zeigt er gerne bei einem Rundgang durch sein Paradies.

Neben den Orangenbäumen wachsen Avocadobäume, Granatapfelbäume und Kumquatsträucher, und auf dem Boden blühen Kräuter und Klee. Die Kulturen werden eingegrenzt durch eine acht Meter breite Hecke, auch hier blüht Vielfalt. Die Hecke ist nicht nur die Grenze und ein Schutz gegen den Wind. Sie gewährt auch Vögeln, Wildtieren und Insekten Zuflucht vor dem Nebel der Chemiespritzen in der Nachbarschaft. Auf Jelanisol & Montebello sind sie willkommene Helfer im großen biologischen Kreislauf, den Friederich Lehmann hier in Gang gesetzt hat.

Auf seiner Hazienda verzichtet er auf Chemie und Kunstdünger, dafür setzt er Kompost ein und hilft dem Boden mit organischen Stärkungsmitteln wie Terra Preta und effektiven Mikroorganismen auf die Sprünge. Er sieht seine Orangenbäume von den Wurzeln her. »Wenn da unten alles in Ordnung ist, dann siehst du es auch oben«, erklärt er und weist auf das satte Grün seiner Bäume. »Wenn ich da mal ein gelbes Blatt sehe, dann weiß ich sofort, wo ich hingucken muss, wo die Ursache liegt, hier unten im Wurzelraum.« Und mit seiner Sicht von unten hat er unübersehbar Erfolg. Die Orangen leuchten, die Ernte verspricht viel und, um die Probe aufs Exempel zu machen, pflückt er eine frische Frucht und schält sie im Schatten der Bäume. Überzeugend im Geschmack. Seine Ernten von Orangen, Avocados, Granatäpfeln und Kumquats sind Eins-a-Qualitäten, die er in Deutschland aus den Händen gerissen bekommt. Er hat einen Kontrakt mit einem deutschen Biogroßhändler, der ihm für die nächsten Jahre seine gesamte Ernte abnimmt, und dies zu einem Preis, der dem Zehnfachen seiner konventionellen Nachbarn entspricht.

Dahinter stecken mehr als zehn Jahre Aufbauarbeit. Als Lehmann die Plantage vor 15 Jahren übernommen hat, war der Boden genauso steinhart wie bei seinen Nachbarn. Er hat viel gelernt in den Jahren und weiß heute, dass die besten Orangen nur dort gedeihen, wo der Boden lebt, und wo der Wasserhaushalt funktioniert. Das ist im Süden Spaniens mit den heißen und trockenen Sommern eine Herausforderung. Doch auf der Hazienda von Friedrich Lehmann scheint auch das geglückt. Etwas unterhalb des höchsten Punktes hat er Teiche angelegt, die zur Regenzeit die Wassermassen auffangen und dann langsam wieder ins Erdreich entlassen. Eine Art natürliche Bewässerung, die kostengünstiger und nachhaltiger ist als die der Sprinkler und Wasserwerfer seiner Nachbarn. Das bringt ihm auch wirtschaftliche Vorteile. Seine Wasserrechnung ist um ein Viertel gesunken. Seine Stromrechnung hat sich halbiert. Und seine Produktion konnte er innerhalb von fünf Jahren verdoppeln.

Heute gehört Jelanisol & Montebello zu den Vorzeigebetrieben, die unter dem Label »Demeter« laufen. Seine Permakultur erfüllt mehr, als die Demeter-Richtlinien verlangen. Das haben ihm auch Wissenschaftler des Forschungszentrums für Agrarökologie, Wasser und Resilienz an der Universität Coventry bescheinigt. Für Lehmann ist die Permakultur mehr als eine landwirtschaftliche Anbaumethode, für ihn ist sie ein ganzheitliches Lebensprinzip. Und er ist stolz darauf, dass er mit seiner Methode keine Kosten auf die Umwelt überträgt. Kein verpestetes Wasser, kein toter Boden, kein Chemieregen, der Insekten, Schnecken und Vögel umbringt. Er hinterlässt keine versteckten Lasten für zukünftige Generationen.

Und was ist, wenn der Gelbe Drache doch noch den Weg nach Spanien finden sollte? Lehmann setzt auf seine robusten Pflanzen und auf die Vielfalt auf seiner Hazienda. Die ist bisher mit allem fertiggeworden. Huanglongbing kann ihn nicht erschrecken. Wenn die Orangenplantagen der Welt im Klimawandel unter wachsenden Druck von Krankheitserregern geraten und ihre Produktion zurückfahren müssen, dann nicht zuletzt wegen Monokultur und Massenproduktion. Friedrich Lehmann setzt dagegen auf Vielfalt und Klasse. Ob dies den Gelben Drachen milder stimmt, ihn abdrehen lässt, weil die Futtergrundlage zu widerständig, zu vielfältig und damit zu mager ist? Solange es kein wirklich wirksames Rezept gibt gegen die Epidemie, und solange diese durch den Klimawandel eher ermutigt wird, ist der Rückgriff auf die Selbstheilungskräfte der Natur sicher nicht die schlechteste Idee.

7

DAS ENDE DER FRÜHKARTOFFELN.
DAS WASSERPROBLEM AM NIL

Spargel und Frühkartoffeln gehören zusammen. Und es gab eine Zeit, in der sie auch zusammen geerntet wurden, in Deutschland direkt vor der Haustür. Allerdings nicht so früh wie heutzutage. Der Grund liegt in den Temperaturen. Kartoffeln lieben es warm. Wenn sie gepflanzt werden, muss sich der Boden mindestens auf acht Grad erwärmt haben. Diese Temperatur wird bei uns frühestens im März im Rheintal und in den Heidelandschaften Norddeutschlands erreicht. Und auch nur auf leichten und luftigen Böden. Um neue Knollen zu bilden, braucht die Kartoffelpflanze dann mindestens noch drei Monate. Erst ab Mai/Juni können die frühen Kartoffeln also in unseren Breiten geerntet werden. Für die Spargelsaison, so, wie wir sie heute erleben, zu spät. Die beginnt schon im März für die Importe und für den einheimischen Spargel mittlerweile schon im April. Allerdings nur, wenn der Bauer mit einer Plastikfolie nachhilft. Diese entwickelt dann einen Treibhauseffekt, durch den sich der Boden früher erwärmt als unter freiem Himmel.

Weiter im Süden, am Mittelmeer, spielt diese Temperaturschranke der Natur keine Rolle. Hier ist der Boden das ganze Jahr über der Sonne ausgesetzt, und so können wir schon ab Februar Frühkartoffeln kaufen. Und wem dann schon nach Spargel zumute ist, der kann ebenfalls von der Sonne des Südens profitieren. Aus dem Mittelmeerraum kommen auch die Spargelstangen ab März, also zeitgleich mit den frühen Kartoffeln aus Nordafrika. Obwohl Deutschland selbst ein Kartoffelland ist, bei den Frühkartoffeln gewinnen die Importeure. So werden im Schnitt 130 000 Tonnen Frühkartoffeln importiert, der größte Teil aus Ägypten. Dabei ist die Kartoffel dort keineswegs heimisch gewesen. Sie ist ein Zuwanderer und stammt aus der englischen Kolonialzeit.

Die Knollen wurden während des Ersten Weltkriegs eingeführt, um die britischen Truppen zu versorgen. Damals ermunterten die britischen Besatzer die Bauern im Nildelta, die Knollen mit in ihren Kulturenkalender aufzunehmen. Doch zunächst blieben die Ernten klein, was nicht zuletzt an der schlechten Qualität des Pflanzguts lag, das damals zur Verfügung stand. Das änderte sich nach 1961. Ertragreichere Sorten und Bewässerung brachten den Kartoffelanbau in Schwung. Wasser war damals in Nilnähe noch in Fülle zu haben. So konzentrierte sich der Kartoffelanbau am Fluss und im Delta. Neuerdings werden auch in der Wüste zwischen Kairo und Alexandria Kartoffeln angebaut, allerdings kaum noch von Bauern, sondern von Agrarkonzernen, die sie vor Ort schon weiterverarbeiten. Ägypten konnte so zum größten Frühkartoffelanbauer und -exporteur der Welt aufsteigen.

Wer zur Ernte der Frühkartoffeln im März durch das Nildelta reist, der erlebt eine Welt, die nichts mit der Agrarindustrie zu tun hat, die in der Wüste ihre Kartoffelplantagen ausgerollt hat. Die Welt im Delta erinnert auch im 20. Jahrhundert immer noch an die Zeit der Pharaonen. Das Getreide wird noch mit der Sichel geschnitten und ohne Maschinen mit Dreschflegeln unter freiem Himmel gedroschen. In Säcken abgefüllt, wird es auf Esel oder Kamele – noch immer die wichtigsten Haupttransportmittel im Delta – verladen. Das Delta verdankt seine Fruchtbarkeit dem Nil, genauer seinem Schlamm, den er auf seinem Weg aus den Bergen jenseits der Wüste mit nach Norden bringt. Früher warteten die Bauern, bis der Nil ihr Land überschwemmt hatte. Im fruchtbaren Schlamm wurde dann alles angebaut, was Ägypten ernährte. Noch heute heben Pumpenräder das Wasser des Nils aus einem weitläufigen Kanalsystem in die Felder. Ochsen oder Esel ziehen einen Hebelarm im Kreis, der wiederum das Räderwerk der uralten Pumpen in Bewegung setzt. Auch heute noch lebt jeder vierte Ägypter von der Landwirtschaft, die meisten unter archaischen Bedingungen.

Einer von ihnen ist der Bauer Al Sadad. Er wirtschaftet auf einer Fläche (0,9 Hektar), die nicht einmal die Größe eines Fußballfelds hat. Auf seinem Hof tuckert kein Traktor, zischt keine Bewässerungsdüse, hier wird die Arbeit mit der Hand erledigt. Die ganze Familie packt an. Und wenn deren Kraft nicht reicht, Arbeitskräfte gibt es genug im Delta. Die Arbeitslosigkeit ist hoch in Ägypten. Seit Generationen schon leben die Al Sadads von der Landwirtschaft. Aber am besten leben sie von den Frühkartoffeln, denn die gehen in den Export und bringen mehr Geld ein als die Kartoffeln, die für den Wochenmarkt in Kairo oder Alexandria bestimmt sind.

Im März beginnt die erste Ernte des Jahres. Ein Esel zieht mit einem Pflug über den Acker der Al Sadads und legt die ersten Kartoffeln des Jahres frei. An ihrer Schale klebt noch der rostrote Boden des Schwemmlands. Erntehelfer sammeln sie in großen Körben und wuchten sie auf einen Eselskarren. Damit ist der erste Schritt zum Export getan. Der Bauer verkauft seine Kartoffeln über eine Genossenschaft an die großen Exporteure. Vorher werden sie jedoch noch sortiert. Die ganz großen und die zu kleinen landen auf einem extra Haufen. Nach Europa geht nur ausgesuchtes Mittelmaß. Die großen bleiben im Land. Die ägyptische Hausfrau liebt Kartoffeln im XXL-Format.

Die Familie Al Sadad erntet drei Mal pro Jahr, im März, im Oktober und im Dezember. Das Klima gibt das her und der Boden auch. Solange das alte Wasserrad noch Nilwasser in die Kanäle zwischen die Felder pumpt, ist die Ernte sicher. Doch diese Sicherheit bröckelt. In den letzten Jahren schwankten die Regenmenge und der Pegel des Nilwassers. Der Winterregen, auf den die frühen Knollen angewiesen sind, macht sich rar. Solange jedoch der Nil fließt, kann das Defizit ausgeglichen werden.

Das denken auch die Investoren, die etwas abseits im Westen des Nils damit begonnen haben, die Wüste zum Leben zu erwecken. Auf sogenanntem »New Land« haben sie ihre Plantagen abgesteckt. »New Land«: Das ist zunächst einmal nichts als ein Versprechen, das auf Sand gebaut ist. Wüstenboden und damit eigentlich unfruchtbar. Aber mit Hightech, Beregnung, künstlichem Dünger und Agrarchemie soll aus dem Versprechen »New Land« entstehen. Produktive Landschaften.

Der Sandboden ist ideal für Kartoffeln, besonders für große, wie sie für die Pommes-frites-Maschinen benötigt werden. So hat auch einer der Großen des Pommes-frites-Geschäfts, die niederländische Firma Farm Frites, hier in der Wüste zwischen Kairo und dem Delta ihre Rohstoffgrundlage gefunden. Die Fläche von Farm Frites ist gemessen an den Höfen der Kleinbauern im Niltal gigantisch. 10 000 Hektar bewirtschaftet das Unternehmen. Hier geht es zu wie am Fließband. Große Traktoren ziehen große Pflugscharen, die aus dem Sand steile Dämme formen, in denen die Kartoffeln wachsen sollen. Noch ist der Boden unbelebt. Aber das wird sich in den nächsten Tagen ändern. Leben stiftet hier ein gewaltiges Röhrenwerk, das sich über mehr als 100 Meter über den Acker spannt, eine Beregnungsmaschine. Sie steht auf Rädern und rollt langsam an den Dämmen entlang, während der künstliche Regen aus einer Unzahl von Düsen auf die Sanddämme regnet.

In dieser Industriekulisse scheint der Mensch überflüssig. Hier haben die Maschinen übernommen. Auch bei der Ernte, diese wird von großen Vollerntern erledigt. Mit einer breiten Grabeschaufel machen sie sich über die Dämme her, fressen sich durch den Sand und lassen die Kartoffeln auf einen Rost fallen, der in ein Förderband übergeht. Während der Sand durch die Ritzen zurück auf den Acker rieselt, landen die Kartoffeln auf einem Kontrolltisch. Dort greifen emsige Hände zu. Was nicht der Norm entspricht, fällt hier direkt zurück auf den Boden. Am Feldrand übernehmen Container die frische Ernte.

Kaum aus dem Wüstensand geholt, rollen die Frittenkartoffeln schon über ein Förderband in die Fabrik. Zunächst geht's durch die Waschanlage, wo sie geschält herauskommen, anschließend fallen sie in das Schnittwerk, das die Kartoffeln zu handlichen Fritten schneidet. Von dort ziehen sie weiter durch einen öligen Regen. Hier kommt das Aroma in die Fritten und nach einigen Trocknungseinheiten landen sie dann frisch frittiert in großen Kisten. Nachschub für die Fastfoodketten. Große Lastwagen bringen sie in die Städte oder in den nächsten Hafen. Das Geschäft brummt auch beim Export. Vor allem der Norden Europas profitiert von der Kartoffelindustrie am Nil. Die Chance, gleich drei Ernten im Jahr einzufahren, verschafft ihr einen erheblichen Standortvorteil vor den europäischen Anbauern, die noch überwiegend mit einer Ernte leben müssen.

Auch bei Biokartoffeln beginnt Ägypten, seinen Marktanteil auszubauen. Auch hier hat die Agrarindustrie übernommen. Hend Kassab, Kartoffelexpertin der US-amerikanischen Firma Daltex, zeigt dem Besucher, wo in Zukunft die frühen Biokartoffeln für den deutschen Markt wachsen werden. Auch Daltex hat sein Unternehmen in den Sand der Wüste gesetzt. Auch hier im Wadi El Natrun rollen Regenmaschinen über den planierten Wüstensand. Wenn der Sandboden richtig durchwässert ist, nach etwa zehn Tagen, soll es mit dem Pflanzen losgehen. Immerhin ist hier der Mensch nicht ganz aus dem Spiel. Daltex beschäftigt noch 50 Arbeiter auf der firmeneigenen Farm 100 Kilometer nördlich von Kairo.[1]

Nach der Ernte wird der Kartoffelhändler Ahmes Shish die Ware weiterverkaufen. Am liebsten macht er seine Geschäfte mit Russland und Deutschland. Dort kann er die höchsten Preise

---

1 https://www.youtube.com/watch?v=OCMd72Stfqg

erzielen. Er versteht nicht, warum gerade die Deutschen sich immer noch mit Frühkartoffeln abmühen, in ihrem trüben und kalten Klima, wo Ägypten doch zur gleichen Zeit viel bessere Kartoffeln liefern kann.

Ägypten steht auf Rang eins in der Weltkartoffelproduktion. Dass dafür große Mengen an Wasser verbraucht werden, weiß kaum jemand: Pro Kilo Kartoffeln für das Wachstum der Knollen rund 700 Liter.[2] Bei 2,6 Millionen Tonnen Kartoffeln pro Saison macht das rund 1,8 Milliarden Tonnen Wasser. Rund 280 Millionen Kubikmeter Wasser verlassen das Land auf dem Seeweg pro Jahr mit den rund 400 000 Tonnen Exportkartoffeln. Der größte Teil des Wassers kommt aus den Fluten des Nils, ein kleinerer aus einem Grundwasserspeicher unter der Sahara. Beide Quellen galten über lange Zeit als sicher, doch der Klimawandel und das Wachstum der Bevölkerung in Afrika stellen diese Sicherheit zunehmend infrage und damit auch den Kartoffelanbau Ägyptens.

Die Grundwasserreserve Nordafrikas stammt aus einer Zeit, als in der Sahara ein ganz anderes Klima herrschte. Üppige Vegetation und viele Niederschläge sorgten vor einigen Millionen Jahren dafür, dass selbst Elefanten und Krokodile dort leben konnten. Vor einigen Millionen Jahren existierte dort ein See von mehr als 250 Kilometern Länge. Forscher der Universität Boston fanden dies bei der Analyse von Luftbildern heraus. Die Überreste dieser gewaltigen Wassermassen sind im Untergrund versickert und bilden heute den wichtigsten Grundwasserspeicher der Region.

Er gehört zu den größten der Welt, aber er bekommt keinen Nachschub mehr und wird zudem immer stärker in Anspruch genommen. Algerien, Tunesien, Libyen und Ägypten konkurrieren um die schwindenden Vorräte. Jedes Land für sich fördert das Tiefenwasser mit mehr als tausend Pumpen. Insgesamt hängen mehr als 8000 Wasserstellen und Pumpstationen an

2   http://www.fao.org/potato-2008/en/potatoe/water.html

163

den unterirdischen Vorräten. Die Fördermengen haben sich in den letzten Jahren immer weiter erhöht. Nicht zuletzt, weil der frühere libysche Revolutionsführer Muammar al-Gaddafi zur Jahrtausendwende ein gigantisches Projekt verwirklichen wollte.

Es sollte als achtes Weltwunder, als »Great-Man-Made-River-Projekt«, in die Geschichte eingehen. Ziel war es, eine Wasserpipeline zu bauen, die aus den Grundwasservorräten der Sahara gespeist wird, und vier Millionen Kubikmeter Wasser pro Tag fördern sollte. Die Riesenröhre sollte das Wasser aus der Sahara bis nach Tripoli, in die anderen Städte des Landes und in die Landwirtschaft Libyens leiten. Es sollte der größte von Menschenhand bewegte Strom der Welt werden. Doch Geowissenschaftler hatten schon zu Baubeginn gewarnt, dass der See unter der Sahara in wenigen Jahrzehnten erschöpft sein könnte. Das Projekt wurde zwar 2011 durch die Bombenangriffe der NATO auf Libyen teilweise zerstört, doch an der grundsätzlichen Aussage über die Endlichkeit der Wasserreserven Nordafrikas hat sich nichts geändert. Es wird irgendwann knapp werden, auch für die Kartoffelanbauer in Ägypten, die heute noch unbekümmert aus Tiefbrunnen Wasser in ihre Wüstenfelder pumpen.

Auch wer das Nilwasser nutzt, ist damit nicht auf der sicheren Seite. Verantwortlich dafür ist nicht nur der Durst der wachsenden Bevölkerung am oberen Lauf des Stroms, sondern auch der Klimawandel, der zu einer Versalzung des Flusses führen könnte. Der Grund hierfür ist ein Anstieg des Meeresspiegels, der im Zuge der Erderwärmung durch das Abschmelzen der Gletscher des Süd- und Nordpols zu erwarten ist. Das Salzwasser des Mittelmeers wird dann bei steigendem Pegel in die Arme des Deltas gedrückt und damit werden die Böden und die Bewässerungskanäle versalzen.

Was das bedeutet, hat der Bauer Hajid Gnedis schon in Ansätzen zu spüren bekommen. Er wirtschaftet 80 Kilometer entfernt von der Mittelmeerküste in einem Gebiet, das den verheißungsvollen Namen »New Nubaria« trägt. Eine Wüstenregion von 250 000 Hektar Größe, in der 200 000 Bauern eine neue Heimat finden sollten, die im so genannten »alten« Land kein Auskommen mehr hatten. Die ägyptische Regierung hatte ihm dort Mitte der 1980er-Jahre Ackerland angeboten. 1987 unterschrieb er einen Vertrag über zwei Hektar Wüstenland mit einem kleinen Haus und einer Beregnungsanlage.

Aber schon nach zwei Jahren wuchs auf seinem Land nichts mehr. Weil es zu tief lag, wurde es immer wieder von salzigem Grundwasser überschwemmt. Kein Einzelfall, denn der Süßwasserspiegel sinkt und der steigende Meeresspiegel drückt immer mehr Salzwasser ins Landesinnere, das teils unter dem Meeresspiegel liegt.[3] Von New Nubaria sind inzwischen 15 Prozent versalzen und nicht mehr zu beackern, für Hajid Gnedis war das das Aus. Für viele andere, die im Delta wirtschaften, ist es eine Vorwarnung auf das, was noch auf sie zukommen könnte.

Für die Mitte des Jahrhunderts rechnen die Modelle des Weltklimarates IPCC mit steigendem Meeresspiegel. Das Nildelta gehört zu den Gebieten der Welt, die von einer Erhöhung des Meeresspiegels am stärksten betroffen sein werden.[4] Im Nildelta würde ein Anstieg des Meeresspiegels um nur 30 Zentimeter reichen, um die Stadt Alexandria und ihr Umland zu überfluten. Eine halbe Million Ägypter müssten dann weichen, und rund 200 Quadratkilometer Hinterland würden im Meer verschwinden. Umso erschreckender sind die Berechnungen des britischen Forschers Robert Nicholls: Er rechnet bis zum Ende des Jahrhunderts sogar mit einem Pegelzuwachs von zwei Metern.[5]

3   Thomas Kruchem, »Kooperation oder Krieg? Der Nil-Konflikt«, *SWR2 Wissen*, 4.1.2011.
4   IPCC Coastal Systems 2007, http://www.ipcc.ch/pdf/assessment-report/ar4/wg2/ar4-wg2-chapter6.pdf
5   Robert Nicholls et al., »Sea level rise and its possible impacts given a beyond 4 C world in the twenty-first century«, *Philosophical Transactions of the Royal Society*, London 2011.

Verstärkt wird der voraussehbare Einbruch des Meerwassers durch eine zu erwartende Verringerung des Nilwassers als Konsequenz einer folgenschweren politischen Entscheidung aus dem Jahr 2010. Im sogenannten Nilwasser-Übereinkommen hatte die damalige Kolonialmacht England 1929 zwar das Wasser des Nils nach eigenen politischen Interessen aufgeteilt. Danach erhielt Ägypten mit 55 Milliarden Kubikmetern den größten Teil der Nutzungsrechte. Der Sudan sollte einen wesentlich kleineren Teil (18 Milliarden Kubikmeter) nutzen dürfen. Damit waren 87 Prozent des Flusswassers verteilt. Die übrigen Staaten am Nil hatten sich mit dem Rest zufriedenzugeben. Aber 2010 wendete sich das Blatt. Die bisher rechtlosen Staaten am Oberlauf des Flusses schufen ihr eigenes Nilwasser-Übereinkommen. Äthiopien, Uganda, Ruanda, Kenia und Tansania teilten den Nil nach ihren eigenen Interessen auf, ohne dabei auf die alte Verteilung zugunsten Ägyptens Rücksicht zu nehmen.

Der Grund für diesen aggressiven Akt ist der Bevölkerungsdruck in der Region. Rechnet man alle derzeit mit Verträgen an den Fluss gebundenen Staaten zusammen, dann ergibt sich eine Bevölkerungszahl dieser Staaten von 330 Millionen (2009). Die Vereinten Nationen gehen in ihren Prognosen davon aus, dass diese Zahl bis 2050 auf das Doppelte (681 Millionen) ansteigen wird.[6]

Und damit nicht genug. Seit 2008 wird dieser Konflikt um das Wasser des Nils noch zusätzlich verstärkt durch ausländische Investoren, die im großen Stil Land- und damit Wasserrechte pachten und aufkaufen, vor allem in Äthiopien und Sudan. Getrieben wird diese großflächige Landnahme vor allem von Nahrungsmittelkonzernen aus Ländern, die heute ihre Bevölkerung nur noch zum Teil aus eigenem Anbau ernähren können: Südkorea, Indien, China und die Golfstaaten. Die Welternährungskrise 2008 hat ihnen gezeigt, dass sie

6   DSW, Soziale und demographische Daten zu Weltbevölkerung 2010.

nicht mehr mit stabilen Verhältnissen auf dem Weltmarkt rechnen können, dass die Preise innerhalb von Wochen um das Doppelte bis Dreifache steigen können. Am oberen Nil versuchen sie, die Rohstoffe für ihre Volksernährung zu sichern.[7]

Was sich am oberen Nil entwickelt, trifft den Lebensnerv Ägyptens. Der frühere ägyptische Präsident Sadat hatte auf Pläne, das Wasser des Nils im Oberlauf abzuzweigen, schon vor Jahrzehnten unmissverständlich gedroht: »Wer mit dem Nilwasser spielt, erklärt uns den Krieg!« Noch sind Äthiopien und der Sudan zu sehr in ihre inneren Auseinandersetzungen verstrickt. Die Wasserfrage besitzt zurzeit keine Priorität. Doch das könnte sich schnell ändern. Der Konflikt schwelt und wird durch neuere Berechnungen weiter angeheizt.

Hany Raslan berät die ägyptische Regierung in Wasserfragen. Er kommt zu dem Schluss, dass den Ägyptern zurzeit pro Kopf und Jahr nur noch 760 Kubikmeter Wasser zur Verfügung stehen. Tendenz fallend. Nach Einschätzung der Vereinten Nationen müssten es aber 1000 Kubikmeter sein, um die Grundbedürfnisse der Menschen zu erfüllen. Damit, so erklärt Hany Raslan, sei Ägypten schon heute auf dem Weg, von einer »Oase am Nil« zu einer »Vorwüste der Sahara« zu werden. Verträge, die dem Land keine festen Wassermengen garantieren, wie in der Vergangenheit, seien für Ägypten unakzeptabel.[8]

Was es heißt, wenn der Nil nicht mehr so viel Wasser liefert wie in der Vergangenheit, bekommen die Bauern jetzt schon zu spüren. Die ägyptische Wasserbehörde streicht ihnen bereits ihre Ration, die sie aus dem Nilwasser abzapfen dürfen. Einer der Ersten, der damit konfrontiert war, ist Hajid Gnedi. Er ge-

7 Lester R. Brown, »When the Nile run dry«, *The New York Times*, 1.6.2011.
8 Thomas Kruchem, »Kooperation oder Krieg? Der Nil-Konflikt«, *SWR2 Wissen*, 4.1.2011.

hört zu den Landbesitzern im Nildelta, die ihren Boden verpachtet haben. Auf seinen fünf Hektar ziehen acht Pächter im Sommer Baumwolle, Reis und Mais und im Winter Kartoffeln, Klee und Weizen. Die Rationierung bedeutet, dass sie nur noch an vier von zehn Tagen Wasser bekommen, um ihre Felder zu bewässern. An sechs Tagen läuft gar nichts, das reiche für seine Pächter nicht aus, klagt Hajid Gnedi. Die Lage am Fluss spitzt sich zu. Wenn ägyptische Bauern erstmals wirklich auf dem Trockenen sitzen sollten, könnte sich die Missstimmung leicht in Aggression und politische Unruhen verwandeln.

Doch das Wasser ist nicht die einzige Sorge, die die Kartoffelbauern zwischen Alexandria und Kairo umtreibt. Hinzu kommen die steigenden Temperaturen. Die großen Klimarechner des Internationalen Klimarates IPCC in Genf sagen Ägypten heiße Zeiten voraus. Die Vorboten sind schon zu spüren. So hat sich die Zahl der Tage mit extremer Hitze seit 1970 bereits verdoppelt. »Zukünftig könnte sich das Klima im Mittleren Osten und in Nordafrika derart verändern, dass die Existenz der Bewohner in Gefahr ist«, sagt Jos Lelieveld vom Max-Planck-Institut für Chemie in Mainz. Er versucht herauszufinden, wie sich die Temperaturen der Region jenseits des Mittelmeers in Zukunft entwickeln werden. Sein Ergebnis: Selbst wenn die Erwärmung der Erde verglichen mit der vorindustriellen Zeit auf zwei Grad begrenzt würde, werden die Temperaturen in dieser Region um das Doppelte steigen. Auf der Weltklimakarte des ICCP leuchtet der nördliche Rand Afrikas glutrot, als Glutofen im Klimawandel. Zur Mitte des Jahrhunderts würden die Temperaturen in den heißesten Phasen nachts nicht mehr unter 30 Grad sinken und tagsüber 46 Grad erreichen. Am Ende des Jahrhunderts könnten die Mittagstemperaturen sogar auf 50 Grad steigen. Außerdem sei zu befürchten, so Jos Lelieveld, dass Hitzewellen zehnmal öfter auftreten und länger anhalten würden als bisher. »Der Klimawandel wird die Lebensbedingungen im Nahen Osten und in Nordafrika signifikant verschlechtern«, so der Wissenschaftler.

Anhaltende Hitzewellen und Sandstürme könnten einige Regionen unbewohnbar machen.[9]

Temperaturen von 46 Grad am Tag und über 30 Grad des Nachts bringen die Kartoffeln an ihren biologischen Grenzen. Bei den gängigen Sorten, die auch in Ägypten angebaut werden, liegt die Wohlfühlgrenze bei 23 bis 25 Grad. Ab 35 Grad Celsius muss von einem »Nullwachstum« ausgegangen werden, so die Fachleute. Das heißt, die Pflanzen stellen ihr Knollenwachstum ein.[10] Jenseits von 40 Grad bricht ihr Kreislauf zusammen. Die eigene Kühlung über Verdunstung versagt, die Folge ist Hitzeschlag und Exitus.

Könnte die vorhersehbare Lücke auf dem Markt für Frühkartoffeln ausgeglichen werden? Israel gehört heute wie Ägypten zu den Hauptanbaugebieten für Europa. Besonders die Schweiz kauft die israelischen Frühkartoffeln. Dort haben sie 60 Prozent des Marktes erobert.[11] Aber auch für Israel zeigt die Klimakarte in Zukunft Rot. Dort werden ebenfalls Hitzewellen die Landschaft überrollen, auch dort wird es keine Abkühlung geben. Und die Quellen, aus denen Israel seine Landwirtschaft speist, sind ähnlich fragil wie in anderen Mittelmeerstaaten.

Der größte Teil des Wassers kommt aus dem Golan-Gebirge. Selbst wenn hier der Regen das Reservoir weiter auffüllen sollte: die Konflikte zwischen Israel und Palästina um das Wasser zeichnen sich bereits seit Langem ab. Das Missverhältnis in der Verteilung schafft schon heute politischen Sprengstoff. Beim Besuch des damaligen deutschen EU-Parlamentspräsidenten Martin Schulz im Jahr 2014 sorgte seine Frage nach der Verteilungsgerechtigkeit vor dem israelischen Parlament

9   http://www.wetter.de/cms/klimawandel-naher-osten-und-nordafrika-koennten-durch-hitzewellen-unbewohnbar-werden-2872853.html
10 http://www.topagrar.com/news/Acker-Agrarwetter-Ackernews-Hohe-Temperaturen-fuehren-zu-Stress-bei-Kartoffelpflanzen-1500588.html
11 https://www.schweizerbauer.ch/markt--preise/marktmeldungen/ueber-60-prozent-der-fruehkartoffeln-stammen-aus-israel-10767.html

für erhebliche Verstimmung auf israelischer Seite. Er fragte: »Wie kann es sein, dass Israelis 70 Liter Wasser am Tag benutzen dürfen und Palästinenser nur 17?«

Wie sich vor diesem politischen Hintergrund der Kartoffelexport des Landes weiter gestalten wird, ist mehr als unsicher. Die Bauern Israels nutzen zwar modernste Bewässerungstechnik in Form von Tröpfchenbewässerung, aber letztlich verbraucht der Anbau von einem Kilogramm Kartoffeln auch in Israel 700 Liter Trinkwasser. Unter dem Druck der Bevölkerungsentwicklung in der Region und des Klimawandels stellt sich immer deutlicher die Frage, wie viel Wasser die Landwirtschaft Israels noch exportieren darf.

Was heißt das für uns? So viel scheint jedenfalls sicher: Die Mittelmeerregion wird immer weniger zum Kartoffelangebot beitragen können. Der Frühkartoffelanbau wird nach Norden wandern, die deutschen Kartoffelbauern könnten sogar zu den Profiteuren des Wandels gehören. Allerdings merken auch sie bereits, dass die steigenden Temperaturen ihren Kartoffeln nicht guttun. 2014 hinterließen Temperaturen von mehr als 27 Grad in den Kartoffeldämmen Niedersachsens unerfreuliche Spuren in den Knollen. Sie reagierten mit Wachstumsrissen und Hohlherzigkeit.

8

SPANISCHE TOMATEN & CO.
WIRD DER GEMÜSEGARTEN ZUR WÜSTE?

Die Ebene von Almería ist der Gemüsegarten Europas, so wird diese Region jedenfalls in den Reden der spanischen Politik hochgehalten und als eine Art Wirtschaftswunder gelobt. Sie liegt im Süden der Iberischen Halbinsel, dort, wo das Mittelmeer in Sichtweite der Berge der Sierra Nevada an die Küste brandet. Doch das Wort »Garten« ist für das, was wir vor Ort sehen, schon mehr als eine Übertreibung, es ist Etikettenschwindel. Der »Gemüsegarten Europas« liegt unter silbergrauen Plastiktunneln, quadratkilometerweit ziehen sie sich die Küste entlang. Der Volksmund bezeichnet diesen Garten Europas treffender mit »el mar de plástico«, Meer aus Plastik. Es ist das intensivste Gemüseanbaugebiet Europas.

Mitten durch die Plastiklandschaft zwängt sich die Dorfstraße der Gemeinde El Ejido. Eine Zeltdachkolonie, die von Kleinbauern besiedelt wird, mehr zufällig als geplant, mehr vorübergehend als auf Dauer angelegt. Die Gewächshäuser stehen dicht an dicht. Unter dem Weißgrau der Plastikplanen wachsen Tomaten, Paprika, Wasser- und Honigmelonen, Gurken, Zucchini, Auberginen und grüne Bohnen, alles, was die Nordeuropäer das ganze Jahr über mit Sonne und Süden verbinden. 60 Prozent davon gehen in den Export. Ein Export, dessen Produkte zu mehr als 90 Prozent aus Wasser bestehen. Das ist das Problem.

Angefangen hat alles vor rund 40 Jahren. Almería hatte das, was man heute einen Standortvorteil nennt, ein unübersehbares Alleinstellungsmerkmal, auf das die Politiker und die Wirtschaftsplaner stolz waren: genügend Sonne auch im Winter, billige Arbeitskräfte und Wasser zu jeder Jahreszeit, jedenfalls zu Beginn, als die Zahl der Gewächshäuser noch übersichtlich und die der Gemüsebauern noch klein war. Doch der unersättliche Hunger Nordeuropas nach Tomaten und Co. zu jeder Jahreszeit lockte immer mehr Bauern ins Geschäft.

Und so wuchs die einst kleine Gemeinde von El Ejido von einigen Hundert auf 80 000 Einwohner an. Alle leben von den Produkten der Gewächshauslandschaft. Einer von ihnen ist José Maria. Er bewirtschaftet einen Familienbetrieb, wie fast alle hier. Bauern wie José Maria bilden das Rückgrat der Gemüseproduktion im Südwesten Spaniens. Vor zehn Jahren hat er den Betrieb von seinem Vater übernommen, in der Zwischenzeit viel investiert. Das Land alleine könnte gar nicht die Ernten bringen, die er heute verkauft. Der Sandboden taugt bestenfalls für Zwiebeln und Kartoffeln, aber nicht für den intensiven Gemüseanbau, nicht für sieben Ernten im Jahr, wie sie jetzt von ihm und vielen seiner Kollegen eingefahren werden.

Dazu braucht es mehr als nur Gärtnerglück, hier geht es vor allem um Technik, um Hightech. Ein Blick unter die Plastikdächer von José Maria offenbart eine Kulisse, die mit einem Gemüsebeet nichts mehr gemein hat. Rohre, Drähte, Pumpen, Container mit Dünger und Chemikalien und im Herzen des Unternehmens ein Computer, der den Kreislauf dieser Gemüsefabrik steuert. Er teilt den Pflanzen die Nährstoffe und das Wasser zu, das sie für ihre Hochleistung brauchen. In einem grünen Reaktor wird die Brühe zusammengerührt, die dann über das Schlauchsystem verteilt wird. Hochleistungspumpen fördern Hochleistungsfutter an die Wurzeln von Hochleistungspflanzen.

José Marias Spezialität sind Tomaten. Sie wachsen an Seilen, die von der Decke heruntergespannt sind, ihre Wurzeln haben keinen Bodenkontakt. Sie stehen in einer Mischung aus porösen Keramikkügelchen und werden durch dünne Schläuche, die im Wurzelbereich enden, tropfenweise mit Nährlösung versorgt: Tröpfchenbewässerung. Das sei schon anders als früher, erklärt José Maria, als das Wasser noch über Duschköpfe unkontrolliert von der Decke gefallen sei. Das sei blanke Verschwendung gewesen, der größte Teil des künstlichen Regens sei schon in der Luft verdampft. Was bei den Wurzeln ankam, sei gerade ein Zehntel dessen gewesen, was von den Pumpen ins Netz gedrückt worden sei. Heute kommt fast alles, was durch die Leitungen läuft, auch dort an, wo es gebraucht wird. Und das ist nicht wenig. Denn eine Tomate von 70 Gramm benötigt bis zur Pflückreife rund 12 Liter Wasser.[1]

Die Früchte werden noch grün geerntet. Reifen können sie auf dem Transport nach Norden. Das ändere nichts am Geschmack, scherzt José Maria, der sei sowieso eine Illusion. Das bestätigt auch die chemische Analyse. Susanne Huyskens-Keil von der Humboldt-Universität zu Berlin erklärt, was den Gewächshausprodukten aus Almería fehlt. Es sind die sogenannten »wertgebenden« Inhaltsstoffe. So zum Beispiel Karotinoide, denen nachgesagt wird, dass sie die Widerstandskräfte gegen Krebs, Alzheimer und Diabetes stärken. Die Tomaten aus Almería können damit nicht dienen, denn sie haben sich nie aus natürlichem Boden ernährt. Ihre Früchte reifen nie in der Sonne aus. Sie sind nur Projektionsflächen für unsere Illusion von Sommer und Süden.

Für die Einkäufer der Supermärkte aus Deutschland spielt dies keine Rolle. Sie interessieren sich vor allem für die tadellose Form und den Preis. Und der wird so weit nach unten gehandelt, bis kaum noch ein Gewinn übrig bleibt. Mit dem Preis könne er nur leben, erklärt uns José Maria, wenn die Stauden schnell trügen, und dies möglichst lange und viel. Geschmack

---

1 http://files.dorner-verlag.at/onlineanhaenge/files/diercke360_wasserverbrauch.pdf

sei da nicht eingepreist. Es geht um Masse. Und dabei spielt vor allem das Wasser eine Rolle. Denn Wasser ist für José Maria nicht mehr umsonst, so wie früher, als unkontrolliert aus dem Untergrund gepumpt werden konnte. Heute gibt es strenge Regeln, heute zählt jeder Kubikmeter, der aus der Leitung fließt. Und wie viel er davon verbrauchen darf, wird von einer Selbstverwaltung festgelegt. Das hat ihn und seine Nachbarn auf die Idee gebracht, den Regen, der vor allem im Winter über der Küste niedergeht, zu sammeln. Seine Zisterne hat die Maße eines künstlichen Sees, sie fasst 1,2 Millionen Liter. Das reicht nicht für die gesamte Ernte, aber einen Teil kann er damit bewässern und Wasserkosten sparen, denn reich wird man als Gemüsebauer hier nicht so leicht.

Wassersparen gehört mittlerweile zum Standard in Almería, denn alle wissen, dass die Reserven schrumpfen. Die Sierra Nevada, das einstige Schneegebirge über dem Plastikmeer, hat längst ihre weißen Kuppeln verloren. Sie war der Wasserspeicher der Region, heute reichen ihre Vorräte nur noch wenige Monate, dann versiegen die Bäche aus den Bergen: Schneemangel. Gleichzeitig aber steigt der Durst in den Gewächshäusern. Nicht nur weil sieben Ernten mittlerweile zum Standard gehören, sondern auch, weil die sommerliche Hitze wächst und die Pflanzen unter Hitzestress setzt. Kühlen können sich Pflanzen in den Gewächshäusern nur durch Verdunstung, so wie die Menschen durch Schwitzen, und das kostet noch mehr Wasser. Ein Dilemma, aus dem die Gemüsebauern in El Ejido nicht herauskommen. Denn sie müssen produzieren.

Wer sich erst einmal dafür entschieden hat, in ein Gewächshaus zu investieren, der hat viel Geld aufgenommen, muss hohe Zinsen zahlen und diese müssen mit jeder Ernte erwirtschaftet werden. Allein für die Außenhaut, die keine normale Plastikplane ist, sondern eine Doppelwand aus Plastikhäuten, wird einiges fällig. Die Wände sind so konstruiert, dass sie bei Hitze geöffnet werden können, um die kühle Brise vom Meer einzufangen und die Feuchtigkeit der Pflanzen nach außen abzugeben. Im Winter bleiben die Wände geschlossen, um die Wärme der Wintersonne festzuhalten. Mit 300 000 Euro pro Hektar, sagt José Maria, sei er noch gut davongekommen, er bewirtschaftet zwei Plastikplantagen. Der Bank muss er dafür pro Monat rund 2 500 Euro für Zinsen und Tilgung zahlen. Das will erst einmal verdient werden. Pro Kilogramm Tomaten liegt sein Gewinn bei acht bis zehn Cent. Da kann er sich keinen Ausfall leisten.

Der Preisdruck, der von den großen Einkäufern auf die Bauern ausgeübt wird, landet in Andalusien nicht selten bei den Erntehelfern. Von den 80 000 Personen, die in der Region vom Gemüseanbau leben, sind 30 000 Erntehelfer und Einwanderer. Viele von ihnen ohne Papiere, viele kommen als Flüchtlinge aus Afrika. Sie hausen am Rande des Mar de Plástico. Häufig auch unter Plastikplanen, bei 50 Grad im Sommer, so wie in den Gewächshäusern, in denen sie die Tomaten für den Norden ernten. Ihr Lohn sollte bei 46 Euro pro Tag liegen, tatsächlich fällt er häufig geringer aus. Über unbezahlte Überstunden wird der Tariflohn gedrückt. Da rutscht der Tagesverdienst leicht unter 30 Euro, was die Gewerkschafter anprangern, aber nicht verfolgen können. Sie haben im Kreis der Illegalen keinen Rückhalt. Diese sind froh, wenn sie überhaupt eine Arbeit in Europa bekommen.[2]

Alles, was unter den Plastikdächern von El Ejido wächst, braucht erhebliche Mengen an Wasser, um auf Größe und Gewicht zu kommen. Allein die Tomaten verbrauchen pro Kilogramm rund 180 Liter Trinkwasser. Pro Jahr verlassen 2,7 Millionen Tonnen Obst und Gemüse die Provinz Almería. 600 000 Tonnen Tomaten, Paprika und Auberginen sind allein für deutsche Supermärkte. Dass mit dieser Ladung auch rund

2   Daniel Sulzmann »Pestizide satt? Die Anbaubedingungen in der südspanischen Provinz Almería«, *Deutschlandradio Kultur*, 23.3.2015, http://www.deutschlandradiokultur.de/pestizide-satt-die-anbaubedingungen-in-der-suedspanischen.979.de.html?dram:article_id=314750

150 000 Kubikmeter Wasser aus dem trockenen Andalusien in die regenreichen Regionen Nordeuropas fließen, die größte Menge nach Deutschland, hat bisher niemanden gekümmert – außer den Ökologen und Wasserexperten, die die spanische Umweltbewegung beraten. Doch bisher verhallten ihre Warnungen im Marktgeschrei der Gemüseindustrie Südspaniens.

Dass dieser Wasserexport auf Dauer nicht gut gehen kann, zeigt die Niederschlagsbilanz der Region. Tatsächlich fallen in Andalusien jährlich nur rund 200 Millimeter Regen pro Quadratmeter. Für den intensiven Tomatenanbau aber werden rund 1320 Millimeter Wasser pro Quadratmeter und Jahr benötigt. Die Differenz muss aus anderen Quellen gedeckt werden. Bisher zum großen Teil aus dem Grundwasser der Region Almería. Aber auch das hat seine Grenzen. Die Brunnenbohrer mussten ihre Rohre immer weiter in den Untergrund treiben, nun pumpen sie schon aus Tiefen von über 200 Metern. Der Grundwasserspiegel sinkt ab. Mit fatalen Konsequenzen. Meerwasser dringt in die leer gepumpten Hohlräume ein und untergräbt die Illusion vom Gemüsegarten Europas weiter.[3] Das Plastikmeer von El Ejido schwimmt zunehmend auf einem Salzsee, der vom Mittelmeer ins Land einsickert.

In diesem Klima der Bedrohung entstand der große Wunschtraum Andalusiens: eine Wasserpipeline quer durch Spanien. Argumentiert wurde mit großen Worten und Gesten, vom nationalen Wasserausgleich zwischen dem regenreichen Norden in den wasserhungrigen Süden war die Rede. 2004 sollte er durch einen Nationalen Wasserplan erfüllt werden. Vorgesehen war, in der Region Aragón die dortige Lebensader, den Fluss Ebro, anzuzapfen. Jährlich sollten bis zu einer Milliarde Kubikmeter Wasser von dort über einen 750 Kilometer langen Kanal bis nach Andalusien fließen. Ein gewaltiger und teurer Kanal, geplante Kosten: 4,3 Milliarden Euro. Das alles, um auch in Zu-

3   http://www.ernaehrungsberatung.rlp.de/Internet/global/themen.nsf/ ALL/5E15BD52B698B357C1257706005C8091?OpenDocument

kunft die Gemüsefabriken im Mar del Plástico mit ihrem wichtigsten Treibstoff, mit Wasser, zu versorgen.

Doch das Großprojekt stand unter einem schlechten Stern. Es musste von Anfang an mit einem Schatten kämpfen, ebenfalls ein Jahrhundertprojekt der Wasserwirtschaft, das schon Jahrzehnte zuvor beschlossen und gebaut wurde, heute aber wohl als gescheitert angesehen werden muss: der Tajo-Segura-Kanal. Er sollte Wasser aus der Stauseenlandschaft des spanischen Nordens, aus einer Region mit 1300 Staudämmen und einer Kapazität von 50 Kubikkilometern, über ein ausgetüfteltes Kanalsystem nach Süden lenken. Als Ausgangspunkt des Kanals wurde die Region Castilla-La Mancha auserkoren, dort, wo der Guadalajara in den oberen Tajo mündet. Die Bauarbeiten begannen 1966, dauerten 14 Jahre, erst 1980 rauschte das Wasser des Tajo über die Betonsohle des Kanals, über Brücken und durch Tunnel Richtung Madrid. Gewaltige Höhenunterschiede waren zu überwinden. Der Strom musste mit riesigen Pumpen um 260 Meter von 640 auf 900 Meter angehoben werden, um das notwendige Gefälle zu erreichen.

Der Tajo-Segura-Kanal war für ein Fassungsvermögen von 33 Kubikmetern pro Sekunde ausgelegt. Doch die erhoffte Menge kam nie im Süden an. Ein Berechnungsfehler der Ingenieure hatte die Wassermassen des Tajo überschätzt. Dennoch wurde weiter gepumpt, was der Tajo hergab. Mittlerweile muss er 60 Prozent seines Wassers am Oberlauf abgeben. Und so kommt es, dass immer weniger Wasser im Fluss selbst fließt. Mit fatalen Folgen für die Menschen am Mittel- und Unterlauf. Die Schadstofffracht im Großraum Madrid hat bedenkliche Ausmaße angenommen. In einigen Teilabschnitten ist das Tajo-Wasser so stark verschmutzt, dass es zu bestimmten Jahreszeiten nicht einmal mehr für die landwirtschaftliche Bewässerung eingesetzt werden darf.[4]

2015 eskalierte der Streit um das Wasser des Tajo. Die Bür-

4   Ralf Streck, »›Krieg ums Wasser‹ in Spanien«, *Telepolis*, 20.8.2015.

germeister in den Regionen Chillarón del Rey und Sacedón rebellierten. Sie konnten ihre Gemeinden nur noch mit Tankwagen versorgen und fürchteten, dass ihre Bewohner bald gar kein Wasser mehr bekommen würden, weil zu viel in den Süden geleitet wird. Eine Bürgerinitiative forderte »Stop Trasvase«, dem Tajo-Segura-Kanal sollte der Hahn abgedreht werden. Auch die zuständige Ministerin der Region forderte, die Ableitung »sofort« einzustellen. In den letzten vier Jahren sei doppelt so viel Wasser in Richtung Süden abgeleitet worden als im Durchschnitt der vergangenen 36 Jahre; der Guadalajara werde durch den Wassertransfer regelrecht ausgetrocknet, von den Stauseen am oberen Tajo seien nur noch Pfützen übrig.

Tatsächlich zeigen Daten der Wasserbehörden an, dass sich die Lage am oberen Tajo beständig zuspitzt. 2014 fielen in ganz Spanien zehn Prozent weniger Regen als im Durchschnitt. In den Gebieten, aus denen der Tajo sein Wasser bezieht, belief sich das Defizit sogar auf etwa 25 Prozent. Der Himmel verweigert sich den früheren Berechnungen der Wasserbauingenieure. Das Sinnbild für die Fehlkalkulation ist die Dorfkirche von Santa Romà. Sie steht wie ein Mahnmal im Stausee von Sau, ein kleines Dorf in Katalonien, nach dem der See benannt ist.

Der Stausee wurde vor rund 50 Jahren im Norden Spaniens errichtet, um die Wasservorräte des Landes aufzustocken. Das Dorf Santa Romà verschwand in den Fluten bis auf die Spitze seiner Bruchsteinkirche. Doch 2003, als die erste große Hitzewelle in diesem Jahrhundert über das Land zog, fiel das Wasser, und seither steht der Turm wieder frei. Eigentlich sollte der Staudamm immer zu mehr als der Hälfte mit Wasser gefüllt sein, so versprachen es die Planer, doch immer häufiger erreicht der Pegel nur noch einen Bruchteil davon.

Der Grund liegt im Niederschlag, der sich im Norden immer weiter zurückzieht. Der wichtige Winterregen über Spanien bleibt immer häufiger aus. Vor den Pyrenäen fehlen bis zu 130 Millimeter Niederschlag, was eine Verringerung um bis zu 60 Prozent, in manchen Regionen sogar um bis zu 80 Prozent, des langjährigen Durchschnitts bedeutet.[5] Die großen Regenfronten drücken sich an den Talsperren Nordspaniens vorbei, ohne sie maßgeblich zu füllen. Das wirft grundsätzliche Fragen auf. Wie viel Sicherheit bietet der Nord-Süd-Transfer von Wasser noch für den Süden Spaniens? Erweist er sich im Klimawandel als eine gigantische Fehlplanung? Spricht der Verlauf der Niederschlagskurve im Norden nicht schon heute gegen weitere Transferpläne? Trotz dieser Fragen, trotz der schlechten Erfahrungen mit dem Tajo-Segura-Kanal, forderte Andalusien auch nach der Jahrtausendwende hartnäckig seinen Kanal. Der Fluss Ebro sollte nach Süden gelenkt werden.

Doch noch bevor das Wasser floss, formierte sich der Widerstand. 400 000 Bürger gingen im Norden auf die Straße und forderten einen Stopp der Planung. Die spanischen Sozialisten signalisierten, dass der Bau des Ebro-Kanals überflüssig sei. Sie wollten das Geld lieber in die völlig veralteten Bewässerungssysteme Andalusiens stecken. Die Entnahme von Grundwasser sollte gefördert werden, und für besondere Fälle versprachen die Politiker sogar, Meerwasser-Entsalzungsanlagen zu bauen. Doch die spanischen Sozialisten konnten den ersten Spatenstich 2004 durch den damaligen spanischen Präsidenten Aznar nicht verhindern. Erst nach den Wahlen im April 2004, die sie an die Regierung brachten, stoppten sie das Projekt. Seither ruht der Plan, doch aufgegeben ist er nicht.

Der galizische Landschaftsplaner Javier Samper Calvete kommentierte die Lage mit den Worten: »Spanien leidet nicht unter Wasserknappheit, sondern unter Ideenknappheit.«[6] Denn auch ein Großprojekt wie das Anzapfen des Ebro wird das Grundproblem des Landes nicht lösen können. Und das besteht in der Zukunft seines Klimas. Die Wetterverhältnisse im

---

5   http://edo.jrc.ec.europa.eu/documents/news/EDODroughtNews
    201508.pdf, S. 5.
6   Martin Dahms, »Wasser für Andalusien«, *Berliner Zeitung*,
    4. 8. 2003, http://www.berliner-zeitung.de/16574490

Süden Spaniens gleichen sich immer mehr den Wetterverhältnissen Nordafrikas an. Das zeigt heute schon die Temperaturkarte der Europäischen Wetterbehörde »European Drought Observatory« (EDO). Nach ihren Aufzeichnungen nimmt die Zahl der tropischen Nächte im Süden Spaniens deutlich zu. Während Frankreich 2015 nur 30 tropische Nächte mit über 30 Grad erlebte, stieg das Thermometer südlich der Pyrenäen an mehr als 40 Tagen über diese kritische Marke.[7] Die Länge der Hitzewellen, die Tage mit Höchsttemperaturen, entsprachen 2015 schon denen der Nord-Sahara.

Wie sich dieser Druck im Süden Spaniens langsam aufbaut, davon kann der Ökobauer Jorge Moler schon ein Lied singen. Er arbeitet unter freiem Himmel, ohne Gewächshaus und ohne künstlichen Regen. Sein Wasser kommt aus den Bergen der Sierra Nevada. Früher trugen sie Jahr für Jahr Schnee und versorgten die Gegend mit sicherem Wasser bis in den Sommer hinein. Doch heute ist darauf kein Verlass mehr. Er weiß es aus erster Hand, denn sein Hof ist an ein System von Versorgungskanälen angeschlossen, die direkt aus der Sierra Nevada kommen. Ein System, das schon vor 2000 Jahren errichtet wurde und bisher für sicheres Wasser auf den Feldern am Fuße der Berge gesorgt hat. Doch nun beginnt es zu schwächeln. Der Ökobauer klagt, das auf seinen Feldern nur noch ein Bruchteil des Wassers ankomme, mit dem er früher habe rechnen können.

Er deutet auf die Sierra Nevada. Da oben entscheidet sich, was hier unten gesät und geerntet werden kann. Die Bauern der Gegend haben bisher ihre Aussaat nach der Dicke der Schneedecke oben in der Sierra Nevada ausgerichtet. Doch nun, da der Schnee ausbleibt? Er zuckt mit den Achseln. Jorge Molero hat beschlossen, im nächsten Jahr nur noch Sorten anzupflanzen, die wenig Wasser benötigen. Er würde gerne auf Tröpfchenbewässerung umstellen, wie die großen Gemüsebau-

---

7 http://edo.jrc.ec.europa.eu/documents/news/EDODroughtNews
   201508.pdf

ern in Almería. Doch ihm fehlt dazu das Geld. 5000 Euro bräuchte er, aber bei einem Monatseinkommen von ein paar Hundert Euro ist dieser Traum für ihn unerreichbar.

Jorge Molero ist nicht allein mit seinen Sorgen. Auch die konventionellen Bauern der Gegend kämpfen mit dem wachsenden Wassermangel. Die am andalusischen Institut für Agrarforschung und Beratung arbeitende Carolina Puerta will den Bauern helfen, das Wetter besser vorauszusehen.[8] Sie entwickelt eine Wettervorhersage für eine ganze Saison. Aus ihr sollen die Bauern erfahren, ob es im kommenden Jahr besser ist, auf Tomaten zu setzen oder lieber auf Früchte, die weniger Wasser benötigen, wie zum Beispiel Bohnen. Auch Drohnen will sie steigen lassen, um die richtigen Empfehlungen für Aussaat und Bewässerung zu geben. Die Luftüberwachung soll Bilder liefern, aus denen sie ablesen kann, ob die Pflanzen dursten oder noch genug Wasser haben.[9] Doch der geballte Einsatz von Hightech wird den Klimawandel im Süden Spaniens nicht aufhalten.

Der Weltklimarat stellt dem Gemüsegarten Europas und seiner Umgebung keine gute Prognose. Der Regen wird in Zukunft einen immer weiteren Bogen um den Süden Spaniens machen. Und so droht Europa das Ende des billigen Gemüses aus Andalusien. Miguel Arias Cañete ist seit 2014 europäischer Klimakommissar in Brüssel, und seine Familie gehört zu den landwirtschaftlichen Großgrundbesitzern Andalusiens. Er sagt, man müsse den Bauern den Klimawandel nicht erklären. Den hätten sie schon längst registriert. Die Hitze im Sommer versengte die Ernten und immer öfter zerstörten heftige Wolkenbrüche, Hagelstürme und Überschwemmungen Felder und Treibhäuser. Arias Cañete nimmt kein Blatt vor den Mund. Die Wüste Afrikas werde nicht am Mittelmeer haltmachen, son-

---

8 Susanne Götze, »Die Wüste kommt«, *Süddeutsche Zeitung*, 23.11.2016, S. 16, http://www.sueddeutsche.de/wissen/klimawandel-die-wueste-kommt-1.3260914

9 ebd.

dern die Straße von Gibraltar überspringen. Er schließe nicht aus, dass die Bauern an Spaniens Küsten in 50 Jahren keinen Tropfen Wasser mehr haben werden.[10]

Sonne, Wasser und billige Arbeit waren die Gründe, warum Almería zum Gemüsegarten Europas wurde. Was bleibt übrig von den Alleinstellungsmerkmalen der Region, wenn das Wasser nicht mehr durch die Leitungen der Gewächshäuser rauscht? Die Sonne wird bleiben. Aber wenn das Wasser fehlt, wird die billige Arbeit nordwärts ziehen müssen, dorthin, wo heute die Tomaten Spaniens ihre Abnehmer finden. Vielleicht wird es Frankreich sein, das dann die Produktion der Gewächshäuser von Almería übernimmt. Dazu später. Oder Holland, immerhin haben seine Bauern Erfahrungen als Gärtner und als Gewächshausbauer.

Der Gemüsegarten Hollands liegt in der Provinz Westland. Wer von oben auf Westland schaut, der sieht ein riesiges Glasdach unter sich. Nur ein Bruchteil der Fläche, die das Plastikmeer von Almería umfasst, dafür aber vollgestopft mit noch mehr Hightech. Das garantiert dem Land heute schon eine Spitzenstellung auf dem Tomatenmarkt. Es geht vor allem darum, Kosten zu sparen, um konkurrenzfähig zu sein. Willem Kemmers leitet das Projekt EcoFutura und verfolgt das Ziel, den Wasserhaushalt in den Gewächshäusern noch profitabler zu machen. Sein Slogan heißt »Fischwasser statt Frischwasser«. So nutzt er das Abwasser aus einem Fischzuchtbecken, um damit seine Tomaten zu wässern. Im Fischwasser gelöst ist der Kot der Tiere und damit Nährstoffe, die die Tomaten in neues Wachstum umsetzen können. Gerade für Küstenländer wäre das »eine Revolution, wenn es massenhaft angewandt würde«, sagt er. Tiere sparen auch an anderer Stelle Kosten im Tomatenanbau: So besorgen Hummeln in den meisten Gewächshäusern die Bestäubung der Pflanzen, wo früher noch Menschen per Hand einzeln die Tomatenblüten betupfen mussten. Nützliche

---

10 http://www.spanienlive.com/index.php/Umwelt/gemueseanbau-spanien-die-felder-trocknen-aus

Insekten werden auf die Pflanzen gesetzt, um Schädlinge von den Blättern zu fressen. Das sei billiger als Chemie. Beim Strom zeigen die Niederländer, was mit Solarkraft möglich ist. Auf ihren Gewächshäusern installieren sie Sonnenkollektoren, die Lampen und Ventilatoren antreiben und auch die Pumpen, die warmes Wasser im Sommer aus Thermokollektoren vom Dach in den Untergrund pressen. Dort hält es die Temperatur und kann im Winter mit 20 Grad als Heizungswasser wieder in die Rohrsysteme der Gewächshäuser gepumpt werden.

Das alles spricht für die Niederlande als zukünftiger »Gemüsegarten Europas«. Eins jedoch lässt sich auch hier mit aller Technologie nicht beseitigen: das Risiko des Klimawandels. Große Teile des Landes liegen unterhalb des Meeresspiegels, und wenn der steigt, könnte auch das Hightech-Gemüseland verlieren. Doch was wäre die Alternative zu den Gemüsefabriken, die uns heute noch rund ums Jahr versorgen?

Vielleicht ein Gesinnungswandel bei uns, bei der Kundschaft. Vielleicht ein Blick ins eigene Umland und auf die Gemüsegärten vor der eigenen Haustür. Die liefern zwar nicht rund ums Jahr und auch nicht zu Billigpreisen, aber sie liefern, was schmeckt und was in den Grenzen der Natur zu erzielen ist. Und da lohnt ein Ausflug zu Charles und Perrine Hervé-Gruyer. Ihr Gemüse wächst in Frankreich in der Normandie. Ihr Hof liegt im Dorf Bec Hellouin und zieht immer mehr Aufmerksamkeit auf sich, weil es ihnen gelungen ist, Gemüseanbau und Klimawandel unter einen Hut zu bringen. Sie sind davon überzeugt, dass sie ohne Gewächshaus, ohne Bewässerung und auch ohne Agrarchemie die besseren Tomaten, Gurken, Paprika und Kartoffeln ernten.

Der Bauernhof von Charles und Perrine entspricht so gar nicht dem Ideal einer geordneten Wirtschaft. Hier regiert das Durcheinander. Neben Salat drängeln sich Radieschen, Stangenbohnen ranken an Maiskolben in die Höhe. Zwischen den Tomaten leuchten die Blüten von Tagetespflanzen, Porree wächst zwischen Erdbeeren, Zwiebeln teilen sich das Beet mit Möhren.

Das Durcheinander hat System, und das System heißt Mischkultur. Eine Kultur, in der sich die Pflanzen gegenseitig helfen und stützen. So wirkt die Tagetes gegen Erdwürmer, die der Tomate an die Wurzeln gehen. Das Gleiche bewirkt der Porree bei den Erdbeeren. Die Zwiebeln zwischen den Möhren schrecken die Möhrenfliegen ab, die den Möhren schaden könnten.

Das System ist höchst produktiv. Pro Quadratmeter weist die Buchführung einen Ertrag von 57 Euro aus. Damit kann der konventionelle Gartenbau nicht mithalten. Das ist mittlerweile wissenschaftlich geprüft und anerkannt. François Léger vom französischen Agrarforschungsinstitut Inra hat die Wirtschaft von Charles und Perrine genau untersucht und kann die Zahlen nur bestätigen. Dabei kommen die Hervé-Gruyers gar nicht aus der Landwirtschaft, sie sind Quereinsteiger und Spätberufene. Er war Segellehrer und sie Juristin, als sie vor zwölf Jahren aufs Land zogen. Sie kam aus Tokio und er von der Atlantikküste. Sie wollten spüren, wie es ist, sein Gemüse selbst anzubauen. Sie wollten sich und ihre beiden Kinder mit einem Stück Land von etwa 1000 Quadratmetern selbst ernähren. Ein Experiment mit Niederlagen, aber heute packen sie jede Woche 150 Kisten mit Kräutern und Gemüse, die sie an die Kundschaft in der Umgebung liefern.

Ja, es verlangt viel Handarbeit. Ihr Stundenlohn liegt bei 9,50 Euro. Aber das sei für eine ländliche Region wie die Normandie gar nicht so schlecht, auch verglichen mit dem, was die Bauern ringsherum verdienten, erklärt Charles. Ihr Ziel sei es, auch noch Bäume in ihre Kreisläufe einzubeziehen, das wäre dann eine Kulturform, die unter dem Namen »Agroforestry« von sich reden macht. Die Bäume spenden Schatten und schützen das Wasser im Boden, und bestimmte Baumarten sind sogar in der Lage, Stickstoff aus der Luft zu gewinnen, ihn in ihren Wurzeln zu lagern und an andere Pflanzen abzugeben.

Die Hervé-Gruyers können sich über mangelnde Beachtung nicht beklagen. Die Bürgermeister von Paris, Rouen und Tour haben sie schon besucht. Auch die großen Lebensmittelkonzerne Carrefour und Danone schickten ihre Späher. Selbst die Landwirtschaftsverbände gaben ihre anfängliche Zurückhaltung auf. Der Präsident der Landwirtschaftskammer der Normandie, Sébastian Windsor, lobte das Projekt. »Wir brauchen genau solche Experimente, um die Landwirtschaft voranzubringen.« Funktionieren kann das Modell der Hervé-Gruyers allerdings nur, wenn der Preis stimmt. Aber dafür, mahnt der Präsident, müssten sich die Konsumenten erst ändern und für gute Produkte auch gutes Geld in die Hand nehmen.

Für Charles und Perrine Hervé-Gruyer kein Problem. Ihre Kundschaft weiß ihre Arbeit zu schätzen und ermuntert die beiden zu neuen Experimenten. Im Sommer haben sie fünfzehn alte Weizensorten angebaut und mit der Sichel gemäht. Die Körner ließen sie vermahlen und Brot daraus backen. Das Stroh haben sie getrocknet und mit den mitgeernteten Kräutern und Blumen verkauft an Sterneköche, als Grundlage für eine Heusuppe. Wie die Suppe schmeckte, ist nicht überliefert, nur der Preis, den sie für eine Ladung Halme bekommen haben. Achtzehn Euro, wer hätte das gedacht.

Kann das Projekt von Charles und Perrine Hervé-Gruyer mehr sein als ein gelungenes Experiment von ein paar Aussteigern in der Normandie? Kann es ein Vorbild sein, eine Alternative zum industriellen Weg von Landwirtschaft und Gartenbau? Immerhin bei der Welternährungsorganisation FAO in Rom findet die Wirtschaft der Hervé-Gruyers Beachtung. Sie sucht nach Vorbildern für die Kleinbauern der Welt. Die meisten von ihnen leiden Hunger, weil ihre Felder zu wenig hergeben, besitzen nur wenig Land, haben kein Geld für teures Saatgut, für Dünger oder Agrarchemie und erst recht nicht für schweres Gerät, für Pflüge und Traktoren. Da könnten die Erfahrungen von Charles und Perrine Hervé-Gruyer helfen. Denn sie arbeiten unter genau den gleichen Umständen wie die Kleinbauern in anderen Teilen der Welt, aber mit Erfolg.

9

OFFSHORE-ÄCKER UND DIE DEUTSCHE FLEISCHINDUSTRIE: ABHÄNGIGKEIT DURCH FUTTER AUS ÜBERSEE

Wer die Autobahn A1 nach Norden fährt, schließt in Niedersachsen spätestens in Höhe der Dammer Berge die Scheiben und stellt die Klimaanlage auf Innenluft. Denn draußen beginnt Deutschlands Schweineland, auch bekannt als die größte Fleischfabrik des Kontinents. Der Treibstoff für die Mastställe landet in Hamburg oder Rotterdam an, kommt per Schiff aus den USA und Argentinien, vor allem aber aus Brasilien. Die Fleischproduktion verbraucht riesige Mengen an Futter, für dessen Anbau in Europa gar nicht genügend Platz wäre. Dafür wäre eine zusätzliche Ackerfläche von rund 26 Millionen Hektar nötig. In ganz Deutschland wird in Viehställen das verfüttert, was in Übersee auf mehr als sechs Millionen Hektar wächst. Die Importe entsprechen der Hälfte der deutschen Ackerfläche.[1]

Ohne diese Offshore-Äcker würde es die Fleischfabriken hinter den Dammer Bergen nicht geben, würden nicht pro Jahr acht Millionen Tonnen Billigfleisch hergestellt werden können, der größte Teil davon vom Schwein. Diese Tatsache wird an den Fleischtöpfen der Nation gerne vergessen. Doch sicher ist

[1] https://www.wwf.de/fileadmin/fm-wwf/Publikationen-PDF/WWF_
   Fleischkonsum_web.pdf

186

diese Produktion nicht. Der Klimawandel könnte die Fleisch-barone an Weser und Ems empfindlich treffen. Die Achilles-ferse ihres Geschäfts sind das Futter und der Klimawandel, bei-des könnte zu einem Aus der Billigfleischfabriken führen – und damit könnte das Kotelett zu Ramschpreisen vielleicht schon bald der Vergangenheit angehören.

Franz Dornekamp ist Schweinehalter unweit der A1 in Niedersachsen. Er zählt mit seinen 2800 Mastschweinen eher zu den Kleinen in der Branche. Er weiß, dass seine Schweine auf Importfutter angewiesen sind. Aber bisher war das Futter nicht seine Sorge. Auch wenn der Preis schwankt, das lässt sich verkraften. Weit schwerer im Magen liegt ihm der mörderische Preiskampf auf dem Markt für Schweinefleisch, da geht es täg-lich ums Überleben. Seit Russland nicht mehr beliefert werden darf, wegen des europäischen Embargos, und Chinas Wirtschaft nicht mehr boomt, sieht es düster aus auf den Exportmärkten und damit auch bei den Preisen für seine Mastprodukte.

Was er am Schwein verdiene, sagt er, sei Glückssache. Der Schweinezyklus erlaube ihm keine verlässliche Kalkulation. Die Bauern, bekennt Dornekamp selbstkritisch, seien nun mal Herdentiere. Wenn die Preise nach oben gingen, belegten sie ihre Ställe bis in die letzte Ecke. Was dann kommt, müsste allen klar sein: Schweinfleisch im Überschuss und damit der Preis-rutsch. Und der führt dann dazu, dass viele ihre Ställe lieber leer lassen, um den Verlusten auszuweichen. Dann steigen die Preise wieder, und alles beginnt von vorn.

Franz Dornekamp versucht, im Auf und Ab der Preise Kurs zu halten. Da komme es vor allem auf die Leistung an, erklärt er beim Rundgang durch den Stall. Im Schein der Neonlampen grunzt seine Mastherde. Die Schweine stehen jeweils zu 16 in einer Box. Noch herrscht Ruhe. Ruhe vor dem Sturm. Der bricht los, als Franz Dornekamp den Schalter umlegt und die Pumpen anspringen. Die pressen den Nahrungsbrei aus einem großen Kessel in die Futtertröge. Quieken, Schreien, jetzt geht es ums Ganze. Das große Fressen, darauf sind die Tiere gezüchtet. Pro Tag sollen sie mindestens 700 Gramm zulegen. In 80 Tagen, so das Ziel, bringen sie ein Lebendgewicht von 120 Kilo auf die Waage. Ein Schlachtgewicht, wie es die Schlachthöfe und Fleischfabriken in Deutschland lieben. Nicht zu fett und möglichst viel Muskelfleisch.

Der Zuwachs wird durch Soja gesteuert. Als Mehl und Schrot rieselt es mit in die Mastration. 40 Kilo Soja, so rechnen die Experten, vertilgt ein Mastschwein in seinem kurzen Leben.[2] Bei Franz Dornekamp macht das für seine 2800 Schweine 112000 Kilo pro Mastdurchgang. Rund 88 Tage fressen sich die Schweine in seinen Ställen rund, viermal im Jahr wechselt die Besatzung an den Trögen und verschlingt dabei rund 450000 Kilo Soja für ein Mastendgewicht von 1344000 Kilo.

Auch wenn er es so nicht sagen würde, Franz Dornekamp hängt am Tropf der Sojakonzerne in Südamerika. Was, wenn das Futter aus Übersee nicht zur rechten Zeit kommt? Oder überhaupt nicht? Dann müsste der niedersächsische Bauer seine Mastanlage stilllegen. Ohne Importe läuft in seinen Ställen gar nichts, und die müssen preiswert bleiben, sonst kommt nichts rum für seine Arbeit. Der Preis für Soja hängt eng von den Ernteprognosen ab. Fallen die schlecht aus, dann kann der Preis leicht um das Doppelte ansteigen. Es wäre nicht das erste Mal. Zwischen den Jahren 2006 und 2014 hat Dornekamp mehrfach Preissprünge dieser Art erlebt.

Auch 2016 warnen die Fachblätter vor einem neuen Preishoch bei Soja. Der Grund: Zu viel Regen in Argentinien und zu viel Hitze in Brasilien sowie mehr Hunger auf Fleisch in China, dem größten Schweinefleischkonsumenten der Welt. 83 Millionen Tonnen Soja verbraucht China, um seine Mastfabriken in Gang zu halten. Dagegen ist Deutschland ein Zwerg mit seinen fünf Millionen Tonnen Importsoja. Aber der Zwerg hat große Ziele, Deutschland will zum »Global Player« für Schweine-

2   https://www.lfl.bayern.de/ite/schwein/136272/index.php   (Stand 29.6.2016)

fleisch auf dem Weltmarkt werden. Und da passen Knappheiten beim Haupttreibstoff der Mast, bei Soja, nicht ins Konzept. Denn die Futterkosten fallen mit rund 50 Prozent bei der Schweinemast ganz erheblich ins Gewicht.[3] Und schlagen auch direkt auf den Gewinn durch. Der erlaubt mit 20 bis 30 Euro pro Schwein keine großen Sprünge, denn davon müssen noch die Kosten für die Gebäude und die Versicherungen bezahlt werden, und was dann übrig bleibt, ist für Dornekamps Einsatz als Mäster. Schon bei einem Plus von 50 Prozent an der Sojabörse kann der Gewinn auf null sinken. Prognosen, denen sich Franz Dornekamp lieber nicht in der Realität stellen möchte, denn das würde ihn in den Ruin treiben.

Soja als Opfer des Klimawandel und damit das Ende der Billigfleisch-Ära? Franz Dornekamp hält das für »dummes Zeug«. Es hat Zeiten gegeben, da wurden die Schweine auch ohne Schiffsladungen Sojaschrot fett. Das waren die Zeiten des Sonntagsbratens. Den kennt Franz Dornekamp noch aus seiner Kindheit in den 1960er Jahren. Einmal in der Woche, am Sonntag, zog der Bratendampf durch sein Elternhaus. Ein anständiges Stück Fleisch nach dem Rezept seiner Großmutter gebraten, das war Sonntag und reichte für alle. Den Rest der Woche gab es Resteverwertung und Eierkuchen, Erbsensuppe, Kartoffelgerichte, freitags Fisch – aber Braten nur sonntags. Das war die Zeit, in der das Schwein noch Wertschätzung genoss und das Fleisch einen Preis hatte, mit dem die Tiere und die Bauern besser leben konnten, als mit dem Ramschmarkt heute.

Damals, so erinnert sich Franz Dornekamp, musste ein Arbeiter eineinhalb Stunden für ein Kilo Schweinkotelett arbeiten. Heute sind das nur noch 27 Minuten. Das seien der Fortschritt, billige Futtermittel aus Übersee, bessere Futterverwertung, Mastbeschleuniger, Fütterungspumpen und Fleischfabriken, die wie die Autoindustrie am laufenden Band schlachten

3   https://www.stmelf.bayern.de/idb/schweinemastkonv.html

und zerlegen, das alles habe das Fleisch so billig gemacht, sagt Dornekamp.

Brasilien ist das Land der Welt, das am meisten vom weltweiten Fleisch- und Sojaboom profitiert hat. »Unsere Kühe weiden am Rio de la Plata«, mit dieser Anklage prangerten Umweltschützer schon vor 30 Jahren die steigenden Futterimporte aus Südamerika an, doch vergebens. Die Futterfläche Europas in Südamerika beträgt heute umgerechnet 20 Millionen Hektar, davon wird der größte Teil (15 Millionen Hektar) für die Sojaproduktion gebraucht.[4] Südamerika ist damit noch nicht ausgeschöpft, der Kontinent hat noch Potenzial, jedenfalls, wenn es nach den Großfarmern und den globalen Futtermittelkonzernen geht. Besonders in Brasilien, denn das Land besitzt den größten Teil des fruchtbaren Bodens und auch die größten Sojafelder der Welt.

Eine der wichtigsten Einfallstraßen in das Sojaeldorado Südamerikas ist die Transamazônica BR 163. Sie gehört zu den Entwicklungsachsen Brasiliens und wurde noch zu Zeiten der Militärregierung 1971 geplant und gebaut. Sie schiebt sich von Cuiabá im Bundesstaat Mato Grosso durch Amazonien bis zum Hafen nach Santarém, der die Sojafelder Brasiliens mit den Mastställen in Europa und dem Rest der Welt verbindet. Nicht alles ist Teerpiste, je weiter es in die Tropen geht, desto abenteuerlicher wird die Route. Lastwagen quälen sich über die rotbraune Piste. Schlaglöcher bremsen die Fahrt, festgefahrene Sojafrachter werden von einem Konvoi anderer »Road Trains« abgeschleppt und mitgezogen. Die Karawane kommt immer wieder zum Stehen, eine baufällige Brücke verlangt Schritttempo, sie schwankt wie die Wagen, aber sie hält noch.

Lange wird sie nicht mehr nötig sein, denn die Sojaproduzenten haben sich mit dem Staat geeinigt, dass die BR 163 durchgehend ausgebaut und geteert werden muss. Das Ziel für alle

4 https://www.wwf.de/fileadmin/fm-wwf/Publikationen-PDF/WWF_Fleischkonsum_web.pdf, S. 38.

ist die Hafenstadt Santarém, dort wartet der neue große Soja-
verladeterminal. Erbaut vom größten Agrarhändler der Welt,
dem Agrarkonzern Cargill. Mit solchem Investment unter-
streicht er seine Rolle als Global Player in der Futtermittel-
industrie. Dies in einer Ehe mit dem größten Sojaproduzenten
des Landes, Blairo Maggi, der 2016 zum Agrarminister Brasiliens berufen wurde. Das verspricht weiterhin goldene Zeiten
für die Sojabarone. Deren Produktion wuchs in den letzten
drei Jahrzehnten dramatisch. 2016 erreichte sie fast die Ernte-
menge der USA, die bisher als Sojasupermacht galten. Mittlerweile produzieren die Farmen im Bundesstaat Mato Grosso
und den angrenzenden Regionen 82 Millionen Tonnen (2013),
das entspricht einem Viertel der Welternte.[5]

Obwohl sich die Wirtschaft Brasiliens im Jahr 2016 im
Abschwung befindet, streichen die Sojabarone immer höhere
Gewinne ein. Der Grund dafür liegt im Sojapreis. Er wird in
Dollar festlegt und der Dollarkurs ist gegenüber der Landes-
währung Rial zwischen 2011 und 2016 um ein Drittel gestiegen. Für den Sojapreis konnte es nicht besser kommen, er legte
sogar um 70 Prozent zu.[6] »Windfallprofits« nennen das die
Ökonomen. Seitdem die Kasse der großen Sojafarmer immer
lauter klingelt, fürchten brasilianische Umweltschützer erneut
um den Regenwald ihres Landes. Bisher konnte die sozialis-
tisch geführte Regierung dies verhindert, doch nachdem im
Mai 2016 Blairo Maggi zum Landwirtschaftsminister gewählt
wurde, scheint der Weg frei zu sein für neue Kettensägenmas-
saker in Amazonien. 2006 erhielt er als Gouverneur des Staates
Mato Grosso die »Goldene Kettensäge« von Greenpeace für
seine besondere »Sorge« um den Urwald Amazoniens.

5   P.C. Sentelhas et al., »The soybean yield gap in Brazil, magnitude,
    causes and possible solutions for sustainable production«, *Journal of
    Agricultural Science*, Cambridge University Press 2015.
6   Peter Richards et al., »Brazil's thriving soy industry threatens its
    forests and global climate targets«, *The Conversation*, 18.4.2016.

Blairo Maggi gehört zu den Gewinnern des Sojabooms. Das amerikanische Magazin ›Forbes‹ schätzte sein Vermögen auf 960 Millionen US-Dollar. Dies vor allem wegen seiner Anteile an der Amaggi-Gruppe. Sie gilt mit mehreren Hunderttausend Hektar als der größte Sojaproduzent der Welt. Ihr gehören nicht nur Farmen im ganzen Land, sondern auch eine Armada von Lastwagen und Schiffen, mit denen sie die Sojaernte außer Landes, vor allem nach Europa, transportiert.

Wer einen Blick von oben auf die Sojafarmen wirft, erkennt zwischen ihnen noch ein weit verzweigtes Netz von Regenwaldresten. Hunderttausend Hektar Naturreservat oder, wie böse Zungen behaupten, Landreserve für den Fall, dass die Preise weiter steigen oder der Klimawandel in anderen Landesteilen zu »verbrannter Erde« führt.

Die Klimawissenschaftler stützen die Erwartungen der Börsianer. Eine Missernte in Brasilien ist unter veränderten Klimaten jederzeit möglich, ebenso eine Dürre in den USA. Beides zur gleichen Zeit könnte die Preise auf dem Weltmarkt explodieren lassen, so wie 2007. Damals schossen die Weltmarktpreise für Getreide innerhalb von Wochen um bis zu 300 Prozent in die Höhe. Damals waren die Lagerhallen der Industrieländer leer, die Reserven reichten nur noch für 43 Tage für Mensch und Tier. 2011 explodierten die Preise ein zweites Mal, ein weiteres Mal ist jederzeit möglich.

Franz Dornekamp, der Schweinehalter in Niedersachsen, hält einen nachhaltigen Einbruch bei der Versorgung seiner Schweine zwar immer noch für »dummes Zeug«. Aber Professor Eduardo Assat, Klimawissenschaftler am brasilianischen Institut für Landwirtschaft Embrapa in Campinas bei São Paulo sieht das mittlerweile anders. Nach seinen Erkenntnissen entkam Brasilien im Frühjahr 2016 nur knapp einer Missernte. Das Wetterphänomen El Niño hatte besonders den östlichen Teilen Brasiliens eine beispiellose Trockenheit beschert. 2016 brach die Ernte bei Soja um sechs Millionen Tonnen ein. Das betraf zwar nur zehn Prozent der brasilianischen

Gesamternte, aber die internationalen Börsen reagierten. Was El Niño 2016 vorführte, könnte in Zukunft zur Regel werden im Sojaland. Es könnte sich rächen, dass die Agrarkonzerne über Jahrzehnte hinweg immer riskantere Landschaften unter den Pflug genommen haben, besonders in den brasilianischen Cerrados, der großen Savannenlandschaft im Herzen des Kontinents. Denn diese Region wäre von Natur aus nie Acker geworden, sondern hätte höchstens als Weideland dienen können. Mit zwei Millionen Quadratkilometern entsprechen die Cerrados etwa der fünffachen Größe der Bundesrepublik Deutschland. Sie erstreckt sich hauptsächlich über die Bundesstaaten Goiás, Mato Grosso, Mato Grosso do Sul und Minas Gerais. Hier haben die Sojakonzerne die Steppe großflächig umgepflügt.

Begonnen hatten sie damit in den 1980er-Jahren. Zuvor war die Landschaft eine der artenreichsten neben dem Regenwald Brasiliens. Doch damit ist es heute vorbei, durch den Sojaboom fiel bereits die Hälfte der Vielfalt dem Pflug der Sojafarmer zum Opfer. Ob der Rest der brasilianischen Cerrados auch noch geopfert wird, hängt nicht zuletzt vom Fleischhunger in Europa ab und vom Klimawandel. Wenn die Dürren im Sojaland zur Regel werden sollten, erklärt Hilton Silveira Pinto, Klimawissenschaftler an der University of Campinas, werde die Sojaproduktion Brasiliens schon bis 2020 um ein Viertel zurückgehen. Brasilien müsste dann mit Exportverlusten von 20 Milliarden US-Dollar rechnen.

Doch es könnte auch bedeutend mehr sein. Denn die bisherigen Studien neigen dazu, die Folgen der veränderten Klimaten eher zu unterschätzen, so Avery Cohn, Professor für »International Environment and Resource Policy« an der Tufts University in den USA. Sie konzentrierten sich zu stark auf die unmittelbaren Folgen für die Ernten. Was sie aber nicht in Betracht zögen, seien die Reaktionen der Farmer. Sie könnten ihre Anbaupläne grundsätzlich umstellen, weil ihnen das Risiko des Sojaanbaus zu hoch wird. In Matto Grosso sind bisher zwei

Ernten im Jahr üblich.[7] Doch wenn der Regen ausfällt und wenn die Temperatursprünge, die in den vergangenen Jahren schon spürbar waren, zum Alltag werden, dann könnten die Bauern auf eine zweite Aussaat verzichten, meint auch Mauricio Miarelli, Vorstand der brasilianischen Organisation der Sojabauern, Cocapec. Nur noch eine Ernte im Cerrado, das würde Folgen haben für die Märkte und die Fleischmast weltweit, insbesondere in der Europäischen Union und Deutschland.[8]

Soja hat heute im Osten des Landes schon ein massives Problem. Ein wachsendes Regendefizit, erklärt Eduardo Assat. Der natürliche Niederschlag kann den Durst der Sojafelder nicht mehr stillen, es muss mehr bewässert werden. Der Klimawandel wird die Lage noch verschärfen. Die Sojabohne ist eine empfindliche Pflanze. So reicht schon eine kurzzeitige Trockenheit, ein »Dry Spell« von nur zehn Tage in der Blüte, um eine Missernte herbeizuführen. In der Vergangenheit haben diese Wetterschwankungen niemanden interessiert, weil die Pflanzen langsamer wuchsen und länger blühten. Heute jedoch zählt jeder Tag. Nur 100 statt früher 140 Tage liegen bei den neuen Hochleistungssorten zwischen Pflanzen und Ernten. Das hat ihre Empfindlichkeit gegen »Dry Spells« deutlich erhöht, so Gustavo Rodriges vom staatlichen Institut Embrapa in Campinas. Er rät dringend zum Gegensteuern, zu Sojapflanzen mit längerem Wachstum, die das Risiko plötzlicher Trockenheiten besser abpuffern können.

Auch die Gentechnik wird von der staatlichen Agrarforschung gegen den Klimawandel ins Feld geführt. Es gibt Versuche, der Sojabohne ein Gen aus einer Senfsorte einzupflan-

7 Avery S. Cohn et al. »Cropping frequency and area response to climate variability can exceed yield response«, *Nature Climate Change*, 2016, https://www.nature.com/nclimate/journal/v6/n6/full/nclimate2934.html
8 »Climate Change Calls For a Rethink on Agriculture in Brazil«, World Agroforestry Centre, 24.4.2014, http://www.worldagroforestry.org/news/climate-change-calls-rethink-agriculture-brazil

zen, das sie widerstandfähiger gegen Trockenheit machen soll. Doch bisher sind dies noch Laborversuche mit einer einzigen Sorte. Heute würden in Brasilien aber mehr als 300 unterschiedliche Sorten Soja angebaut, so Eduardo Assat. Das spiegele die unterschiedlichen Naturräume im Lande wider. Mit nur einer gentechnisch veränderten Variante sei da wenig zu retten. Mindestens 400 müssten her, und das könnte lange dauern, zu lange für den Sojaanbau, der heute schon unter verschärften Klimabedingungen leide.

Das Problem sei einfach das Wasser, das chronische Feuchtigkeitsdefizit der Cerrados als halbtrockene Landschaft und die riesigen Monokulturen, die dort entstanden seien. Diese könnten kein Wasser mehr speichern, im Gegenteil, sie ließen es einfach verdampfen und verstärkten so die Wirkung der Hitzewellen noch. Was gegen den Klimawandel helfen könnte, wäre ein Systemwechsel im brasilianischen Sojaanbau. Ein System, das die Feuchtigkeit speichere und die Temperaturen stabilisiere. Es geht darum, Soja nicht mehr in Monokulturen auf kahlen Äckern anzubauen, sondern auf Grasland zwischen Bäumen, ein System, das international auch als »Agroforestry« gefeiert wird.

Das Prinzip ist so einfach wie revolutionär. Von den riesigen Äckern im Sojaland müsste als Erstes der Pflug verschwinden. Der Boden dürfte nicht mehr umgebrochen, sondern müsste mit Gras eingesät werden. Quasi eine künstliche Savanne. Die Sojabohnen werden dann in die Grasnarbe gesät, und zwar in Streifen von 20 Metern Breite. An Rändern werden Bäume gepflanzt, Baumreihen aus Eukalyptus, Pinien und anderen schnell wachsenden Hölzern. Das Grasland speichert den Regen, die Gräser bedecken den Boden und halten die Feuchtigkeit fest, schützen sie vor der heißen Strahlung der Sonne. Die Bäume spenden Schatten für die Sojapflanzen und brechen den Wind. Alle zusammen binden Klimagase und sichern die Ernte. Die kann dann in den Gassen zwischen den Bäumen mit Mähdreschern wie auf konventionellen Feldern abgeerntet werden.

Mehr Robustheit kann eine Anbaumethode nicht bieten,

davon ist Professor Eduardo Assat überzeugt. Allerdings, ob diese Methode sich so schnell durchsetzen werde, wie es der Klimawandel verlange? Schließlich müssten davon einige Hunderttausend Sojabauern in Brasilien überzeugt werden. Mit den jungen, engagierten Farmern mag es schneller gehen, aber mit der großen Masse? Das ist auch für Eduardo Assat fraglich. Die Idee von der Soja-Agroforestry, so fürchtet der Wissenschaftler, verlange von den Bauern viel, vor allem ein radikales Umdenken. Ob sie diesen Systemwechsel auf ihren riesigen Flächen umsetzen können, bezweifelt selbst der zuständige Minister. Darüber hinaus, so der Professor, gehen bisher alle davon aus, dass die Temperaturen bis zum Ende des Jahrhunderts nur um zwei Grad steigen. Aber das als feste Größe anzusehen, sei Leichtsinn. Was, wenn dieses Zwei-Grad-Ziel nicht eingehalten werden könne, weil die Beschlüsse des Klimaabkommens von Paris nicht in der vorgesehenen Zeit durchsetzbar sind, gibt Eduardo Assad zu bedenken und fügt hinzu, dann habe auch die Wissenschaft keine Antwort mehr zu bieten, »dann bewegen wir uns auf unbekanntem Terrain.«

Könnten die USA den Ausfall Brasiliens als Sojaproduzent kompensieren? Wolfram Schlenker und Michael J. Robers, Wissenschaftler an der Arizona State University in Tempe, winken ab. Auch in den USA werden die steigenden Erdtemperaturen flächendeckend durchschlagen. Im heutigen Corn Belt, der Kornkammer der USA, hat schon das Jahr 2012 gezeigt, was Dürre und Hitze anrichten können. Damals hatte es wochenlang nicht geregnet und die Hitze das Land verdorrt. In der Folge fielen drei Viertel der Sojaernte aus, auch vom Mais standen nur noch Gerippe auf den Feldern im Mittleren Westen der USA. Schlenker und Robers wollten wissen, wie steigende Temperaturen auf Futterpflanzen wirken, und haben Soja und Mais einem Hitzetest unterzogen. Sie fanden heraus, dass es bei beiden Futterpflanzen so etwas gibt wie einen Kipppunkt, an dem die Wärme die Bohnen so stresst, dass sie erheblich weniger Körner bzw. Bohnen ausbilden. Die Schwelle liegt für Sojabohnen bei 30 Grad. Wenn die Temperaturen höher klettern, setzt schlagartig die Depression ein.

Das führen die Wissenschaftler auf die Geschichte der Sorten zurück, die zurzeit angebaut werden. Sie sind grundsätzlich danach selektiert worden, wie sie mit einem gemäßigten Klima zurechtkommen und mit einer bestimmten Form des Anbaus mit viel Dünger und Agrarchemie. Wenn sich dieser Rahmen, unter dem sie aussortiert wurden, verändert, bricht ihre Ertragskraft ein. Robustheit gegenüber sich ändernden Klimaverhältnissen gehöre bisher nicht zu den Kriterien der Saatgutzüchter.

Verschärfend komme hinzu, dass der Saatgutmarkt in den letzten Jahrzehnten auf einige wenige Konzerne und damit auf wenige Zuchtlinien zusammengeschrumpft sei. Das erschwere eine Anpassung an die neuen Verhältnisse, und verstärke das Risiko von Totalausfällen. Je nach der Höhe der zukünftigen Schwankungen drohen die Sojaernten in den USA um bis zur Hälfte oder mehr auszufallen.[9] Derartige Schwankungen würden weitreichende Folgen haben, stellen die Wissenschaftler fest. Eine davon sei eine gravierende Preissteigerung von Mastfutter und damit erhebliche Auswirkungen auf die Produktion von Fleisch, ganz egal ob Schwein, Rinder oder Geflügel.

Die Botschaft von globalen Knappheiten und wachsenden Preissprüngen bei Soja dürfte Franz Dornekamp, dem Schweinehalter in Niedersachsen gar nicht gefallen. Höhere Preise beim Futter bedeuten auch höhere Preise beim Fleisch, und das wiederum bedeutet weniger Absatz an den Fleischtheken und damit am Ende weniger Schweine in Dornekamps Ställen. Nach dem Einmaleins der Marktforscher verringert eine Steigerung im Ladenpreis um 50 Prozent die Kauflust an der Fleischtheke ebenfalls um fast 50 Prozent. So wird der Klima-

9 Wolfram Schlenker und Michael J. Robers, »Nonlinear temperature effects indicate severe damages to U.S. crop yields under climate change«, *Proceedings of the National Academy of Sciences of the United States*, 15.9.2009, Vol. 106, No. 37.

wandel in Mato Grosso, Mato Grosso do Sul und Minas Ge-rais bis auf unsere Teller durchschlagen. Aber wäre das Ende des billigen Fleischs wirklich eine Katastrophe? Oder doch eher eine Chance? Eine Chance, wieder zu entdecken, dass Es-sen mit Kultur zu tun hat, dass der Sonntagsbraten Wertschät-zung verdient, ebenso wie die Tiere, die dafür ihr Leben lassen. Das wäre eigentlich auch nach Franz Dornekamps Geschmack.

Aber wovon soll er dann leben?

Nachdenklich steht er immer noch bei seinen Schweinen im Stall. Nein, von solchen Prognosen mag er sich nicht beirren lassen. Er sieht sich als Realist, und da interessiert ihn das Hier und Jetzt. Hier und Jetzt will er erst einmal seine Schweine fett füttern, auf Schlachtgewicht bringen. Für heute ist der Heiß-hunger in seinem Stall gestillt. Aus Quieken wird wieder Grun-zen. Dornekamp sperrt den Hahn der Futterpipeline wieder zu. Nach dem gefräßigen Tumult kehrt die Ruhe zurück. Die Ruhe vor dem Sturm.

10

TEE TRINKEN, ABER NICHT ABWARTEN.
LEKTIONEN AUS INDIEN

»Wolkenbruch«, in Indien »cloud burst« genannt, ist ein Ausdruck, der im Zusammenhang mit dem Monsun wörtlich zu nehmen ist: Es regnet, als ob eine Wolke wie ein Wassersack geplatzt wäre. Schirme sind zwecklos, binnen Sekunden verschmelzen die fetten Regentropfen zu einer Wasserwand, Pfützen werden zu Seen und Straßen zu schnell fließenden Bächen. 300 Millimeter Regen in 24 Stunden sind keine Seltenheit während des Monsuns. Inzwischen sprechen jedoch nicht nur Bauern mit Besorgnis davon, dass die gesamte Niederschlagsmenge eines ganzen Jahres oft in einem kurzen Zeitraum und in Form von Wolkenbrüchen fällt, während die sanften Winterregen immer häufiger ganz ausfallen und es über stetig länger werdende Phasen des Jahres viel zu trocken ist.

Ohne ausreichende Regenfälle wächst in Indien wenig. Künstliche Bewässerung über Kanalsysteme oder Brunnen ist nur in einigen Regionen wie z.B. im nordindischen Bundesstaat Punjab möglich und wird immer schwieriger. Zwei Drittel der gesamten landwirtschaftlich genutzten Fläche in Indien sind ausschließlich auf Regen angewiesen – zur rechten Zeit und in der richtigen Menge. Und genau diese Kombination wird immer seltener, stattdessen ist das Wetter chaotisch und unvorhersehbar. Zu viel Regen in Form von Wolkenbrüchen hat oft katastrophale Folgen – nicht nur für die Landwirtschaft. An den

Steilhängen in den Vorbergen des Himalayas lösen die Wassermassen zunehmend Erdrutsche aus.

2013 wurden in den beiden nordindischen Bundesstaaten Uttarakhand und Himachal fast 6000 Menschen durch Überflutungen, Erdrutsche und Schlammlawinen getötet. Nach mehrtägigen, heftigen Regenfällen waren mehrere Flüsse zu reißenden Strömen geworden, die ganze Dörfer mit sich rissen, an anderen Stellen rutschte das Erdreich an den Steilhängen ab und begrub Menschen, Häuser und Straßen unter meterhohen Schlammschichten. Ein kurzer, wolkenbruchartiger Guss ist während des Monsuns nicht ungewöhnlich, doch inzwischen halten solche Regenfälle oft über Stunden mit unverminderter Intensität an und entladen innerhalb eines Tages die Regenmenge, die sonst in einem ganzen Monat fallen würde.

Am 9. und 10. November 2015 fielen entlang der Küste des südindischen Bundesstaates Tamil Nadu bis zu 480 Millimeter Regen, die Millionenstadt Chennai erlebte eine Jahrhundertflut. Noch bevor die Wassermassen überall abgelaufen waren, rollten weitere Sturmtiefs auf die Küste zu, in den letzten Novembertagen und am 1. Dezember regnete es fast unaufhörlich. Am 2. Dezember wurde Chennai zum Katastrophengebiet erklärt. Mindestens 500 Menschen ertranken in den Fluten in Tamil Nadu, 1,8 Millionen mussten ihre Häuser und Wohnungen aufgeben.

Wetterexperten gehen davon aus, dass möglicherweise das El-Niño-Wettersystem zu besonders starken Regenfällen im Süden Indiens geführt hat. Im Norden fiel dagegen in den Wintermonaten viel zu wenig Regen. »Regenmangel beunruhigt die Pflanzer in der Teeregion West-Bengalens«, hieß es in der ›Economic Times‹ am 8. Februar 2016.[1] Die Niederschlags-

---

1 Debasis Sarkar, »Lack of winter time rainfall makes planters worried in sub Himalayan West Bengal tea belt«, 8.2.2016, *Economic Times*, http://economictimes.indiatimes.com/news/economy/agriculture/lack-of-winter-time-rainfall-makes-planters-worried-in-sub-himalayan-west-bengal-tea-belt/articleshow/50902366.cms

menge im Januar liege normalerweise bei 16,8 Millimeter, gefallen seien jedoch nur 9,9 Millimeter, 40 Prozent des langjährigen Durchschnittswertes. Im Dezember habe es ebenfalls fast überhaupt nicht geregnet. Teil dieser Teeregion in West-Bengalen sind die berühmten, in den Vorbergen des Himalayas gelegenen Teegärten Darjeelings. Die Plantagenbesitzer dort rechnen mit besonders starken wirtschaftlichen Einbußen, denn der fehlende Regen macht sich vor allem bei der ersten und wertvollsten Ernte, dem »First Flush« bemerkbar. Ab Februar treiben die Teebüsche zarte, neue Blätter und spätestens im März werden diese ersten Triebe, der »First Flush«, geerntet. Zu wenig Regen bedeutet geringere Teequantität und -qualität. Es war nicht der erste Winter, in dem es in Darjeeling nicht genug regnete. Und es war nicht der erste Sommer, in dem es während der Regenzeit so extreme Wolkenbrüche gab, dass die Wassermassen tiefe Rinnen auswuschen und große Mengen fruchtbaren Bodens fortspülten.

In anderen Teilen Indiens kommen inzwischen Regen und gelegentlich Hagel unerwartet und zur falschen Zeit. Bikaner ist eine historische Stadt im Westen Rajasthans. Mitten in der Thar-Wüste gelegen, war sie über Jahrhunderte ein wichtiger Rast- und Handelsplatz entlang des indischen Teils der Seidenstraße. Noch heute ist die 500 000-Einwohner-Stadt der größte Umschlagplatz für Wolle in Asien. Die täglichen Auktionen finden auf einem Wollmarkt mit riesigen Lagerhäusern statt. Und überall in Bikaner findet man Betriebe, die Wolle verarbeiten. Dort ist dann jede größere, freie Fläche, und manchmal sogar die Zufahrt, mit gewaschener Wolle bedeckt, die in der Sonne trocknet. So jedenfalls die Theorie, in Bikaner beträgt die »normale« Jahresniederschlagsmenge 325 Millimeter, und die fallen »normalerweise« in der Regenzeit zwischen Juni und September. Von Dezember bis Mai fallen kaum mehr als ein paar Tropfen. Bei meinem Besuch in Bikaner am 11. März 2016 zogen plötzlich tiefschwarze Wolken auf, die von heftigen Windböen getrieben direkt auf uns zukamen. Das sehe nach einem Sandsturm aus, erklärten meine indischen Begleiter. Kurze Zeit später, wir wateten gerade durch die zum Trocknen ausgelegte Wolle zum Eingang eines Betriebes, brach kein Sand- sondern ein Regensturm los, binnen Sekunden waren wir völlig durchnässt. Der Regen hielt in fast unverminderter Stärke für mehrere Stunden an. Und nicht nur in Bikaner gab es unsaisonales Wetter: »Schwere Regenfälle begleitet von Hagel haben an diesem Wochenende Ernteschäden in den für die Nahrungsmittelproduktion besonders wichtigen Staaten in Nord- und Zentralindien angerichtet«[2], berichtete die ›Hindustan Times‹ am 15. März.

Regen in der Wüste oder mitten in der Trockenperiode im Punjab oder Haryana, den beiden Staaten, die als die Kornkammer Indiens gelten, ändert nichts daran, dass sich Indien in einer extremen Trockenheitsperiode befindet. Im Frühjahr 2016 begannen auch internationale Medien das Thema Dürre in Indien aufzugreifen. Verlässliche Daten finden sich im Umweltjahresbericht[3], der vom Centre for Science and Environment in Delhi herausgegeben wird. Indien ist in 688 Verwaltungsdistrikte aufgeteilt. Eine Karte des India Metereological Department weist aus, dass es in 220 Distrikten, also etwa einem Drittel, zwischen 2000 und 2015 vier oder mehr Dürrejahre gab. 2015 lagen die Niederschlagsmengen in der Regenzeit von Juni bis September (Südwestmonsun) in der Hälfte aller Distrikte unter oder *deutlich* unter dem langjährigen Durchschnitt, in manchen Gegenden fielen nur etwa 15 Prozent der sonst üblichen Regenmenge. Im Dezember 2015 erklärte die Regierung des westindischen Staates Maharashtra (Hauptstadt: Mumbai), dass in 15 000 von insgesamt 40 000 Dörfern weni-

2 Chetan Chauhan, »Unseasonal rains, hail damage rabi crops in key food-bowl states«, *Hindustian Times*, 15.3.2016, http://www.hindustantimes.com/india/untimely-rain-hail-damage-rabi-crops-in-key-food-bowl-states/story-MojgIRGoqtl10SmpoO2AxN.html

3 State of India's Environment 2016, *Down to Earth publication*, Kapitel: »Land and Agriculture«, S. 44ff.

ger als die Hälfte der durchschnittlichen Regenmenge gefallen sei. Im Jahr zuvor lag das Regendefizit bei 27 Prozent und fast die Hälfte der Dörfer in Maharashtra wurde amtlich als »von Dürre betroffen« eingestuft. Im Nachbarstaat Madya Pradesh sanken die Erträge von Reis, Getreide und Hülsenfrüchten um 20 Prozent. In Zentralindien, in Andhra Pradesh und Telangana, beschloss die Wasserbehörde, das Wasser aus den Stauseen entlang des Krishna-Flusses nur noch für die Trinkwasserversorgung zu nutzen, Bauern, die sonst mit einer gewissen Wasserzuteilung für ihre Felder rechnen konnten, gingen leer aus. Für beide Staaten war 2015 das dritte Dürrejahr in Folge, und durch Brunnenbohrungen ist auch der Grundwasserspiegel dramatisch abgesunken. »Vor 30 Jahren stießen wir ab 15,24 Meter auf Wasser. Jetzt müssen wir 305 Meter tief bohren«, zitiert der Umweltbericht P Chengal Reddy, Berater des Zusammenschlusses der indischen Bauernverbände.

Immer mehr und immer tiefere Brunnen finden sich auch in den drei Staaten Punjab, Haryana und Uttar Pradesh, in denen Zwei Drittel allen Getreides produziert wird, obwohl die Mehrzahl der Distrikte inzwischen als »von Dürre betroffen« klassifiziert werden. 90 Prozent des über Brunnen geförderten Wassers wird für die Landwirtschaft genutzt – mit dramatischen Folgen für den Grundwasserspiegel. Zwischenbilanz des Umweltberichts: Von 2013 bis 2014 sank die Getreideproduktion in Indien aufgrund von Wassermangel um fünf Prozent. Wolkenbrüche und Flutkatastrophen auf der einen Seite, landesweite Dürrestatistiken auf der anderen Seite – wie passt das zusammen? Beide Phänomene sind in ihrer Intensität direkte Folgen des Klimawandels. Dürreperioden dauern länger, Beginn und Ende des Monsuns sind nicht mehr vorhersagbar, wenn es regnet, dann fällt in Stunden die Regenmenge, die sonst über einen Monat zu erwarten wäre, oder es regnet völlig unerwartet mitten in der Trockenzeit im Frühjahr.

In Indien sind die »Symptome« des Klimawandels besonders klar zu sehen, weil der Monsun ein so stabiles, in der Regel auf den Tag genau vorhersagbares Wettersystem war und die Bauern sich bei der Feldbestellung perfekt darauf eingestellt hatten: Der Beginn des Monsuns im Juni bestimmt den Zeitpunkt der Aussaat. Während der Hauptwachstumszeit im Juli und August werden die Pflanzen ausreichend mit Wasser versorgt. Wenn der Regen im September sowieso nur noch spärlich fällt, brauchen die Pflanzen viel Sonne, um auszureifen, und es hilft den Bauern, wenn es während der Ernte im Oktober und November trocken ist. In Gegenden, in denen in den Wintermonaten von Dezember bis Februar mit genügend Regen gerechnet werden kann, ist eine zweite Ernte möglich. In der Trockenzeit von März bis zum Beginn des Monsuns im Juni liegen fast überall in Indien die Felder brach.

Dieses fein austarierte, jahrtausendealte System funktioniert nicht mehr – mal schwemmt ein Platzregen die Aussaat weg, und wenn die Bauern nachsäen, fehlt plötzlich der Regen. Oder es ist in der Hauptwachstumsphase zu trocken, es bilden sich keine Körner, Schoten oder Früchte. Ohne genügend Regen im Winter gibt es keine Chance auf eine zweite Ernte, unerwarteter Regen im März fällt meist auf brachliegende Äcker und versickert ungenutzt im Boden. Dort, wo über künstliche Bewässerung auch im März etwas wächst, können Regen und Hagel zur Unzeit, so wie 2016, schwere Ernteschäden verursachen. Anders ausgedrückt: Ernteausfälle und Missernten in Indien können sowohl durch zu viel als auch zu wenig Wasser bedingt sein – oder durch eine Kombination von beidem.

Natürlich sind diese Symptome des Klimawandels nicht auf Indien beschränkt, überall auf der Welt kann eine Verschiebung von Wettermustern beobachtet werden, setzen Fröste früher oder später ein, geraten Ökosysteme aus dem Gleichgewicht. Aber in Indien lassen sich die Folgen besonders klar erkennen: 60 Prozent aller Inder leben (noch) direkt von der Landwirtschaft, in der überwiegenden Mehrzahl sind es klein(st)-bäuerliche Familienbetriebe ohne finanzielle Mittel – selbst das Saatgut wird in der Regel auf Kredit gekauft. Fast niemand hat die Möglichkeit, den neuen Unwägbarkeiten des Wetters mit Agrarchemie (z.B. Nachdüngung) oder Technologie zu begegnen. Bauern, die zwischen einem halben und einem Hektar Land bewirtschaften, stehen nicht mit dem iPad auf dem Acker, um zu errechnen, wo zusätzliche Düngergaben notwendig sind. Für die meisten Farmer in Indien geht es darum, mit dem Klimawandel zu leben. Und die gute Nachricht: Überall in Indien sind Menschen dabei, Lösungen zu finden, die helfen, die Symptome des Klimawandels zu mindern. Zum Beispiel in den Teegärten in Darjeeling.

Darjeeling, in den Ausläufern des Himalayas gelegen, ist nicht nur eines der berühmtesten Teeanbaugebiete der Welt, sondern auch ein Verwaltungsbezirk (etwa ein Fünftel größer als Luxemburg oder viermal so groß wie Hamburg), in dem etwa 1,8 Millionen Menschen leben. Das satte Grün der Teebüsche vor dem Panorama der schneebedeckten Gipfel, überragt vom 8586 Meter hohen Gipfel des Kangchenjunga, bestimmen den Charakter dieser Region – zumindest auf den ersten Blick. Die majestätische Schönheit täuscht leicht darüber hinweg, dass diese Bergwelt auch ein besonders fragiles Ökosystem ist: Wie die Menschen hier leben, wo sie bauen, Straßen anlegen oder Tee pflanzen, hat weit dramatischere, unmittelbarere Konsequenzen, als dieselben Aktivitäten in der indischen Tiefebene hätten. Steile Berghänge vergeben kleine Sünden für eine kurze Zeit, und große ...? Das Abschmelzen der großen Gletscher im Himalaya macht den Klimawandel messbar. Wissenschaftler wissen, um wie viele Meter sich die Eiszungen, aus denen sich die großen Flüsse Nordindiens speisen, pro Jahr zurückziehen und abflachen.

Die Landwirtschaft in Darjeeling wird von einer Monokultur geprägt: dem Teeanbau. Die Teegeschichte begann mit dem Schotten Dr. A. Campbell, der 1839 seinen Posten als Superintendent des Distrikts Darjeeling antrat. Der passionierte Hobbygärtner pflanzte einige der keimenden Teesamen, die ein anderer Schotte, der Botaniker Robert Fortune, als

Kaufmann verkleidet auf einer Chinareise gestohlen und außer Landes geschmuggelt hatte. In Darjeeling gediehen die Teebüsche so gut, dass Campbell bereits wenige Jahre später die erste Teeplantage anlegen konnte. 1866 gab es 39, heute sind es 87 – und bei dieser Zahl wird es bleiben, es gibt in Darjeeling keine freien Flächen mehr für neue Teegärten.

Die »Grüne Revolution« fand auch im Teeanbau statt, mit chemischem Dünger ließen sich die Erträge – zumindest für einige Jahre – deutlich steigern, Pestizide halfen gegen Schädlinge, und mithilfe von Herbiziden machten weder Gras noch (Un)kräuter den Teebüschen Konkurrenz. Jahrzehntelang dachte niemand daran, dass das Fehlen bodendeckender Pflanzen an den steilen Hängen auf Dauer Folgen haben würde.

Im Herbst 1994 reiste ich zum ersten Mal nach Darjeeling. Von dem noch aus britischer Zeit stammenden »Director's Bungalow« der Plantage Ambootia hat man einen wunderbaren Blick – über die Teebüsche, die durch das Pflücken der oberen Triebe wie ein dichter, grüner Teppich erscheinen, hin zum Horizont und den schneebedeckten Gipfeln des Himalayas. Doch bevor ich beginnen konnte, die Memsahibs zu beneiden, die hier zu Zeiten der britischen Herrschaft in Indien vor der Hitze des Sommers in der Ebene Zuflucht suchten, lud mich Sanjay Bansal, der Besitzer von Ambootia, ein, die Kehrseite der Teeromantik zu sehen: Wenig später standen wir am oberen Rand des bis dahin vermutlich größten Erdrutsches in Asien und schauten – buchstäblich – in den Abgrund.

Im Oktober 1968, nach einer besonders intensiven Regenzeit, kam hier die Erde ins Rutschen. Zwei Dörfer verschwanden im Abgrund, es war reines Glück, dass niemand ums Leben kam. In den darauf folgenden Jahren entstanden immer neue Abbrüche, bis der Berg auf einer Länge von 2,5 Kilometern weggerutscht war und die damaligen Besitzer Ambootia einfach aufgaben. 1987 übernahm die Familie Bansal die Plantage. Sanjay Bansal brauchte zwei Jahre, bis er mit der Hilfe von indischen und europäischen Wissenschaftlern und Experten einen Plan für die Stabilisierung des Erdrutschareals ausgearbeitet hatte: Quell- und Regenwasser wurden so abgeleitet, dass auch Monsungewitter die Gesteins- und Erdmassen nicht mehr in Bewegung bringen konnten. Über den Abhängen wurden Netze gespannt, an denen mit Samen gespickte Erdtaschen befestigt waren, sorgfältig ausgewählte Gräser mit dichtem Wurzelgeflecht konnten auf diese Weise an den Abbrüchen Halt finden. Über die Jahre begannen sich zunächst niedrige Wildpflanzen auszubreiten, gefolgt von Büschen und schließlich Bäumen. Inzwischen ist der Abhang völlig stabilisiert. Nur ein Bambuszaun markiert den Rand, und ohne die großen Fototafeln, die die Geschichte erzählen, käme wohl niemand beim Anblick der üppigen Vegetation darauf, was hier 1968 geschah.

Für Sanjay Bansal war von Anfang an klar, dass der Erdrutsch kein unvermeidliches Naturereignis war, sondern dass der konventionelle Teeanbau, der ungehemmte Einsatz von Agrarchemie und die in der Folge ausgelaugten Böden, in denen die Wurzeln der Teebüsche kaum Halt fanden, eine wesentliche Rolle gespielt hatten. Weiter zu wirtschaften wie bisher war für ihn keine Option. Wenn weitere Katastrophen verhindert werden sollten, musste das *System* geändert werden. Eine der Lehren, die Bansal aus der Stabilisierung des Erdrutsches zog, war die Erkenntnis, dass zu dem »Werkzeug« für diesen langwierigen Prozess auch die Methoden des Biolandbaus gehörten. »Eines der Leitprinzipien ist, dass wir, wenn wir starke, gesunde Teebüsche und eine qualitativ und quantitativ gute Ernte haben wollen, das Ökosystem eines Teegartens als Ganzes betrachten und in der Balance halten müssen«, sagt Sanjay Bansal, der zunächst Ambootia auf biodynamischen Teeanbau umstellte. Heute gehören 13 Plantagen in Darjeeling zur Ambootia-Gruppe, alle sind Demeter-zertifiziert und produzieren weit mehr als »nur« hervorragenden Tee.

Einer dieser Teegärten ist Sivitar. Vom höchsten Punkt der Plantage hat man einen weiten Blick über das Tal und die gegenüberliegenden Hänge. An mehreren Stellen sind V-förmige, braun-graue Geröllzungen zu sehen, die sich neben dem Grün der Teebüsche wie frische Narben abheben: die untrüglichen Zeichen neuer Erdrutsche. »Oft können Sie genau sehen, wo der Boden als Nächstes abrutschen wird«, sagt Sivitar-Manager Nelaksh Rana und deutet auf eine Straße, die am gegenüberliegenden Hang gebaut wird. An steilen Stellen, an denen es keine oder wenig Vegetation gibt, bahnt sich während der Regenzeit das ablaufende Wasser besonders leicht einen Weg durch Geröll und Sand, der Untergrund wird Jahr um Jahr weiter destabilisiert, bis irgendwann ein großer oder kleiner Teil des Hangs zur Schlammlawine wird.

Pflanzen, vor allem solche mit dichtem Wurzelwerk, halten nicht nur den Boden, sondern steigern auch die Wassermenge, die der Boden absorbieren kann. In Sivitar sind auch sehr steile, exponierte Hänge mit Tee bepflanzt. Die Plantage ist erst seit einigen Jahren Teil der Ambootia-Gruppe und für Nelaksh Rana hat die Befestigung der Böden absoluten Vorrang. Normalerweise werden Teebüsche zur Vermehrung »geklont«, indem man einen Zweig abschneidet, wartet, bis sich oberhalb der Schnittstelle kleine Wurzeln bilden und sich eine neue, junge Pflanze etabliert hat. Solche Teebüsche liefern in der Regel ähnlich hohe Erträge wie die Mutterpflanze.

Teebüsche lassen sich aber auch aus Teesamen ziehen. Solche Büsche liefern geringere Erträge, sind aber insgesamt kräftiger und widerstandsfähiger. Sie entwickeln außerdem lange Pfahlwurzeln (im Gegensatz zu den nur flach wurzelnden Stecklingen), die tief in die Erde reichen und den Busch bei Trockenheit besser mit Wasser versorgen. Nur Teepflanzen, die nie beschnitten wurden und sich zu Tee*bäumen* entwickeln durften, produzieren Teesamen. Ambootia ist weltweit einer der wenigen Teegärten, in dem es Teebäume für die Samenproduktion gibt. 303 Bäume wurden 2000 gepflanzt, und seit vier Jahren produzieren sie Samen, aus denen in der Ambootia-Gärtnerei Teebüsche gezogen werden. Und nur solche Setzlinge lässt Sivitar-Manager Nelaksh Rana an den Steilhängen auspflanzen.

Die Bemühungen um die Absicherung der Böden haben sogar zu einem »Ausgehverbot für Ziegen« geführt. Wo immer in Sivitar die Teebüsche noch nicht so kräftig sind, dass sie einen einzigen, saftig-grünen, dichten Teppich zu bilden scheinen, überragen in regelmäßigen Abständen dicke Büschel von Guatemalagras die Teepflanzen. Guatemalagras ist ein Multitalent: Sein Geruch hält Schädlinge fern, die dichten Wurzeln stabilisieren den Boden und einmal im Jahr werden die Halme zurückgeschnitten und als Mulch zwischen den Büschen verteilt. Leider steht Guatemalagras bei Ziegen ganz oben auf der Liste ihrer Lieblingsspeisen. Viele Teearbeiter halten ein paar Ziegen, um frische Milch und auch Fleisch für ihre Familien zu haben. Nelaksh Rana hat nichts gegen Ziegen – solange sie angebunden sind oder in einem Stall stehen. Sollten er oder seine Mitarbeiter eine erwischen, die auf der Suche nach Guatemalagras durch die Plantage spaziert, sind die Männer erst zufrieden, wenn sie die Ziege eingefangen und in ein ausbruchssicheres Gehege gesperrt haben. Bevor der Besitzer seine Ziege wieder abholen darf, kassiert Rana eine Geldbuße – mehr als einen Tageslohn.

Immer häufiger regnet es im Winter viel zu wenig, und nur das in der Erde gespeicherte Wasser sichert das Überleben der Teebüsche. Wie kritisch die Wasserversorgung in Darjeeling inzwischen ist, wird einem spätestens im Frühjahr klar, wenn im gesamten Distrikt Tankwagen unterwegs sind, die die Dörfer mit Trinkwasser versorgen. Ein Tanker fasst etwa 2000 Liter – und damit müssen jeweils 40 Familien mehrere Tage lang auskommen.

In den Teegärten der Ambootia-Gruppe werden viele Anstrengungen unternommen, um Wasserquellen zu schützen, Regenwasser aufzufangen und die Bodenqualität zu verbessern. Die Böschungen entlang der schmalen Straßen und Wege, die durch die Plantagen führen, sind häufig auf beiden Seiten von Wandelröschenhecken gesäumt, die regelmäßig geschnitten werden. Biodynamische Teegärten bieten Nützlingen wie Marienkäfern beste Bedingungen, doch manchen Schädlingen kommen sie nicht bei. Der Wachstumszyklus von roten Spinnen, Helopeltis und Thrips kann nur unterbrochen werden, wenn die Teebüsche mit einem verdünnten Sud aus Wandelröschen besprüht werden.

Solche Maßnahmen schaffen Arbeitsplätze, in bio(dynamischen) Teegärten werden etwa 20 Prozent mehr Mitarbeiter gebraucht als in Plantagen, auf denen Agrarchemie eingesetzt wird. Ein ganzes Team kümmert sich um die Produktion von Wurmkompost, es werden Arbeitskräfte zum Hecken schneiden, Gras sicheln und Mulchen gebraucht, für die Herstellung von biodynamischen Präparaten, Biodünger und Biopestiziden (ein sehr effektives Gemisch aus Kuhurin und verschiedenen bitterstoffreichen Blättern, die mit Palmzucker fermentiert werden). Weitere Teams sprühen die Teebüsche in regelmäßigen Abständen oder sammeln Kuhmist ein. Mist ist in den Ambootia-Teegärten von solcher Bedeutung, dass er den Kuhbesitzern zum Preis von 0,85 bis 1,35 Indischen Rupien (ca. 1 bis 2 Eurocent) je Kilogramm abgekauft wird und ihnen so ein kleines Zusatzeinkommen beschert. Wenn Teegartenarbeiter eine Kuh anschaffen möchten, dafür aber einen Kredit benötigen, übernimmt Ambootia die Bankbürgschaft.

Die positiven Auswirkungen von Sanjay Bansals Entscheidung, alle Teegärten der Ambootia-Gruppe auf biodynamischen Anbau umzustellen, sind deutlich sichtbar: von den fruchtbaren, überall bewachsenen oder mit Mulch abgedeckten Böden über die blühenden Hecken entlang der Gartenstraßen, von der Vielzahl der Schmetterlinge und nützlicher Insekten bis hin zu den Waldgebieten, die an Randlagen erhalten werden. Durch die Kombination der jeweils sinnvollen biologischen und biodynamischen Praktiken ist man in der Ambootia-Gruppe bislang in der Lage, die Folgen des Klimawandels auszugleichen *und* hervorragenden Tee zu produzieren.

Der Mehrbedarf an Arbeitskräften beschränkt sich nicht auf die Teeproduktion, sondern gilt generell für Biolandwirtschaft – was in Indien ein zusätzlicher Gewinn ist. In doppelter Hinsicht: Bauern und Arbeitskräfte, die in der Landwirtschaft dazu beitragen können, die Folgen des Klimawandels zu mindern, und damit genug verdienen, um sich und ihre Familien zu ernähren, müssen nicht in die Groß- und Megastädte ziehen, die bereits jetzt (z.B. durch Abgase, hohen Wasserverbrauch und Müllberge, um nur einige Punkte zu nennen) den Klimawandel beschleunigen. Doch auch in Indien führt Biolandwirtschaft ein Nischendasein, die Migranten strömen weiter in die Slums der Städte.

Das unabhängige Migration Policy Institute in Washington DC dokumentiert und analysiert Migration weltweit. Über die Migrationsbewegung innerhalb Indiens[4] stellt das Institut fest: »Laut des indischen Zensus von 2011 leben mehr als zwei Drittel (69%) der 1,21 Milliarden Inder in ländlichen Gebieten, aber die Verstädterung nimmt rapide zu. Die Städte Mumbai, Delhi und Kolkata gehören zu den 10 am dichtesten besiedelten städtischen Gebieten der Welt und 25 der 100 am schnellsten wachsenden Städte der Welt sind ebenfalls in Indien. Ein wichtiger Faktor dieses Wachstums ist die Migration von ländlichen Gebieten in die Städte; eine wachsende Zahl von Menschen findet in den ländlichen Gebieten keine ausreichenden wirtschaftlichen Möglichkeiten mehr und zieht deshalb in größere Orte und Städte. (...) Aus den von Dürre betroffenen Gebieten – einschließlich Regionen in Andhra Pradesh, Karnataka und Maharashtra – migrieren viele Menschen saisonal, um in Ziegeleien, in der Bauindustrie, bei Fliesenherstellern zu arbeiten und anderenorts bei der Ernte zu helfen.

4   Rameez Abbas und Divya Varma, »Internal Labor Migration in India Raises Integration Challenges for Migrants«, 3.3.2014, http://www.migrationpolicy.org/article/internal-labor-migration-india-raises-integration-challenges-migrants

Eine Studie stellt fest, dass in der Bauindustrie 90 Prozent der Arbeiter innerindische Migranten sind.« An anderer Stelle erwähnt der Bericht die Frauen, die Anstellungen als Näherinnen oder Hausangestellte finden.

Was Migration in Indien bedeutet, muss vielleicht noch deutlicher erklärt werden. Hier vertauscht niemand langweiliges Landleben mit den Verlockungen der Großstadt. Wenn eine bäuerliche Familie so verarmt ist, dass sie sich nicht mehr ernähren kann (und die derzeitige Dürre spielt dabei eine große Rolle) versuchen ein oder mehrere Familienmitglieder, Väter, ältere Brüder, Schwestern ..., Arbeit in einer Großstadt zu finden, meist Hunderte, manchmal Tausende Kilometer entfernt von ihrem Heimatort. Sie vertauschen nicht nur das vertraute Dorfleben mit der Existenz in einer Stadt mit Hochhäusern, Lärm, Verkehrsstaus, Smog und drangvoller Enge. Oft können sie sich nicht einmal verständigen: In Indien gibt es neben Hindi mehr als ein Dutzend weiterer, anerkannt eigenständiger Sprachen.

Ob Essen, Kleidung oder Alltagsgewohnheiten, nichts ist vertraut. Nicht einmal Gottheiten und Feiertage erkennt ein Süd-Inder im Norden wieder oder ein Ost-Inder im Westen – und umgekehrt. Die Migranten wissen, dass von ihrem Verdienst und dem, was sie davon nach Hause schicken können, das Überleben der gesamten Familie daheim im Dorf abhängt. Die meisten versuchen auch, die Ausbildung jüngerer Kinder oder Geschwister zu finanzieren, die Behandlung kranker Familienmitglieder zu bezahlen – die Liste dessen, wofür der Verdiener der Familie in der Stadt aufkommen muss, ist lang. Zum Überleben in der Stadt, zum Wohnen und Essen, bleibt fast nichts übrig. Wer den Film ›Slumdog Millionär‹ gesehen hat, der hat vielleicht noch die Szenen im Kopf, die in einem Slum in Mumbai gedreht wurden. Das war ein »etablierter« Slum, dorthin ziehen Menschen manchmal erst Jahrzehnte, nachdem sie vom Land in die Stadt gekommen sind.

Ein Wellblechdach über dem Kopf, gemauerte Wände und

eine Gemeinschaftspumpe für die Wasserversorgung in der Nähe ist trotz Enge, offener Abwassergräben und Gestank deutlich besser, als die Bedingungen, unter denen die meisten Neuankömmlinge leben: Vor den Commonwealth-Spielen in Delhi 2010 sprach ich mit Bauarbeitern, die ihr Lager unter einer Autobahnbrücke aufgeschlagen hatten. Fast alle kamen aus Dörfern in einer bestimmten Region von Bihar, 1000 Kilometer östlich von Delhi. Das Leben in diesem Camp – wenn man denn drei offene Kochstellen, ein paar Wasserkanister und zu Bündeln geschnürtes Bettzeug, sorgsam unter Resten von Plastikfolie verstaut so nennen kann – spielte sich unter den neugierigen Blicken der Autofahrer rechts und links ab. Zum Waschen nutzten die Männer einen Straßengraben, der zu diesem Zeitpunkt, es war Ende August, Wasser führte und damit auch zum Moskitobrutplatz wurde.

Die jüngsten offiziellen Zahlen zu den Migrationsbedingungen in Indien stammen vom Zensus 2011. Zu diesem Zeitpunkt war Indien weit weniger von Dürre betroffen, als das jetzt der Fall ist. Noch immer leben 58 Prozent der Inder auf dem Land, der CSE-Umweltbericht 2016[5] stellt fest, dass es in Indien 90,2 Millionen bäuerliche Haushalte gibt – wovon mehr als die Hälfte (52 Prozent) verschuldet ist. »2015 blieb die Armut der ländlichen Bevölkerung in den Schlagzeilen. Während eine lange Phase nicht saisonaler Regenfälle die Bauern in 15 Staaten traf, erlebte das Land gleichzeitig den zweiten unzureichenden Monsun. 2015 war das dritte Jahr in Folge, in dem die Wachstumssaison im Frühjahr (*rabi-season*) in großen Teilen Indiens durch abweichende Wettermuster aus dem Gleichgewicht geworfen wurde. 2013 wurden fünf Staaten von Dürre betroffen und die Getreideernte auf 0,35 Millionen Hektar Land wurde geschädigt. Im nächsten Jahr traf die Dürre sechs Staaten und schädigte 5,5 Millionen Hektar Getreideäcker. 2015 waren mindestens 15 Staaten und 15,23 Millionen Hek-

5 State of India's Environment, a.a.o., S. 198.

tar Getreide betroffen. In diesen 15 Staaten leben etwa 75%
der indischen Bevölkerung, sie umfassen etwa 70% der Fläche
auf denen 81% allen Getreides produziert werden.«

Und noch zwei Zahlen sind in diesem Zusammenhang wichtig: Die durchschnittlichen Schulden pro Haushalt lagen 2015
bei 47 000 Indischen Rupien (ca. 620 Euro) – eine riesige
Summe, wenn man bedenkt, dass der staatliche Mindestlohn
etwa bei 220 Indischen Rupien (knapp unter 3 Euro) pro Tag
liegt. Und 40 Prozent der Haushalte haben die Schulden nicht
bei einer Bank, sondern sie mussten einen Kredit im »Privat-
sektor« aufnehmen – eine beschönigende Bezeichnung für die
Kredithaie, die es überall in Indien gibt. Was es heißt, zu einem
Jahreszinssatz von 60 Prozent Saatgut auf Pump zu kaufen,
und wie die Umstellung auf Biolandwirtschaft die Rettung aus
der Schuldenfalle bedeuten kann, erfuhr ich in Batchat, einem
winzigen Dorf im ostindischen Staat Odisha (früher: Orissa).

Von der Distrikthauptstadt Bhawanipatna fährt man etwa
zwei Stunden über schmale, einspurige Straßen und schließlich
auf einer Schotterpiste in die mit lichtem Wald bestandenen
Berge. Batchat ist eine Ansammlung kleiner, farbig verputzter
Häuser, jedes mit einem sauber gefegten Hof aus gestampftem
Lehm. 32 Familien leben hier, die Hälfte baut Baumwolle an.
Einer der Bauern ist Tarun Naik. Er lebt mit seiner Frau Kama-
lini, den beiden Töchtern, seiner Mutter und drei seiner Geschwister in zwei Räumen. Aber mit Biobaumwolle verdient er
inzwischen genug Geld, um das Haus demnächst um einen
Raum zu erweitern, die Ziegel sind bereits an der Rückwand
gestapelt. Die Familie besitzt 0,8 Hektar Land.

Abgesehen von einem Ochsen, der Lasten und den Pflug
zieht, werden alle anderen Arbeiten von Hand erledigt. Bei der
Aussaat gleich nach Beginn des Monsuns arbeiten die Bauern in
Nachbarschaftsteams zusammen, jeder hilft jedem. Von Hand
wird eine Mulde gemacht und mit Kompost gefüllt. In das
Saatbett werden jeweils zwei Baumwollsamen paarweise gepresst, zur Sicherheit, falls einer nicht angeht. Die Region um

Bachat ist sehr trocken, die Bauern sind vollständig auf Regenwasser angewiesen, für künstliche Bewässerung fehlt nicht nur das Geld, sondern auch das Wasser. Wenn der Boden feucht genug ist, sind etwa eine Woche nach der Aussaat die ersten, grünen Schößlinge zu sehen. Weitere fünf Wochen später häufeln die Bauern und Bäuerinnen die Erde um die inzwischen kräftig gewachsenen Baumwollpflänzchen auf, dadurch bekommen sie zusätzlichen Halt und zwischen den Reihen entsteht eine Furche, in die Linsen (Futterlinsen oder Sorten, die für die Familien Grundnahrungsmittel sind) gesät werden.

Hülsenfrüchte wie Linsen fixieren natürlich in der Luft vorkommenden Stickstoff im Boden, der im Laufe der Wachstumsperiode den Baumwoll-Nachbarpflanzen als natürlicher Dünger zugutekommt. Die Bauern haben mit den Linsen also nicht nur eine zusätzliche Ernte und Einkommen, sondern sie sparen auch noch viel Geld, weil sie keinen Kunstdünger kaufen müssen. Wenn es genug und zur richtigen Zeit regnet, wird von November bis Januar Baumwolle gepflückt – von Hand. Danach werden die abgetrockneten Baumwoll- und Linsenpflanzen gesammelt, zerkleinert, mit Stroh und Kuhmist vermengt und in eine Grube geschichtet. Dort fermentiert die Mischung, bis drei Monate später ein Super-Biokompost fertig ist – rechtzeitig für die nächste Aussaat.

Tarun Naik und die übrigen Farmer in Batchat stellten 2013 mit der Hilfe einer indischen Nichtregierungsorganisation (NRO) auf Biolandbau um. Bis dahin produzierten sie konventionelle Baumwolle und die meisten waren tief verschuldet. Tarun Naik war kurz davor, sein Land und die beiden Kühe zu verlieren – schuld an der Misere war *ein* schwacher Monsun, der zu wenig Regen brachte und eine entsprechend schlechte Ernte. Warum die Schuldenfalle so schnell zuschnappt? In entlegenen Gebieten wie in diesem Teil von Odisha gibt es meist nur einen Händler, der gleichzeitig Saatgut, Dünger und Pestizide verkauft. Bauern wie Tarun sind so arm, dass sie ihr Saatgut auf Kredit kaufen müssen, die zu erwartende Ernte dient als Sicherheit. Wenn die Baumwollpreise niedrig sind oder der Ertrag gering ist, kann es bei einem Jahreszinssatz von 60 Prozent sein, dass die Bauern *nach* der Ernte mehr Schulden haben als vorher.

Theoretisch könnte man bei einer Bank einen Agrarkredit zu »normalen« Konditionen bekommen, und da in Indien inzwischen fast jeder ein Mobiltelefon hat, können auch in ländlichen Regionen immer mehr Menschen den Service von Banken in Anspruch nehmen. Doch bis ein Kredit gewährt wird, muss das Konto über fünf Jahre zumindest einen ganz kleinen Betrag auf der Haben-Seite vorweisen. Weshalb kurz vor der Aussaat dann doch wieder viele Kunde beim örtlichen Geldverleiher werden müssen, auch wenn der Wucherzinsen verlangt.

Heute wird in Indien zu 95 Prozent GM-Baumwolle – »Bt Cotton« – angebaut, doch die Erträge liegen »deutlich unter dem internationalen Durchschnitt von 2700 kg/ha«, heißt es in einem Artikel des indischen Nachrichtenmagazins ›Outlook‹[6]. Firmen wie Monsanto versprechen bis zu 20 Prozent höhere Erträge, aber nur unter idealen Bedingungen. Eine dieser Bedingungen ist die ausreichende Versorgung mit Wasser, was in Indien ohne künstliche Bewässerung fast nirgends möglich ist. Und für eine Superernte von Bt Cotton muss die doppelte der sonst üblichen Düngermenge gegeben werden, sagt der Hersteller. Die Kosten für die Produktionsmittel (Saatgut und Agrarchemie) sind also deutlich höher, und da die meisten Bauern in Indien auf Kredit kaufen, reicht eine schlechte Ernte, um die Schuldenfalle zuschnappen zu lassen.

Seit dem Ende der Neunzigerjahre haben sich mehr als 300 000 indische Bauern das Leben genommen, in den meisten Fällen waren hohe Schulden der Grund für den Selbstmord. In Bundesstaaten, in denen viel Baumwolle angebaut wird, ist die

6 Lola Nayar, »East of Eden, but not far«, *Outlook*, 11.4.2016, http://www.outlookindia.com/magazine/story/east-of-eden-but-not-far/296941

Suizidrate besonders hoch. Bt Baumwolle hat den Anstieg der Selbstmordrate nicht verursacht, aber sie ist Teil des Problems. Genauso wie die derzeitige Dürre: »36 Farmer nehmen sich in nur einer Woche das Leben« lautete eine Schlagzeile im ›Indian Express‹[7] am 24. Mai 2016. Und diese Zahl bezog sich lediglich auf Marathwada, *eine* Region im Osten Maharashtras. »Die Zahl der Selbstmorde ist die höchste in einer einzigen Woche während der letzten viereinhalb Monate. Am Montag belief sich die Zahl der Selbstmorde (in Marathwada, Anm. d. Verf.) auf 454 – beinahe 100 mehr als im selben Zeitraum des Vorjahres.«

Tarun Naik ist einer von vielen Bauern, den die Umstellung auf Bioanbau im letzten Moment gerettet hat. Für seine zertifizierte Biobaumwolle bekommt er einen besseren Preis, viel wichtiger jedoch ist, dass gleichzeitig seine Kosten seit der Umstellung wesentlich geringer sind und damit der Druck, Geld leihen zu müssen, schwindet: Biobauern müssen keinen Kunstdünger kaufen, weil sie mit Mist, Mulche und Kompost düngen. Ein Sud aus Neemblättern oder ein Biopestizid aus Kuhurin und bitteren Blättern (eine Rezeptur ähnlich der, die in den biodynamischen Teegärten in Darjeeling angewandt wird) sind billig herzustellen und effizient. Verschiedene NROs bieten Trainingskurse für Biolandbau an, schicken Berater auf den Acker, helfen bei der Zertifizierung, organisieren die Vorfinanzierung und den Kauf von Saatgut in großen, preisgünstigeren Gebinden. Tarun Naik hat nicht nur seine Schulden abbezahlt, er kann zusätzliche Unterrichtsstunden für seine Tochter finanzieren (in manchen Regionen Indiens existieren *staatliche* Schulen nur auf dem Papier ...) – und endlich darangehen, das Haus der Familie zu erweitern, damit alle ein klein wenig mehr Platz haben.

7   Manoj Dattatrye More, »Marathwada: 36 farmers end life in a week«, *The Indian Express*, 24. 5. 2016, http://indianexpress.com/article/india/india-news-india/marathwada-drought-farmers-suicide-drought-36-end-life-in-a-week-2815987/

Das größte Problem der Biobauern ist derzeit der Mangel an geeignetem Saatgut. Im konventionellen Anbau wird häufig bereits das Saatgut chemisch behandelt, die Samen werden mit einer Schicht umhüllt, die Dünger und/oder Pestizide enthält, damit sie schneller keimen und Schädlinge ferngehalten werden. Biobauern dürfen nur unbehandeltes Saatgut verwenden und haben große Schwierigkeiten, genügend davon auf dem Markt zu finden: Im Vergleich mit der konventionellen Landwirtschaft ist der Bedarf an Biosaatgut extrem gering, und es gibt kaum Firmen, die bereit sind, überhaupt unbehandeltes Saatgut zu liefern, der Mehraufwand lohnt sich nicht.

Inzwischen sind auch die konventionellen Bauern weltweit auf einige wenige, international agierende Saatgutfirmen[8] angewiesen. Und nicht nur bei Baumwolle wird mit Hybridsamen gearbeitet, die nur Saatgutfirmen herstellen können. Der Herstellungsprozess ist kompliziert und muss streng kontrolliert werden. Es werden Mutter- und Vaterpflanzen aufgrund unterschiedlicher positiver Eigenschaften ausgewählt, deren Kombination in der ersten Nachkommengeneration zum Ausdruck kommt. Bei Zuckermais z.B. könnte ein Saatguthersteller für die eine Elternpflanze eine besonders süße Maissorte wählen und für die andere eine Sorte, die besonders große, fette Kolben bildet. Die aus dieser Kreuzung – Hybridisierung – entstehenden Samen zeigen einen einmaligen Wachstumseffekt und produzieren (wenn alles gut geht) viele besonders süße und große Maiskolben. Leider sind Hybridsamen nicht »samentreu«. Würde man die Körner der Hybridmaiskolben im folgenden Jahr aussäen, kämen bei den daraus wachsenden Pflanzen im besten Fall die guten Eigenschaften *eines* Elternteils zum Vor-

---

8   In den letzten 20 Jahren hat es im Saatgutsektor eine Konsolidierungswelle gegeben, mit Hunderten von Aufkäufen und Übernahmen. Übrig geblieben sind sechs weltweit operierende Saatgutgiganten, https://msu.edu/~howardp/seedindustry.html

schein – also große, fette Kolben *oder* solche mit süßen Mais-
körnern.

Was Bauern wie Tarun Naik eigentlich brauchen, sind
»samenfeste« Baumwollsorten, so dass sie nicht nur die reife
Baumwolle pflücken, sondern auch die Samen für die Aussaat
im nächsten Jahr aufbewahren könnten. Damit würden sie
nicht nur das Geld für den Kauf von Saatgut sparen. Die Bauern könnten auch gezielt Sorten auswählen, die auf den jeweiligen Böden und unter den spezifischen Wetterbedingungen
besonders gut gedeihen. In Orissa arbeitet ein Team von Bauern, Wissenschaftlern des Schweizer Forschungsinstituts für
Biolandbau, FiBL[9] und Agronomen einer südindischen Universität an einer Lösung. In Indien gibt es über 700 indigene
Baumwollsorten, »desi« cotton genannt – *desi* (Hindi): »lokal, einheimisch«. Auf dem Gelände einer Versuchsfarm in
Orissa hat das Team 50 davon angebaut und sieben Sorten
für Feldversuche ausgewählt. Man hofft, dass in vier bis fünf
Jahren den Biobauern samenfeste Sorten zur Verfügung stehen, die gut an die lokalen Wachstumsbedingungen angepasst
sind und vergleichsweise hohe Erträge langfaseriger Baumwolle erbringen.

In Kutch[10], einem traditionellen Baumwollanbaugebiet im
westindischen Bundesstaat Gujarat, entdecken die Bauern gerade eine in dieser Region früher einmal weit verbreitete »desi«-
Sorte wieder: »Kala cotton«. Die Landschaft hier ist flach und
trocken, auch wenn es nur ungefähr 50 Kilometer bis zur Küste
und dem Arabischen Meer sind. Bei meinem Besuch im Januar
stiegen die Temperaturen am Nachmittag auf über 30 Grad
Celsius, im Sommer sind Tage mit bis zu 48 Grad im Schatten
keine Seltenheit. Der 56-jährige Kalyarbhai Nathubhai Madhri
war einer der ersten Bauern in der Region, der auf Biolandbau

---

9   FiBL, das Forschungsinstitut für Biologischen Landbau: www.fibl.org
10 Die größte Stadt im Distrikt Kutch in Gujarat ist Bhuj, dort starben
    2001 bei einem schweren Erdbeben mehr als 12 000 Menschen.

umstellte. Ganz in weiß gekleidet und mit einem zum Turban geschlungen Tuch auf dem Kopf sitzt er auf einem Charpoy, einem mit Seilen verspannten Holzrahmen, der nachts als Bett und tagsüber als Sitzgelegenheit dient. Eine Palme im Hof spendet Schatten.

»Wenn man ein ideales Material für unsere Gegend erfinden müsste, dann hätte es die Eigenschaften von Kala-Baumwolle«, sagt Madhri. »Bis Anfang der siebziger Jahre haben alle hier Kala-Cotton angebaut, die Frauen haben daraus Stoff gewebt, alle unsere Kleider wurden daraus gemacht.« Kala ist eine kurzfaserige Baumwollsorte die perfekt an die Wachstumsbedingungen in diesem Teil Gujarats angepasst ist: Sie braucht wenig Wasser und ist sehr widerstandsfähig gegen Schädlinge und Krankheiten. Es bedarf handwerklichen Könnens, um die kurzen Fasern zu einem Faden zu verspinnen, aber dann zeigt Kala-Baumwolle ihre wahren Talente: sie kann zu leichten, haltbaren und luftdurchlässigen Stoffen verarbeitet werden, die auch noch Wasser abweisend sind. Jahrhundertelang wurden Güter, die über lange Strecken auf dem Land- oder Seeweg transportiert werden sollten, mit Segeltuchplanen aus Kala-Cotton geschützt. Die Fasern sind stark genug, um daraus Seile und Taue zu fertigen, man kann sie aber auch zu hauchzarten, weichen Stoffen verarbeiten.

Traditionell tragen Männer und Frauen in dieser Region weite, aus mehreren Lagen dünnen Stoffs bestehende Kleidung; aus Kala-Baumwolle gefertigt ist sie luftig, leicht und sie schützt gegen Staub. Die Faser ist von Natur aus sehr hell, was bedeutet, dass Hitze reflektiert wird. Und die Eigenschaft, leicht Wasser abweisend zu sein, verstärkt den kühlenden Effekt, den Schweiß auf der Haut hat. »Gerade wenn man auf dem Feld arbeitet, ist Kleidung aus Kala-Cotton viel angenehmer als die, die wir inzwischen kaufen. Diese Mischung aus Baumwolle mit Polyester ist grässlich, du schwitzt und du stinkst«, sagt Kalyarbhai Madhri. Aber Kleidung aus Mischgeweben mit Kunstfasern gibt es nicht nur überall zu kaufen, sie ist außerdem auch billig. »Wir würden hier alle Kala-Baumwolle tragen, wenn sie nicht so teuer wäre«, sagt Madhri.

Auch in Bhuj ist es eine NRO, Khamir, die versucht, die Kala-Cotton-Tradition wiederzubeleben. Die Organisation zahlt den Bauern, die diese Baumwollsorte anbauen, gute Preise und hilft bei der Biozertifizierung. Die NRO arbeitet außerdem mit Handwerkern zusammen, die noch die traditionellen Verarbeitungs- und Herstellungsmethoden beherrschen, es gibt Training, Workshops, und Unterstützung bei Qualitätskontrolle, Produktentwicklung und Marketing. Doch trotz der fantastischen Eigenschaften von Kala-Cotton und der Tatsache, dass diese Baumwolle eine der wenigen Feldfrüchte ist, die sich im heißen, trockenen Klima von Kutch nachhaltig anbauen lässt, ist die Wiedereinführung am Markt extrem schwierig. Neben Textilien aus Kunstfasern sind natürliche Fasern wie Baumwolle zum Nischenprodukt geworden. Und in der Nische dominiert GM-Baumwolle.

In Indien gibt es einen Hoffnungsschimmer, dass sich das ändern könnte: »Das Versagen von Bt Cotton zwingt die Regierung, einheimisches Saatgut zu fördern. Landwirtschaftsministerium beschließt den Anbau von indigenen Baumwollsorten«[11] lautete eine Schlagzeile in der indischen Wirtschaftszeitung ›Business Standard‹ im April 2016. Ein paar Tage zuvor zitierte eine andere Zeitung, die ›Economic Times‹, Mauli Tupe, den Präsidenten des Dachverbandes der Bauerngewerkschaften[12]: »Die Einführung von Bt Baumwolle in trockenen, allein auf Regenwasser angewiesenen Gegenden war ein Fehler. Die Bauern sind am Ende. (…) Einheimische Baumwollsorten sind ideal für Regionen wie Vidarbha und

11 »Failure of Bt cotton forces govt to promote native seeds«, *Business Standard*, 5.4.2016, http://www.business-standard.com/article/economy-policy/failure-of-bt-cotton-forces-govt-to-promote-native-seeds-116040500740_1.html
12 Der Verband hat eine indirekte Verbindung zur Regierung von Narendra Modi.

Marathwada (zwei Baumwollanbaugebiete im indischen Staat Maharashtra, Anm. d. Verf.) In dieser Region hat es eine Welle von Selbstmorden gegeben«[13].

Wenn die indische Regierung die Rückkehr zu einheimischen Baumwollsorten tatsächlich finanziell fördern würde, wäre das ein Schritt, der Millionen von Baumwollbauern zugutekäme – 2015 war Indien der zweitgrößte Baumwollproduzent der Welt, knapp geschlagen von China[14]. Es bedürfte Zeit und üppiger Forschungsgelder, um ertragreiche, samenfeste und gut an unterschiedliche lokale Bedingungen in verschiedenen Regionen Indiens angepasste Baumwollsorten zu identifizieren und züchterisch zu verbessern. Das größte unmittelbare Problem ist jedoch, dass es fast kein Saatgut einheimischer Sorten mehr gibt. Als die indischen Wissenschaftler (zusammen mit den Spezialisten von FiBL) ihr Baumwollzuchtprojekt in Odisha beginnen wollten, hatten sie Mühe, von manchen Sorten auch nur eine Hand voll Samen aufzutreiben.

Nicht nur bei Baumwolle ist die Suche nach Saatgut inzwischen Detektivarbeit. Bei Reis sieht es nicht besser aus – eine Erkenntnis, zu der der Biologe Dr. A. K. Ghosh 2009 kam, kurz nachdem Taifun »Aila« über West-Bengalen hinweggefegt war. Die schlimmsten Verwüstungen richtete »Aila« in den »Sundarbans« an, einer der bereits jetzt am stärksten vom Klimawandel betroffenen Regionen der Welt.

Die Sundarbans sind eine ganz besondere Inselwelt, die Grenzen zwischen Land und Meer verschwimmen, wechselnd mit den Gezeiten führen Flüsse und Kanäle Salz- oder Süßwasser. Bei Ebbe bahnt sich das abfließende Wasser oft neue Wege, die Flut spült Sand und Schlamm an anderen Stellen an, eine

13 Naren Karunakaran, »How Monsanto found an able adversary in the Sangh parivaar«, *The Economic Times*, 29.3.2016, http://economictimes.indiatimes.com/articleshow/51592441.cms

14 http://www.statista.com/statistics/263055/cotton-production-worldwide-by-top-countries/

Insel entsteht, eine andere wird abgetragen. An einem sonnigen Dezembermorgen stehe ich am Ufer einer der dem Festland nahen Inseln. Am Anleger herrscht Hochbetrieb, eine Fähre hat gerade abgelegt, eine andere kommt an, die Passagiere stehen in den offenen Booten so dicht gedrängt wie Londoner zur Rush Hour in der U-Bahn. Körbe mit Gemüse und lebenden Hühnern werden entladen, während zwei Arbeiter meterlange Baustahl-Stangen auf einem Lastkahn verstauen. Die beiden Ströme, die hier zusammenkommen, sind Teil des Ganges, im Mündungsgebiet Hugli genannt. Als Sundarbans wird die gesamte Küstenregion bezeichnet, die sich von West-Bengalen in Indien bis weit ins benachbarte Bangladesch erstreckt, Ganges und Brahmaputra bilden hier ein riesiges Delta.

Zum indischen Teil der Sundarbans gehören 104 Inseln, gut die Hälfte ist bewohnt. Die anderen, weiter vorgelagerten Inseln sind dicht bewachsen und von Mangrovenwäldern umgeben. Es ist das Refugium von mehr als 100 bengalischen Tigern, die mühelos von einer Insel zur anderen schwimmen können, und es ist das Territorium von Bonbibi, der auf einem Tiger reitenden mythischen Schutzpatronin der Wälder, die von Hindus und Muslims in den Sundarbans gleichermaßen verehrt wird.[15]

Die Hoffnung auf göttlichen Beistand ist angesichts der Lebenssituation der Bewohner nur zu verständlich: Ihre Inseln versinken im Meer. In der Bucht von Bengalen steigt der Meeresspiegel schneller an als in anderen Ozeanen (1 bis 1,5 Millimeter im Jahr statt 0,28 bis 0,75 Millimeter). Im indischen Teil der Sundarbans leben nicht nur etwa vier Millionen Menschen; mit ihren Inseln, dem Netz aus Flussarmen und Kanälen und vor allem den Mangrovenwäldern ist die Deltaregion ein effizienter Schutz vor Taifunen und Flutwellen für die Küstenstädte

15 Amitav Ghoshs Roman ›Hunger der Gezeiten‹ erzählt von Bonbibi und den Klimaveränderungen, die die Sundarbans schon bald im Meer versinken lassen werden.

und die nur 80 Kilometer Hugli aufwärts gelegene Millionenmetropole Kalkutta. Mangroven entwickeln ein dichtes Geflecht dicker Luftwurzeln, die sie wie ein Gebäude auf Stelzen auch größeren Flutwellen standhalten lassen. Die Wurzeln agieren dabei auch als eine Art Wellenbrecher. Mangroven halten den Gezeiten stand und gehören zu den seltenen Pflanzen, die den beständigen Wechsel von Salzwasser und brackigem Flusswasser nicht nur aushalten, sondern zum Leben brauchen.

Um mehr landwirtschaftliche Nutzfläche zu gewinnen, wurden viele Mangrovenwälder zerstört und die oft unter dem Meeresspiegel liegenden Inseln eingedeicht. Inzwischen fördert die indische Regierung die Neuansiedlung von Mangroven, doch die Aufforstung ist kein einfaches Unterfangen: Nur wenige Arten gedeihen in den Sundarbans. Und selbst wenn die insgesamt 3500 Kilometer langen Deiche instandgehalten werden können, für die Inseln ist es ein Überleben auf Zeit. Eine vom WWF in Auftrag gegebene Studie ergab, dass bis 2050 eine Million Menschen – ein Viertel der in den Sundarbans lebenden Bevölkerung – umgesiedelt werden muss, weil die Mehrzahl der Inseln auch mit Deichen nicht mehr geschützt werden kann.

»Die Sundarbans sind die vorderste Front, wenn es um Klimawandel geht«, erklärt Dr. A. K. Ghosh. Er ist Biologe und Präsident von ENDEV (Society for Environment and Development, »En« steht für Environment und »Dev« für Development), einer NRO, die sich um nachhaltige Landwirtschaft und Umwelt kümmert. Sie arbeitet seit Jahren (und schon lange vor »Aila«) mit Reisbauern in der Region zusammen. Mit dem Wirbelsturm »Aila« hat in den Sundarbans eine neue Zeitrechnung begonnen.

Der 25. Mai 2009 ist ein Datum, das niemand hier vergisst – an jenem Montag erreichte »Aila« mit Windgeschwindigkeiten von 200 Stundenkilometern die Küste von Indien und Bangladesch, bis zu 10 Meter hohe Wellen wuschen über die Inseln. Allein im indischen Teil der Sundarbans kamen fast 200 Menschen um. Die Überlebenden hatten oft nicht nur ihren gesamten Besitz verloren, sondern auch ihr Ackerland: Ende Mai, kurz vor Beginn des Monsuns und dem Zeitpunkt für die Aussaat von Reis, waren die Böden plötzlich mit Salzwasser durchtränkt und unbrauchbar.

Den ENDEV-Mitarbeitern war klar, dass nur mit salztoleranten Reissorten überhaupt eine Ernte möglich sein würde. Sechs solcher Reissorten existierten in West-Bengalen, das wusste man von Naturschützer und ENDEV-Mitglied Debal Deb, der seit Jahren indigene Reissorten identifiziert und in Zusammenarbeit mit Bauern auf deren Feldern in »lebenden Saatgutbanken« erhält und züchterisch weiterentwickelt. In ganz Indien konnte ENDEV gerade noch 10 Kilogramm Saatguts auftreiben – manchmal in Kleinstmengen: Die Universität in Kalkutta z.B. steuerte genau 25 Reissamen bei.

Zu den 15 Bauern, die 2009 salztolerantes Saatgut erhielten, gehört Sukumar Sardar. Das Wohnhaus der Familie und die kleine Scheune bestehen aus einem luftigen Bambusgeflecht und sind mit Reisstroh gedeckt, der Hof aus gestampftem Lehm ist sauber gefegt. Das Dorf ist kaum als solches zu erkennen, auf der schmalen Landzunge zwischen zwei Kanälen ist neben der Straße nur für eine einzige Häuserzeile Platz. Stolz zeigt Sukumar Sardar die 14 verschiedenen indigenen Reissorten, die im Dorf angebaut werden, darunter ist der salzresistente Talmugur. Auf den meisten Feldern ist der Salzgehalt seit »Aila« wieder soweit zurückgegangen, dass normale Reissorten angebaut werden können. Aber die Stürme, die regelmäßig von der Bucht von Bengalen über die Sundarbans ziehen, überfluten immer wieder einige Äcker, weshalb Sukumar Sardar weiter salztoleranten Reis anbaut. Die Erträge entsprechen denen, die seine Nachbarn mit anderen indigenen Reissorten erzielen. Es ist nicht so viel wie bei den Hybridsorten, aber dafür haben die Bauern deutlich geringere Kosten, sie benutzen keinen oder minimale Mengen Kunstdüngers und keine Herbizide oder Pestizide. Nach Aussagen der Bauern sind die indigenen Sorten weniger krankheitsanfällig. Und der Reis hat eine besonders gute Qualität, die auf den Märkten in Kalkutta geschätzt wird und wegen des guten Geschmacks Höchstpreise erzielt.

Bereits vor »Aila« arbeitete ENDEV mit Bauern in den Sundarbans an der Wiedereinführung alter, samenfester Sorten. »Allein in West-Bengalen gab es Mitte des letzten Jahrhunderts noch 6000 Reissorten« sagt Dr. Ghosh, »heute sind es 500.« Einzige Bedingung für die Bauern: Für jedes Kilo Saatgut, das sie bekommen, müssen sie nach der Ernte die doppelte Menge an eine lokale Samenbank zurückgeben. ENDEV und die örtlichen, kleineren an diesem Projekt beteiligten NROs haben weder genug Geld noch genug Mitarbeiter, um eine genaue Auswertung vornehmen zu können. So viel steht fest: Mehr als 5000 Bauern bauen inzwischen ausschließlich indigene Sorten an. 2012 nutzten über hundert Bauern salztolerante Sorten, wie viele es aktuell sind, ist nicht erfasst. In mehreren Samenbanken stehen 2000 Kilogramm salztoleranter Reissaat zur Verfügung und Bauern wie Sukumar Sardar bewahren von jeder Ernte Saatgut für die nächste Aussaat auf. Wenn ein Nachbar käme und salztoleranten Reis bräuchte, würde er selbstverständlich aushelfen, sagt er.

Spätestens seit »Aila« wissen die Bauern entlang der Küste der Bucht von Bengalen, dass ihr Überleben von salztoleranten Sorten abhängt. Wie lange Sukumar Sardar in den Sundarbans noch Reis anpflanzen wird, ist eine andere Frage. Wenn die Prognose der WWF-Studie stimmt, werden sein Hof und seine Felder spätestens 2050 permanent überflutet sein.

Einer der Ersten, der verstand, dass in der genetischen Vielfalt samenfesten Saatguts der Schlüssel für unsere Nahrungsmittelzukunft liegen könnte, ist Vijay Jardhari. So formulieren würde Vijay das natürlich nicht. Was er tut, resultiert nicht aus akademischem Wissen, sondern aus der Erfahrung vieler Jahre Arbeit auf den Feldern seiner kleinen Farm in einem Tal in den Vorbergen des Himalaya, aus genauer Beobachtung von Natur, von Wachstum und Veränderung. Vijay Jardhari ist einer der Begründer von Beej Bachao Andolan, einer Initiative, die indigene Saatgutsorten identifiziert, durch züchterische Auswahl verbessert, vermehrt und anderen Bauern in der Region zur Verfügung stellt. Die kleine Organisation hat nicht nur Methoden entwickelt, mit denen Bauern mit ganz einfachen Mitteln und ohne finanziellen Aufwand ihr Saatgut sammeln und sachgerecht aufbewahren können, damit die Keimfähigkeit erhalten bleibt; Beej Bachao Andolan ist eine Graswurzelorganisation, die Acker für Acker die Landwirtschaft in der Region verändert hat und inzwischen national Standards gesetzt hat.

Meinem Treffen mit Vijay im Herbst 2010 sah ich mit gemischten Gefühlen entgegen – vor mir lagen dreieinhalb Stunden Fahrt entlang schmaler Bergstraßen mit unendlichen Haarnadelkurven. Die Landschaft in diesem Teil Uttarakhands (etwa 250 Kilometer nördlich von Delhi) ist atemberaubend schön, die Straße schlängelt sich durch dichte Wälder mit duftenden Deodar-Zedern, die ab und zu den Blick auf die in der Hitze flirrende Ebene freigeben. Dass es hier, rund um den alten Ort Chamba, noch einen alten Baumbestand gibt und an anderen Hängen aufgeforstet wird, hat ebenfalls viel mit Vijay Jardhari zu tun: In den Siebzigerjahren war er einer der Hauptorganisatoren der Chipko-Bewegung, die mit gewaltfreiem Widerstand den völligen Kahlschlag der Berghänge verhinderte. Chipko-Mitglieder bildeten einen Ring um die vom Abholzen bedrohten Bäume und schützten sie mit ihren Körpern vor den Holzfällern. Vijay Jardhari und die anderen Chipko-Aktivisten sahen, welche Verwüstungen der Monsunregen anrichtet, wenn es keine Bäume gibt, die den Boden schützen und verankern: Sturzbäche ergossen sich über die kleinen, oft steil am Hang gelegenen, terrassierten Äcker und wuschen den fruchtbaren Boden ins Tal.

Nach fast zehn Jahren des hohen persönlichen Einsatzes und furchtlosen Widerstands der Chipko-Aktivisten wurde die Gesetzgebung zum Schutz des Waldes verbessert, und der Oberste Gerichtshof erließ ein weitreichendes Fällverbot für Bäume.

Das hat dem Raubbau Einhalt geboten, gestoppt hat es ihn nicht. Illegale Holzfäller wissen, wen sie bestechen müssen, um weiter ihrem äußerst lukrativen Geschäft nachgehen zu können, und ein Fällverbot ist kein Ersatz für sinnvolle Forstwirtschaft – die Menschen in den Bergen brauchen Holz, zum Bauen, aber auch als Brennmaterial. Dazu kommen die unzähligen Wasserkraftprojekte überall im indischen Himalaya, für deren Bau Straßen notwendig sind. Also werden amtlich abgesegnet oder illegal weitere Schneisen in die Wälder gehauen, meist ohne dass jemand die Konsequenzen, z.B. für die Stabilität eines Berghangs, analysiert. Die eingangs erwähnte Flutkatastrophe 2013 in den Bundesstaaten Uttarakhand und Himachal Pradesh macht deutlich, was passiert, wenn rücksichtsloser Umgang mit der Umwelt und Klimawandel zusammenkommen.

Ganz anders die Region um Chamba, einem der Zentren der Chipko-Bewegung. Mit jeder talwärts führenden Serpentine wird der Wald lichter, bis die Straße rechts und links von smaragdgrünen Reisfeldern gesäumt ist. Vijay erwartete mich und meine Begleiter an einer Straßenbiegung – ohne ihn hätten wir den steilen Saumpfad nach Jardhargaon sicher nicht gefunden. Vijays Haus liegt am oberen Rand des Dorfes, von der Freifläche davor, die als Hof, Terrasse und Trockenplatz für die Samen dient, hat man einen wunderbaren Blick über das Tal mit seinen Reis- und Gemüsefeldern, Bäumen und in der Mittagssonne ruhenden Wasserbüffeln. Vijay und seine Frau sind dabei, die trockenen Samen zu sortieren und zusammen mit Insektenschutz aus getrockneten Neem- oder Walnussblättern in kleineren und größeren Tongefäßen zu lagern.

Vijay bewirtschaftet mehrere kleine, von Steinmauern umgebene Äcker, die meisten nicht viel größer als ein geräumiges Wohnzimmer, und er verschwindet fast zwischen den hoch aufragenden Halmen, das Feld gleicht einer Wiese mit gigantischen Supergräsern. Zwölf verschiedene Getreide, Hirse, Linsen- und Bohnenarten wachsen hier bunt gemischt. An den Rändern gedeihen frucht- oder beerentragende Sträucher und

Bäume, es gibt Bananenstauden, Ingwer, Gelbwurzel, Kardamom und eine Vielzahl von Kräutern. Kürbisse und Zucchini reifen versteckt unter großen Blättern anderer Nutzpflanzen, geschützt vor dem Interesse hungriger Vögel und Affen.

So chaotisch diese Miniäcker wirken, nichts hier ist Zufall: Vijay weiß, welche Pflanzen sich in ihrem Nährstoffbedarf ergänzen oder Konkurrenz machen, welche einen Duft verströmen, der von ihrem Nachbarn die Schädlinge fernhält, wer Sonne braucht oder anderen Schatten spendet. Finger- und Fuchsschwanz- oder Perlhirse, Amarant und Getreiderispen werden Halm für Halm geerntet, wenn sie perfekt gereift sind. Ein Teil ernährt zusammen mit dem selbstgezogenen Gemüse die Familie, alles Übrige wird Teil des Beej-Bachao-Saatgutprojekts und ergänzt die von Bauern und Bäuerinnen geführten Saatgutbanken in der Region.

Als die Chipko-Aktivisten in den Achtzigerjahren in ihre Dörfer zurückkehrten, arbeiteten die meisten Bauern ausschließlich mit Hybridsamen. Vijay konnte gerade noch zwei traditionelle, in Uttarakhand beheimatete Reissorten finden, Finger-, Fuchsschwanz- und Perlhirse waren ganz verschwunden. Gemeinsam mit anderen Bauern und Chipko-Aktivisten organisierte er, nach dem Vorbild Mahatma Gandhis, einen Marsch quer durch ganz Uttarakhand mit dem Zweck, Samen von traditionellen Getreide- und Gemüsearten zu sammeln, bevor sie ganz verschwunden waren – »Beej Bachao Andolan« heißt übersetzt »Rettet die Samen«.

Inzwischen werden allein in Uttarakhand wieder 350 verschiedene indigene Reissorten angebaut, darunter einige, die mit ganz geringen Wassermengen auskommen und deren Setzlinge nicht in stehendes Wasser ausgepflanzt werden müssen. In den Samenbanken der Dörfer gibt es 200 verschiedene rote Bohnensorten, 30 Weizensorten und Samen unzähliger Gemüsesorten. 60 Prozent der Bauern in Uttarakhand bauen inzwischen wieder indigene Sorten an – ihre Felder sind lebende Samenbanken. Auf diese Weise wird das Saatgut von Jahr zu

Jahr weiterentwickelt und passt sich genetisch an das sich verändernde Klima an: Für die nächste Aussaat werden nur die besten Samen der kräftigsten, ertragreichsten Pflanzen ausgewählt. Und das sind die Pflanzen, die unter den jeweiligen Bedingungen am besten gediehen. Die Bauern haben wieder Optionen, ob die Böden zu nass oder zu trocken sind, der Monsun zu spät kommt oder allen Regen auf einmal bringt – wer unter 200 Sorten roter Bohnen auswählen kann, hat gute Chancen, eine zu finden, die gedeiht, ganz gleich, was Wetter und Klima bringen.

Beej Bachao Andolan ist keine Nichtregierungsorganisation, sie bezieht keine Zuschüsse oder Fördergelder, es ist eine wirkliche Graswurzelbewegung. Die dörflichen Saatgutbanken sind Gemeingut, alle haben Anteil daran und tragen zum Bestand und zur Entwicklung bei: Wer Saatgut bekommt, verpflichtet sich, nach der Ernte die doppelte Menge neuer Samen bei der Saatgutbank abzuliefern.

Damit sind die Bauern autark in Sachen Saatgut, und mit der Vielfalt samenfester Sorten haben sie die Mittel, dem Klimawandel zu begegnen und sich und andere zu ernähren.

In Europa und den USA steht die indische Aktivistin Vandana Shiva im Ruf, den Schutz indigener Saatgutsorten angeregt und dann weltweit populär gemacht zu haben. Als ich sie 1998 auf ihrer Versuchsfarm in Dehradun in Uttarakhand interviewte und nach der Inspiration für bäuerliche Saatgutinitiativen fragte, war ihre Antwort weitschweifig und ausweichend. In Indien wissen glücklicherweise nicht nur Insider, wer der Initiator der dörflichen Saatgutinitiative ist, die Vandana Shiva weltweit propagiert: Beej Bachao Andolan. Es wäre schön, wenn Frau Shiva bei ihren internationalen Auftritten oder einer ihrer Ehrungen (darunter der »Alternative Nobelpreis«) die wirklichen Pioniere zumindest erwähnen würde: Vijay Jardhari und die Kleinbauern in Uttarakhand.

Reiche Bauern sind selten in Indien, die meisten brauchen mindestens die Hälfte ihrer kleinen Ackerflächen für Subsistenzwirtschaft, und ob sie mit dem Anbau von »cash crops« wie Baumwolle, Getreide, Reis oder Zuckerrohr Geld verdienen können, hängt von vielen Faktoren ab, vom Wetter bis zum politischen Klima in Delhi. Besonders benachteiligt sind die Nachfahren der indischen Ureinwohner, Adivasi oder »Tribals« genannt. Sie leben in den bewaldeten Regionen Indiens oder in Gegenden, die einmal bewaldet waren, und bilden mit einem Bevölkerungsanteil von knapp unter zehn Prozent eine wichtige ethnische Minorität. Das Gesetz zur Waldnutzung erlaubt den Adivasi, in den Wäldern zu leben und eine Reihe von Waldprodukten kommerziell zu nutzen – darunter fällt auch Honig.

Dass die »Tribals« trotz dieser Zugeständnisse zu den ärmsten Bevölkerungsgruppen gehören, liegt auch am schlechten Zustand, in dem sich Indiens Wälder befinden: Besonders in den östlichen Bundesstaaten kämpfen Bergbauunternehmen und Energiekonzerne um die Schürfrechte für große Kohle- und Mineralvorkommen. Gleichzeitig führt das anhaltende Bevölkerungswachstum zu verstärktem Druck auf die Wälder: von Brandrodungen für zusätzliche Ackerflächen, über Bau- und Brennholzbedarf bis hin zum illegalen Handel mit Edelhölzern. Im westindischen Gujarat hat es sich eine NGO zum Ziel gesetzt, den »Tribals« mit Bienenhaltung und dem Verkauf von Honig zu einem Zusatzeinkommen zu verhelfen. Sechs Jahre nach Beginn des Imker-Trainingsprogramms ist der Honig zur Nebensache geworden – entscheidend ist die Befruchtung von Obst- und Nussbäumen, Gemüse und Feldfrüchten.

Von Dharampur, einer Distrikthauptstadt etwa 250 Kilometer nördlich von Mumbai, führen meist einspurige, aber gut ausgebaute Straßen durch eine hügelige Landschaft mit manchmal noch von lichtem Laubwald bestandenen Hängen. In einem der Dörfer sind es nur zwei der alten Bauern, die meine Frage beantworten können: Sie erinnern sich noch an eine Zeit, in der überall Teak-, Eben- und Sandelholzbäume wuchsen und das Dorf von dichtem Wald umgeben war. Mit den Bäumen schwand auch die Zahl der Bienenvölker. Drei überwie-

gend friedliche Honigbienenarten sind in dieser Region behei-
matet, aber nur eine davon, »Apis Cerana«, kann ähnlich wie
die europäische »Apis Mellifera« in Bienenkästen gehalten
werden.

Neben den üblichen Feldfrüchten wie Linsen und Kichererb-
sen haben die meisten Bauern Mango- und Cashewnussbäume.
2009 habe er mit zwei Bienenkästen angefangen, sagt Madhu
Bhoya, und bereits am Ende der ersten Saison hätten seine
Cashewbäume 50 Prozent mehr Erträge gebracht als je zuvor.
Alle Bauern erzählen von Ertragssteigerungen von 30 bis 90 Prozent. Eine von der NGO durchgeführte, von unabhängigen
Wissenschaftlern betreute Studie[16] stellte für eine Reihe von Gemüsesorten noch viel dramatischere Ertragssteigerungen fest:
über 200 Prozent bei Paprika und 150 Prozent bei Tomaten.

Madhu hat inzwischen 20 Bienenkästen und wird weitere
anschaffen – bei entsprechender Fruchtfolge machen die Bienen
mehrere zusätzliche Ernten möglich. Während er früher nur
nach Beginn des Monsuns Getreide anbaute, das im November
geerntet wurde, sät er jetzt direkt danach sofort Senf und im
Februar Sesam. Senf- und Sesamblüten sind hervorragendes
Bienenfutter. Madhu Bhoya erzielt hohe Erträge und verdient
inzwischen durch das zusätzliche Einkommen von Senfsaat
und Sesam genug, um sich und seine Familie zu ernähren und
die Ausbildung der Kinder zu finanzieren. Die Zeiten, in denen
er wochenlang unterwegs gewesen sei, um als Tagelöhner Geld
zu verdienen, die seien endgültig vorbei, erzählt er. Stattdessen
hat er jetzt Zeit, Imker auszubilden, und er berät andere Bauern bei der Wahl der richtigen Fruchtfolge.

Es war die Suche nach einer anderen Bienenart, »Apis Dor-

---

16 »Role of beekeeping with indigenous bee – Apis Cerana in crop pro-
    duction«, Studie, begonnen 2008, gefördert durch die EdelGive Foun-
    dation, http://agrariancrisis.in/wp-content/uploads/2012/03/Research-
    Final-compressed-version.pdf

sata«[17], die mich im März 2016 in Kontakt mit einer anderen NRO und nach Nagpur brachte. Im äußersten Nordosten des Bundesstaates Maharashtra gelegen, nimmt die Zwei-Millionen-Stadt für sich in Anspruch, die geografische Mitte Indiens zu sein. H. B. M. Murthy ist Vorsitzender der NRO, die mit Tribals in Maharashtra, Madya Pradesh und Chhattisgarh arbeitet. Schwerpunkt sind Trainingskurse, in denen einfache und billige landwirtschaftliche Techniken vermittelt werden, die den Bauern helfen, ohne Agrarchemie auszukommen, die Bodenqualität zu verbessern, die Ernte zu steigern und Wasser zu sparen. Die Verwendung von Schattennetzen, Tropfenbewässerung, Mulch, Zwischensaaten, Rotation, Wurmkompost und Dünger aus mit Blättern fermentiertem Kuhurin sind einige der Unterrichtsthemen. Das Training vor Ort in den Dörfern wird durch mehrtägige Kurse im Ausbildungszentrum in Nagpur ergänzt. Es ist der Farm angeschlossen, die Murthy zusammen mit einem Freund seit 2009 betreibt und die ab 2017 biozertifiziert sein wird.

Murthy stammt aus einer Bauernfamilie im südindischen Karnataka, studierte jedoch Ingenieurwesen – bei neun Kindern ist nicht für alle Platz auf dem elterlichen Hof. Der Traum von der Landwirtschaft blieb jedoch, und mit der Farm in Nagpur hat Murthy in Kundennähe einen profitablen Betrieb aufgebaut, der von Lowtech bis Hightech alle Methoden nutzt, um in einem integrierten System nachhaltig Bio-Gemüse, Obst und Milch für Konsumenten in Nagpur zu produzieren. Mehr als ein halber Hektar Fläche steht in Foliengewächshäusern zur Verfügung, in denen in der heißen Jahreszeit computergesteuert kühlende Wassernebel erzeugt werden, so dass die Innentemperatur bei konstanten 30 Grad Celsius liegt. Mitte März wachsen hier Melonen, die von Hand bestäubt werden,

17 »Apis Dorsata« ist doppelt so groß wie die in Europa verbreitete Honigbiene »Apis Mellifera«. Sie lebt nicht in Höhlen oder gar Bienenkästen, sondern hängt ihre Waben offen an geschützte Zweige hoher Bäume. Sie ist sehr angriffslustig und ihr Stich ist gefährlich.

Tomaten und Gurken. Zwischen den Tomaten werden Tagetes gesetzt, die Schädlinge fernhalten, deren Blüten aber auch profitabel verkauft werden können. (Die Blume wird bei uns auch Studentenblume oder Türkische Nelke genannt. Ob Politikerbesuch, Hochzeit oder Tempelfest – die gelb-orangefarbenen Blüten gehören in Indien zu jedem festlichen Anlass.)

Gesät und gepflanzt wird zeitversetzt von einem Ende des Folientunnels zum anderen, so dass die jeweiligen Obst- oder Gemüsesorten über einen möglichst langen Zeitraum geerntet und verkauft werden können. Knapp ein Hektar Anbaufläche ist mit Schattennetzen bedeckt – hier gibt es noch Probleme mit der Belüftung, nach starken, für die Saison unüblichen Regenfällen entwickelten die Tomaten 2016 Mehltau. Ein Gewächshaus dient ausschließlich der Anzucht von Pflanzen, die dann als Setzlinge in die Folientunnel oder ins Freiland kommen.

Alle Flächen werden möglichst optimal genutzt – Granatapfelbäume sind so gesetzt, dass darunter Gemüse angebaut werden kann, dessen Blätter den Boden bedecken und vor dem schnellen Austrocknen schützen. Auf knapp einem Hektar sind Guaven gepflanzt, eine Sorte, deren Früchte nicht nur besonders gut schmecken, sondern auch vergleichsweise lange gelagert werden können. Die Stämme geben verschiedenen Kürbisgewächsen Halt und in den Zwischenräumen ist noch Platz für weitere Gemüsesorten.

Etwas abseits, in einem von Bäumen beschatteten, nach beiden Seiten offenen, luftigen Stall stehen sechs Kühe, drei Holsteiner und drei einer indigenen, indischen Rasse. Die Milchproduktion hat gerade erst begonnen, in ein paar Monaten sollen hier 20 Kühe stehen und hoffentlich täglich etwa 500 Liter Milch geben. Ihr Futter kommt aus einem hydroponischen Brutschrank bestückt mit Schubladen, in denen Getreide, Kräuter und Grasarten in einem klimakontrollierten Umfeld keimen – sozusagen die Super-Hightech-Version des Kresse-Igels. Der »Futterschrank« produziert 300 Kilogramm Sprossen am Tag und über die Saatmischung kann sichergestellt werden, dass die Kühe optimal ernährt werden. Für Murthy sind Kühe für eine Farm von existenzieller Bedeutung: Ihre Milch sorgt für ein zusätzliches Einkommen, aber mindestens ebenso wichtig sind Dung und Urin, den sie produzieren, beides wird auf der Farm sorgsam aufgefangen. Mit einem Teil wird in einer Biogasanlage Strom produziert, der Urin wird in Tanks gesammelt, über vier Tage fermentiert und dann gefiltert. Computergesteuert wird dann die richtige Menge als flüssiger Dünger dem Wasser in der Tropfenbewässerungsanlage beigemischt. Auch auf dieser Farm ist Kuhurin die Grundlage für die Herstellung verschiedener Biopestizide. Und natürlich wird mit traditionellen Methoden wie Regenauffangbecken, Wurmkompost, Kompost und Pheromonfallen gearbeitet.

Die Investitionskosten für die Folientunnel und das computergesteuerte Bewässerungssystem aus den Niederlanden waren hoch, doch die Regierung half mit zinsgünstigen Darlehen, und Murthy kann für Obst, Milch und Gemüse deutlich über dem Markt liegende Preise verlangen: Die Kunden wissen die Qualität der Produkte zu schätzen, durch die Folientunnel und Schattennetze kann die Saison für bestimmte Gemüsesorten verlängert werden, und jeder kann die Farm besuchen und sich davon überzeugen, dass hier keine Agrarchemie eingesetzt wird. Ein Punkt, der den indischen Konsumenten inzwischen sehr wichtig ist. In der indischen Mittelschicht ist Lebensmittelqualität ein wichtiges und viel diskutiertes Thema, vor allem, weil es so viele Skandale gegeben hat und immer noch gibt.

Das Problem bei Biowaren ist nicht der Preis, sondern die Verfügbarkeit. Besonders in den Städten wird Gemüse verkauft, das mit Schwermetallen belastet ist und hohe Pestizidrückstände aufweist. Außerdem besprühen oder waschen die Händler ihre Waren oft mit chemischen Lösungen, die die Erzeugnisse länger haltbar machen und frischer aussehen lassen. 2015 teilte das indische Landwirtschaftsministerium mit, dass in knapp einem Viertel der landesweit 8342 untersuchten Gemüseproben Pestizide nachgewiesen worden seien, bei 229 Proben hätten die Werte deutlich über den zugelassenen Grenzwerten gelegen[18].

Die Politiker wissen, dass sie Lebensmittelsicherheit – Verfügbarkeit und Reinheit – ernst nehmen müssen. Seit 2014 unterstützt deshalb z. B. das Landwirtschaftsministerium in Tamil Nadu mit einem »DIY-Baukasten«[19] aktiv Stadtbewohner, die auf Dächern, Balkonen oder Treppenabsätzen in Kübeln, Trögen oder Töpfen Gemüse, Salat oder Kräuter anbauen wollen. Die Grundausrüstung zum Preis von 500 Indischen Rupien (etwa 6,60 Euro) enthält eine Anleitung, Töpfe, Substrat, Samen, Dünger und Biopestizide. Das Programm war nur für Chennai und Coimbatore gedacht, doch ich habe inzwischen auch in kleineren Städten immer wieder vor allem Frauen getroffen, die über Freunde und Verwandte von den »Gemüsegärten auf dem Dach« gehört hatten und dann selbst die Initiative ergriffen.

Im kühlenden Wassernebel in einem der Folientunnel auf Murthys Farm am Stadtrand von Nagpur hatte ich die Vision von Hunderten solcher Farmen in und am Rande indischer Großstädte. Auf minimalen Flächen könnte unter optimalen Bedingungen Ressourcen schonend die größtmögliche Menge an Bioobst, Gemüse und Milch produziert werden. Kurze Transportwege würden den Verderb der Produkte auf dem Weg zu den Verbrauchern weitgehend verhindern. Murthy legte, auf sehr indische Weise, Widerspruch ein – das Konzept seiner Farm zu klonen, davon halte er nichts: Boden, Klima, Verfügbarkeit von Wasser – die Bedingungen seien überall unterschiedlich. Und das Prinzip? Ich erzähle ihm vom Zonenmodell für nachhaltigen Landbau, das »Growing Communities«, eine

---

18 Dipak Dumar Dash, »Spurt in pesticide-laced vegetables across india«, *The Times of India*, 5. 10. 2015, http://timesofindia.indiatimes.com/india/Spurt-in-pesticide-lacedvegetables-across-India/articleshow/49220802.cms

19 http://www.tnhorticulture.tn.gov.in/horti/do-it-yourself-kit

Gemüsekisteninitiative in Ostlondon entwickelt hat und inzwischen sehr erfolgreich praktiziert: Die idealen Anbauzonen sind konzentrisch um eine Stadt angeordnet.

In Europa können fünf Prozent dessen, was Stadtbewohner essen, in der Stadt produziert werden: Salat, Spinat, Mangold und Kräuter lassen sich (kommerziell oder für den Eigenbedarf) in Hinterhöfen, auf ungenutzten Randflächen und in Kübeln ziehen – das entspricht der Dachgarteninitiative in Tamil Nadu. 17,5 Prozent allen Gemüses sollten in Stadtrandlagen (semi-urbane Zone) angebaut werden – Murthys Farm ist dafür ein exzellentes Beispiel. Getreide, Kartoffeln, Linsen, alles, was große Anbauflächen braucht, muss aus weiter entfernten Regionen kommen. Murthy nickt zustimmend, aus diesem Grund sei das Trainingszentrum für die Kleinbauern an die Farm angeschlossen: Es gehe darum, Wissen um alle verfügbaren Techniken und Möglichkeiten für nachhaltige Landwirtschaft zu vermitteln. Nur wenn Bauern das Handwerkszeug haben, die Fruchtbarkeit ihrer Äcker zu verbessern und zu erhalten und die Herausforderungen des Klimawandels in ihrer Region zu meistern, werden sie in der Lage sein, weiter Gemüse, Obst und Feldfrüchte zu produzieren und uns alle zu ernähren.

In Indien entsteht derzeit ein immer dichter werdender Flickenteppich aus Graswurzelinitiativen und Einzelprojekten. Neue Methoden werden entwickelt oder alte wiederentdeckt, sie werden angewendet, erprobt, adaptiert und verbessert: computergesteuerte Bewässerungs- und Kühlsysteme wie die auf der Farm in Nagpur, Techniken der Biolandwirtschaft, die auf den winzigen Biobaumwollfeldern in Orissa genauso eingesetzt werden können wie auf den Teeplantagen in Darjeeling, Diversifikation und Erhaltung von Saatgut wie Kala-Cotton, salztolerantem Reis und den Hunderten von Hirse-, Reis-, Bohnen- und Gemüsesorten in dörflichen Saatgutbanken, der Einsatz von Bienen, um die Erträge steigern und mehrere Ernten im Jahr möglich machen.

Jonathan Latham, der Direktor des Bioscience Resource Project in Ithaca, New York, brachte in einem Interview[20] auf den Punkt, wie leistungsfähig das kleinbäuerliche Landwirtschaftssystem in Indien ist: »Indien hat 1,2 Milliarden Einwohner und 3 Prozent der (globalen) Landmasse. Das landwirtschaftliche System, das sie haben, das in Europa und Nordamerika gewöhnlich verspottet wird, ernährt ein Fünftel der Weltbevölkerung – von 3 Prozent der Fläche. Und davon ist eine Menge Wüste oder hat nur saisonal Regen, es ist wirklich nicht das beste Ackerland der Welt, aber (...) die Bauern, die Kleinbauern, leisten fantastische Arbeit und schaffen es, all diese Menschen zu ernähren.«[21] Dank dieser Strukturen und der Kreativität der Menschen, die die Ressourcen der Natur zu bewahren und zu nutzen wissen, haben Indiens Bauern dem Klimawandel etwas entgegenzusetzen, und sie haben eine Chance, ihre Landwirtschaft zukunftstauglich zu machen.

20 Jonathan Latham im Gespräch mit Melinda Hemmelgarn, KOPN *Food Sleuth* Podcast vom 23.7.2015
http://kopn.org/dc/fs/07-23-15%20Food%20Sleuth%20Radio.mp3

21 Natürlich gibt es Unter- und Mangelernährung in Indien, bei Kindern und Erwachsenen. Grund dafür ist Armut, aber nicht die generelle Verfügbarkeit von Nahrungsmitteln. Weitere Faktoren sind Verteilprobleme, unsauberes Trinkwasser, fehlende sanitäre Einrichtungen, insbesondere Toiletten, fehlende ärztliche Versorgung vor allem bei Durchfallerkrankungen, Malaria, Analphabetismus... die Liste lässt sich fortsetzen.

11.

SCHOKOLADE:
LUXUSGUT DER ZUKUNFT

Im alten Hafen der Stadt Köln ragt im Schokoladenmuseum ein goldener Kakaobaum drei Meter in die Höhe. Aus seinen goldenen Früchten rinnt ein Strom von Schokolade herab in eine Brunnenschale und von dort in Kaskaden in die nächste und weiter zum Brunnengrund, wo er wieder aufgefangen wird, um erneut aufzusteigen und herabzurinnen. Ein Kreislauf des süßen Überflusses. Ein Gefühl von Schlaraffenland. Die Botschaft hinter dieser Brunnenlandschaft ist offensichtlich: Bei uns wird der Strom der Schokolade nie versiegen. Wohlstandsverblendung, mit der Realität der Schokoladenwelt und des Kakaoanbaus hat diese Installation nichts gemein. Die ist bitter, hart und endlich. Der Klimawandel wird unsere Schokoladenseligkeit nicht verschonen.

Kakaobäume tragen außerhalb 20 Grad nördlicher und 20 Grad südlicher Breite keine Früchte. Wer dorthin fährt, wo die echten Kakaobäume in den Himmel ragen, wo die echten Kakaobauern leben, der erkennt schon an ihren Hütten, dass man als Bauer mit Schokolade kein Geld verdient. Die Mehrheit ist arm, es sind meist Kleinbauern, die gerade so über die Runden kommen. Wo sie wirtschaften, herrscht heißes und feuchtes Tropenklima, dicht am Äquator im Westen Afrikas in den Ländern Elfenbeinküste und Ghana. Beide Länder versorgen über zwei Drittel des Weltmarkts. 2015 liegt ihre Produktion bei 2,5 Millionen Tonnen.[1] Der größte Teil davon, 1,8 Millionen Tonnen, landet in Europa und wird dort in Fabriken zu Kakaopulver, Pralinen oder Schokolade verarbeitet. Im Kakaogürtel Westafrikas bleibt von diesem Mehrwert nicht viel hängen. Auch wenn der Kakaopreis auf den Rohstoffbörsen der Welt immer neue Höhen erklimmt: Hier bei den Bauern kommt davon kaum etwas an. Und keiner von ihnen hat je das gesehen oder gekostet, was aus dem Schuften und Schwitzen auf ihren kleinen Farmen wird, sobald es im Norden des Globus angekommen ist.

Auch Alphonse nicht. Seine Farm liegt an der Elfenbeinküste in der Nähe der früheren Hauptstadt Abidjan, dem heutigen Zentrum des Kakaohandels. Hier haben sich die großen Konzerne des Kakaogeschäfts niedergelassen – Nestlé, Cargil, Archer Daniels Midland und Barry Callebaut. Sie kaufen fast die gesamte Ernte des Landes auf. Seine Farm ist kaum größer als ein Fußballfeld, auf ihr wachsen einige Hundert Kakaobäume, gut vier Meter hoch. Sie spenden Schatten in der gleißenden Sonne. Vor seiner Hütte steht ein großer Rost aus Holzstäben, dort trocknen Kakaobohnen in der äquatorialen Sonne. Was mit seinen Bohnen in den Ländern des Nordens geschieht, weiß er nicht. Er habe gehört, man benutze dort die Kakaobohnen zum Würzen von Speisen, aber gesehen habe er das noch nie.

Das soll sich ändern. Alphonse hat Besuch, ein Journalist aus Europa will von dem Kakaobauern wissen, wie er den Kakao gewinnt, und hat ihm im Gegenzug das mitgebracht, was aus seinen Bohnen gemacht wird. Er schlägt das Silberpapier, dass um die Tafel gewickelt ist, zurück und bereitet Alphonse die Überraschung seines Lebens. Das hätte er nicht gedacht, dass Schokolade so aussieht, so eckig und so dünn und so schmeckt: »Yammi«, sagt er und lacht. Das Erlebnis will er mit seinen Freunden teilen. Die wohnen im nächsten Dorf. Mit dem Motorrad ein Katzensprung. Die Überraschung ist per-

---

1 Kakaobarometer 2015: http://www.cocoabarometer.org/Home.html

fekt. Alle sind Kakaobauern, aber keiner von ihnen hat je eine Schokolade gesehen. Keiner weiß, dass sie in einer silbrig glänzenden Folie verpackt ist und zum Essen in kleine Stücke gebrochen wird.

Seine Eltern haben ihm erzählt, ruft einer in die Runde, dass die Kakaobohnen von den Weißen benutzt würden, um daraus Wein zu machen. Aber das hier, und er greift ein Stück aus der Packung, sei ja viel besser. Ein anderer will auf jeden Fall das glänzende Schokoladenpapier seiner Tochter mitbringen, damit die auch erfährt, was aus den Bohnen, die sie in ihrem Hof trocknen, in Europa gemacht wird. Einer der Bauern hat gehört, dass es Schokolade in der Hauptstadt Accra zu kaufen gibt, aber bis dahin ist er noch nicht gekommen, und es wäre auch witzlos für ihn, denn, so erzählen die Nachbarn, ein Riegel kostet dort zwei Euro. Das kann sich hier kein Kakaobauer leisten, auch Alphonse nicht. Er verdient sieben Euro am Tag, davon muss er mit seiner 15-köpfige Familie leben und auch seine vier Arbeiter durchbringen. Da bleibt nichts übrig für Schokolade.

Die Arbeit in der kleinen Plantage von Alphonse ist schweißtreibend. Zur Ernte zieht er mit seinen vier Arbeitern und langen Stangen los. An der Spitze jeder Stange sitzt ein krummes Messer, das Erntewerkzeug. Mit diesem angeln sie in den Kakaobäumen nach den Früchten. Diese haben die Form und Größe einer länglichen Honigmelone, sind gelb braun gescheckt und wachsen unmittelbar am Stamm, nicht so wie Äpfel oder Pflaumen an dünnem Geäst. Weil die Bäume einige Meter hoch sind, müssen sich Alphonse und seine Leute anstrengen, um zu den obersten Früchten zu gelangen. Durch einen Ruck mit dem Messer werden sie dann vom Stamm abgetrennt und fallen ins Blätterbeet am Fuß der Bäume. Das vertragen sie ohne Blessuren. Den Aufprall puffert ihr Fruchtfleisch ab, es umhüllt die Bohnen wie eine Sicherheitsverpackung.

Durch einen gezielten Schlag mit ihrer Machete teilen die Arbeiter die Früchte. Die Kakaobohnen glänzen braun im hellen

Fruchtfleisch. Das wird nun mitsamt den Bohnen ausgekratzt, zu einem Haufen getürmt und mit Bananenblättern dicht abgedeckt. So entsteht ein natürlicher Fermenter, in dem die Bohnen ihren Geschmack entwickeln. Nach fünf Tagen ist diese Art von Gärung abgeschlossen. Es ist der erste Schritt in Richtung Schokolade. Aber die Bohnen sind noch zu feucht für den weiteren Transport. Auf dem Holzrost im Hof von Alphonse trocknen sie in der heißen Sonne des Äquators, bis der Händler aus der Stadt kommt und sie mitnimmt.

Unter dem Strich verdient ein Kakaobauer an der Elfenbeinküste einen halben Euro pro Kopf und Tag. Im Nachbarstaat Ghana liegt der Tagesverdienst um die Hälfte höher, aber ein anständiges Leben kann man sich auch damit nicht leisten, dafür wären mehr als zwei Euro pro Tag notwendig. Doch die erreicht kaum ein Kakao-Bauer in Westafrika. Trotz des Hungerlohns wird weiter produziert, denn es gibt keine Alternativen im Land. Die Bauern sind den Aufkäufern ausgeliefert. Das Geschäft mit den Bohnen konzentriert sich nur noch auf wenige Konzerne. Nur noch acht große Händler verschiffen und verkaufen 80 Prozent der Welternte. Das schwächt die Position der kleinen Bäuerinnen und Bauern, die ohnehin nur einen Bruchteil des Werts abbekommen, der in der Kette zwischen ihren Feldern und den Schokoladenregalen des Nordens entsteht. Ihr Anteil beträgt gerade einmal sieben Prozent des Ladenpreises.

Die Kleinfarmer leben in wirtschaftlicher Unsicherheit. Eine Ausbildung hat kaum einer, sie lernen von Generation zu Generation, was die Alten ihnen übermitteln. So bleiben ihre Erträge gering. Für Risiken wie die des Klimawandels gibt es kein finanzielles Polster. Vielen geht es so wie den Bauern im 400-Seelen-Dorf Amankwazia im Südwesten Ghanas. Hier leben zwei Drittel der Menschen mehr schlecht als recht vom Kakaoanbau. Und neuerdings spielt auch das Klima nicht mehr mit. »Es hat zu wenig geregnet. Wir haben nicht genug geerntet«, sagt der Dorfvorsteher. Seine große Sorge ist, dass es noch trockener werden könnte. Dann werden sie richtige Probleme bekommen, denn die Kakaobäume vertragen Trockenheit und zu viel Hitze überhaupt nicht.[2] Die Gefahr sieht auch Seth Agyemang von der Universität von Kumasi, sie liegt in der Hauptstadt der Region Ashanti in Ghana. Das Wetter sei unberechenbar geworden, erklärt der Wissenschaftler. »Es regnet unregelmäßig, manchmal viel zu viel, manchmal viel zu wenig.« In der vergangenen Saison zum Beispiel habe es zu heftig und zur falschen Zeit geregnet, und zwar in der Blütezeit der Kakaobäume. Das sei eine mittlere Katastrophe gewesen und habe in ganz Ghana zu Ausfällen geführt. Das nationale Ghana Cocoa Board rechnete für die Saison 2014/2015 mit einer Million Tonnen Kakao, geerntet wurden jedoch nur 700 000 Tonnen: 30 Prozent Ausfall durch die extreme Wetterlage.

Dazu kommt, dass die Temperaturen steigen, was den Kakaoanbau besonders trifft. Denn schon bei einem Plus von einem Grad Celsius beginnen die Kakaobäume zu kümmern. Der Grund liegt in ihrem Wasserhaushalt. Sie brauchen dann viel mehr Wasser, um der Hitze standzuhalten, um ihre Blätter abzukühlen, damit sie nicht verdorren. Wenn sie nicht mehr genug Wassernachschub bekommen, geraten sie unter Hitzestress. Das trifft besonders die Hauptanbaugebiete des Kakaos im Flachland Ghanas. In diesen ist heute schon zu spüren, wie die Hitze steigt, und zwar deutlich über die Wohlfühltemperatur der Kakaobäume. Die liegt zwischen 21 und 32 Grad Celsius. Im Notfall können sie auch Temperaturen bis 36 Grad Celsius abfedern. Doch jenseits dieser Marke droht der Hitzschlag, ihr Kreislauf bricht zusammen, das geht besonders schnell, wenn nicht genügend »Kühlwasser« zur Verfügung steht.[3]

2 Britta Kollenbroich, »Ghana: Das bittere Geschäft mit dem Kakao«, *Spiegel Online* 24. 10. 2015, http://www.spiegel.de/wirtschaft/unternehmen/kakao-in-ghana-der-klimawandel-bedroht-die-ernte-a-1059187.html

3 Götz Schroth et al., »Vulnerability to climate change of cocoa in West Africa: Patterns, opportunities and limits to adaptation«, *Science of*

Im Klimawandel werden Hitzewellen besonders das Hinterland der westafrikanischen Küste treffen. Das sagen die Ergebnisse, die der Klimaforscher Götz Schroth in seiner Studie ›Vulnerability to climate change of cocoa in West Africa‹ zusammengetragen hat. Bis 2050 droht die Hitze der Savanne aus dem Inneren des Kontinents in Richtung Küste vorzurücken. Dann werden Temperaturen jenseits der 38-Grad-Marke zum Alltag der Region gehören. Mit der Folge, dass im gesamten westafrikanischen Kakaogürtel bis zur Mitte des Jahrhunderts bis zu 50 Prozent der Anbaufläche wegen Überhitzung ausfallen werden. Die Berechnungen des Klimaforschers Seth Agyemang aus Kumasi gehen noch weiter: »Wenn niemand eingreift, wird der Zeitpunkt kommen, an dem Kakao in Ghana nicht mehr angebaut werden kann.«

Wenn es in der Ebene nicht mehr auszuhalten ist, warum ziehen die Kakaobauern nicht in die Berge? Theoretisch wäre das eine Alternative, aber praktisch keine Lösung, weil es kaum höhere Berge in Westafrika gibt. Und wo sie emporragen, sind es die Rückzugsgebiete der letzten Regenwälder des Kontinents, die erhalten bleiben sollten, um den Klimawandel nicht weiter zu beschleunigen.

Was bleibt, ist der Versuch, die kleinen Bauern und ihre Plantage gegen die steigenden Temperaturen widerstandsfähiger zu machen. Doch dazu braucht es robustere Bäume, mehr Schatten und höhere Preise für die Bohnen. Genau das finden wir auf den zwei Inseln Príncipe und São Tomé vor der Küste Westafrikas. Dort pflegt Manuel Geracol auf seiner kleinen Farm seit der Jahrtausendwende alte Kakaobäume, die ihm zwei Schicksalsschläge beschert hatten.[4]

the Total Environment 556, 2016, S. 231–241, http://www.sciencedirect.com/science/article/pii/S0048969716304508

4   »Organic Cocoa Brings New Jobs to São Tomé«, Global 3000 – Das Globalisierungsmagazin, DW-TV, Juni 2009, https://www.youtube.com/watch?v=ntZ9VqA8lMI

Der erste traf die Inseln im Jahr 1819. Da landeten unerwartet mehrere Segelschiffe auf Sao Tome und der Nachbarinsel Principe. Sie kamen aus Brasilien und waren gefüllt mit dem Hausrat von portugiesischen Kakaobauern, die aus Angst vor Vertreibung aus Brasilien geflohen waren. Ihren lukrativen Besitz, die Kakaopflanzen, hatten sie mit an Bord. Die Pflanzen stammten von den edelsten Kakaosorten Südamerikas ab. Sie legten den Grundstein für den Kakaoanbau in Westafrika. Die Inseln entwickelten sich zu den größten Kakaoproduzenten ihrer Zeit. Von den ursprünglichen Sorten haben etliche überdauert. Sie können besser mit der Hitze umgehen als die Hybriden, die heute in den Kakaoplantagen Westafrikas wachsen. Und sie lieferten einen Kakao von höchster Qualität. Allerdings nur bis 1990. Da kam der zweite Schicksalsschlag über die Inseln, diesmal ein desaströser. Die Preise an dem Weltkakaobörsen stürzten in kurzer Zeit ins Bodenlose. Der Kakaoanbau auf den Inseln kam schlagartig zum Erliegen. Die Kakaofarmer machten einer nach dem anderen Bankrott. Zurück blieben verwilderte Plantagen, über denen sich der Urwald wieder schloss.

Um die Jahrtausendwende jedoch brachte ein Hilfsprogramm des International Fond for Agricultural Development die Wende.[5] Die noch verbliebenen Farmer bekamen das Angebot, ihre Kakaobohnen in Zukunft auf einem anderen Markt und zu einem besseren Preis zu verkaufen: auf dem Markt für Bioschokolade. Sie gründeten eine Fairtrade-Genossenschaft, lichteten das Urwalddach, das sich über alles gewölbt hatte, und begannen, mit den alten Kakaobäumen weiter zu arbeiten.

Der Bauer Manuel Geracol profitiert von dieser Kombination aus Qualität, Bio und Fair. Sein Einkommen hat sich verdoppelt, seit er seine Kakaobohnen für die Fairtrade-Genossenschaft erntet. Angst vor dem Klimawandel hat er nicht, denn seine Bäume sind robust und stehen gut beschattet vom Ur-

5 »Organic Cocoa Brings New Jobs to São Tomé«, a.a.O.

wald im Westwind, der sorgt für regelmäßigen Regen. Damit könnte er für die Kakaobauern in Westafrika ein Vorbild sein, in der Frage, wie man sich aufstellen muss, um mit den Klimawandel fertigzuwerden. Doch das Beispiel der Inseln São Tomé und Príncipe findet bisher kaum Nachahmer.

Anpassung an den Klimawandel wird gefordert, aber bisher steckt sie noch in den Kinderschuhen. Kakaobäume, die es mit den steigenden Temperaturen aufnehmen könnten, sind zwar in der Entwicklung. Aber bis sie auf den Farmen ankommen werden, wird noch viel Zeit ins Land gehen, und einige zweifeln sogar, ob sich die Bauern überhaupt anpassen können. Deshalb mischt sich jetzt auch die Industrie ein. Sie will ihre Rohstoffquellen sichern. In Zeiten steigender Nachfrage nach Schokolade wären Ernteausfälle und Lieferengpässe fatal. Denn sie würden zu erheblichen Preissteigerungen bei den Kakaobohnen führen und am Ende zu einem Zusammenbruch der Nachfrage, insbesondere in den Schwellenländern wie China, wo die Mittelschicht gerade erst auf den Geschmack gekommen ist und sich der Absatz in den letzten Jahren verdreifacht hat.

Hinzu kommt der Markt von Luxusartikeln wie Lippenstift und Schönheitscremes. Auch hier findet der Rohstoff der Kakaobohnen, insbesondere ihr samtiges Fett, reißenden Absatz. Diese Wachstumsmärkte versprechen große Gewinne und sollen nicht durch plötzliche Lieferengpässe, wie sie mit dem Klimawandel einhergehen könnten, verstört werden. Nicht zuletzt aus diesen existenziellen Gründen beginnt die Schokoladenindustrie nun, in die Anpassung an den Klimawandel zu investieren. Das ›Wall Street Journal‹ rechnet im Januar 2016 vor, dass voraussichtlich eine Milliarde Dollar in entsprechende Maßnahmen investiert werden solle.[6]

Viel Hoffnung liegt in der Forschung. Am Cocoa Research Institute in Ghana arbeiten Wissenschaftler daran, Bäume zu

6 Alexandra Wexler, »Chocolate Makers Fight a Melting Supply of Cocoa«, *The Wall Street Journal*, 13.1.2016.

züchten, die resistent gegenüber Hitze und Trockenheit sind. Damit die Forschung auf die Farmen kommt, will das Cocoa Board 50 Millionen neu gezüchtete Hybrid-Setzlinge kostenlos an Kakaobauern verteilen.

Der Konzern Mondelez (vormals Kraft), zu dem die Marken Milka, Suchard und Cadbury gehören, versucht, die Bauern vor Ort auf neuen Kurs zu bringen. Er will mit einem Programm von 400 000 US-Dollar in Ghana die Bauern beraten, wie sie sich auf neue Sorten umstellen können. Fachkräfte des Konzerns sollen ihnen erklären, wie sie neue Setzlinge pflanzen und mit Dünger auf Ertrag bringen können. Mit diesen Investitionen will Mondelez seine Rohstoffbasis sichern, erklärt Chris McGrath, der Projektverantwortliche.[7] Auch er befürchtet sonst einen »langfristigen Versorgungsengpass«.[8]

Doch so einfach, wie es sich anhört, wird die Anpassung an die neuen Klimate nicht verlaufen. Was die Manager des Wandels nicht auf ihrem Schirm haben, ist die Wirklichkeit der Kakaobauern. Wer wie sie seit Jahren am Existenzminimum lebt und keine Rücklagen hat, der kann es sich nicht leisten, seine alten Bäume einfach abzuhacken und neue zu pflanzen. Das widerspricht schon der Tradition. Für die Kakaobauern sind ihre Bäume wie eine Bank. Wenn sie Geld brauchen, weil ein Familienmitglied krank geworden ist oder eine Hochzeit oder Kindstaufe ansteht, dann gehen sie heute in ihre Plantage und ernten so viel, dass sie flüssig sind und zahlen können. Schon um ihr Gesicht zu wahren. Es widerspricht ihrem Gefühl, ihre Bank zu fällen. Hinzu kommt, dass sie, selbst wenn sie die neuen Bäume kostenlos bekämen, trotzdem belastet würden. Denn wer seine alten Bäume abholzt, der verliert erst einmal seine Einkommensgrundlage. Und zwar so lange, bis die neuen Setzlinge Früchte tragen. Und das kann bis zu fünf Jahre dau-

7   Lukas Zimmer, »Kakao für Reiche, Palmöl für den Rest«, ORF.at, 21.4.2014.
8   ebd.

ern. Diesen Ausfall können sich die meisten Bauern im Land des Kakaos einfach nicht leisten, erklärt Friedel Hütz-Adams, einer der Verfasser des Kakao-Barometers 2015.

Nicht nur die Industrie steckt in der Klemme. Wenn die geforderte Anpassung nicht gelingt und der Klimawandel ganze Anbauregionen auslöscht, wird es auch für die Regierungen in Westafrika eng. Denn auch sie hängen vom Kakao ab. In Ghana ist der Export vom Kakao die Hauptdevisenquelle des Staates. Zwei Millionen Bauern leben vom Anbau. Zusätzlich arbeiten allein in Ghana drei Millionen Menschen als Erntehelfer im Handel, in der Verarbeitung und bei Zulieferern. Wenn deren Existenzgrundlage wegbricht, womit werden sie sich und ihre Familien ernähren? Wie kann das Exportdefizit der westafrikanischen Staaten, die heute von den Kakaoausfuhren leben, ausgeglichen werden?[9]

Die kommende Knappheit macht sich heute schon bemerkbar. Die Nervosität der Händler steigt. Der Kakaopreis vollführt wilde Sprünge an der Börse. In den vergangenen Jahren von 1500 auf 3500 Dollar pro Tonne. Diese Preisrally treibt die Spekulation und wird weiter von der Spekulation getrieben. Friedel Hütz-Adams, Kakaoexperte der Entwicklungsorganisation Südwind, stellt fest: »Die Regierungen der Anbauländer sowie Verbände der Händler und Verarbeiter von Kakao beobachten die Marktverzerrung durch Spekulanten mit großer Skepsis.« Er fürchtet eine Destabilisierung des Marktes.[10]

Und das kann unter den gegenwärtigen Vorzeichen von sinkender Versorgungssicherheit und steigender Nachfrage nur heißen: explodierende Preise. Die Schokoladenhersteller stöhnen. Sie sind gebunden durch langfristige Verträge mit ihren

9 »Ghana – Ein Land lebt vom Kakao«, Inkota-Stiftung, https://www. inkota.de/fileadmin/user_upload/Themen_Kampagnen/Make_Chocolate_Fair/INKOTA_MCF_Hintergrund_Ghana_2013.pdf
10 Shila Meyer-Behjat, »Spekulanten machen nun auch die Schokolade teuer«, *Die Welt*, N24, 21.9.2015.

Abnehmern, den Supermarktketten und Discountern. Da gibt es wenig Spielraum, um Preiserhöhungen weiterzugeben. Was aber geht, ist der Ersatz von teurerem Kakao durch billigere Füllstoffe. Von diesen Mogelpackungen bekommt die Kundschaft kaum etwas mit. Wer merkt schon, wenn die Kakaobutter durch billiges Palm-, Soja- und Rapsöl ersetzt wird. Wenn das noch nicht reicht, kann immer noch ein Fremdzuschlag helfen, Rosinen, Erdnüsse oder Popcorn, alles, was die Illusion erhält, dass es sich um eine echte Tafel Schokolade handelt. Und wem das zu umständlich ist, für den bleibt als Manipulationsmasse immer noch das Gewicht. So erleichterte ein namhafter Hersteller seine Schokolade 2013 von 100 auf 87 Gramm. Der Preis blieb auf dem Niveau der alten 100-Gramm-Tafel.[11]

Dies alles ist nur der Anfang einer Preisspirale, die wohl erst in den kommenden Jahren so richtig auf Touren kommen wird. Da reicht es nicht, mit fragwürdigen Rezepten den Rohstoffeinsatz zu vermindern. Was langfristig zählt, ist der Zugang zum Rohstoff selbst. Der Hersteller Ritter versucht, das Problem in den Griff zu bekommen, indem er selbst dorthin geht, wo die Bohnen wachsen, und seine Rohstoffe selbst erzeugt. 2013 erwarb das Unternehmen Land in Nicaragua, wo es bereits einen Großteil seines Kakaos von einer Kooperative kaufte. Nun will es selbst als Anbauer tätig werden. Doch auch diese Ausweichstrategie wird am langfristigen Trend nichts ändern. Der Klimawandel wird den Kakaoanbau einschränken und Schokolade zu einem Luxusprodukt machen.

Ein Luxus, wie man ihn bereits heute bei Holger in't Veld in seiner Schokoladenmanufaktur in Berlin schmecken kann.[12] Ein Vorgriff auf die Zeiten, in denen Schokolade ein Boutiquegeschäft werden wird. Schokoladengalerien, die ihre Künstler

11 Shila Meyer-Behjat, »Spekulanten machen nun auch die Schokolade teuer«, a.a.O.
12 http://www.theobro.ma

ausstellen und deren Produkte versteigern. Holger in't Veld zeigte seine Kunstwerke 2016 vor großem Publikum auf der alternativen Berliner Ernährungsmesse Stadt-Land-Food und konnte sich vor Nachfragen kaum retten. Seine Gäste faszinierte er nicht nur mit seiner Geschichte, wie er vom Saulus zum Paulus im Schokoladengeschäft wurde. Sein erstes Leben, so sagt er, habe er in der Hölle der Schokoladenindustrie verbracht und abgebrochen. Wenn er über seine Vergangenheit spricht, kommt nichts als Verachtung über seine Lippen. Dort zähle nur das schnelle Geschäft, alles auf Kosten der Qualität, da habe er nicht mehr mitmachen wollen und sei ausgestiegen. Was er jetzt mache, sei ehrliches Handwerk. Darauf ist er stolz.

Holger in't Veld gehört zu den Puristen. Seine Bohnen sucht er selbst dort aus, wo sie wachsen und getrocknet werden, bei den Bauern. Und zwar zu einem fairen Preis, und der liegt bei mindestens vier Euro pro Kilo, er zahlt auch sechs oder mehr je nach Qualität. Neben ihm stehen drei Schalen mit den Bohnen, die er zur Verkostung anbietet. Selbst gekauft in Mittelamerika, in Guatemala, Nicaragua und Mexico. Sie gehören zum Spitzensegment der Sorte Criollo, ein Edelkakao. Und wer einen der Kakaosplitter kostet, merkt, wie unterschiedlich sich Region und Klima im Geschmack widerspiegeln.

Jeder Schritt von der Bohne bis zur gegossenen Schokolade, in der Schokoladenmanufaktur ist alles transparent. Rösten, Brechen, Schalen abtrennen, »Mahlen«, das ist der Job des »Wet Grinder«. Die Maschine hat der Künstler aus Indien importiert, dort steht sie in jedem Haushalt als Mörserersatz. Die zerbrochenen Bohnen werden zwischen zwei Steinscheiben zerrieben. Wichtig ist, dass der Deckel dicht hält, sonst geht Aroma verloren, und darauf kommt es Holger in't Veld besonders an. Luft, so sagt er, sei der Feind der Qualität. Sie hinterlasse nichts als Säure im Kakaobrei und die brauche keiner, der feine Schokolade machen wolle.

Nach zwölf Stunden Mahlen ist aus den Bohnensplittern ein flüssiger Brei entstanden. Holger in't Veld gießt die braune

Masse auf ein Blech. Sie erstarrt. Reine Schokolade. So kann sie verkostet werden. Kein Vergleich mit der Massenware aus dem Supermarkt. »Die Frische wird Euch umhauen«, verspricht der Meister seinem Publikum. Die Zuschauer kosten und staunen und zahlen vier Euro für die Tafel. Das ist sie ihnen wert. Ein Luxusprodukt, bei dem alles stimmt, aber das für immer weniger Konsumenten erschwinglich bleiben wird.

Das sieht auch der Österreicher Josef Zotter nicht anders. Er hat als gelernter Koch und als Außenseiter unter den Schokoladenherstellern angefangen. Auch für ihn ist die Qualität das Wichtigste. Und die hat ihren Preis. Der beginnt bereits beim Einkauf der Bohnen. Da zahlt er bis zu 12 000 Dollar für eine Tonne, das Vierfache des Preises von Massenkakao.[13] Die Differenz holt er sich bei seiner Kundschaft wieder. Er verkauft seine Schokolade in kleinen Verpackungen, zum dreifachen Preis einer Standardtafel. Absatzsorgen kennt er nicht. Er gilt als Verkaufsgenie und stellt mit seinen 180 Mitarbeitern pro Tag bis zu 80 000 Tafeln Edelschokolade in seiner gläsernen Schokoladenfabrik in der Steiermark her und bringt sie unter das zahlungskräftige Publikum.

»Wenn wir nach vorne schauen«, so sieht es Edward George, Agrarexperte der panafrikanischen Ecobank, »könnte es sein, dass Schokolade in Europa ein bisschen wie Champagner wird – ein Luxus, den sich nicht alle von uns leisten werden können.«[14]

13 Caspar Dohmen, »Picasso der Schokolade«, *Süddeutsche Zeitung*, 28.12.2016.
14 Lukas Zimmer, »Kakao für Reiche, Palmöl für den Rest«, a.a.O. 21.4.2014

12.

ZUERST DIE AUSTERN, DANN DIE FISCHE...
WAS DIE VERSAUERUNG DER MEERE BEWIRKT

Es ist ein archaischer Akt. Die eine Hand bedeckt von einem Kettenhandschuh, die andere umklammert ein Messer mit kurzer Klinge, und dazwischen ein graues Stück Muschelkalk. Eine Auster. Wer sie öffnen will, spielt mit der Gefahr. Entweder das Messer reißt im Zustich die Auster auseinander und legt ihr Inneres frei oder die Klinge landet in der Hand, die sie hält. Gut, wenn der Kettenhandschuh den Stich ins Fleisch verhindert. Könner und Küchenchefs arbeiten natürlich ohne. Mit einem gezielten Stich zwischen die Schalen knacken sie die Schutzhülle des Schalentiers. In Paris gehört sie das ganze Jahr über zur guten Küche, lebend und auf einem Teller mit Seetang und Eis serviert.

Freunde der Miesmuschel verzehren ihr Objekt der Begierde nicht bei lebendigem Leib, sondern gekocht, und hier werden die geschlossenen Muscheln nicht mit Gewalt geöffnet. Entweder sorgt die Hitze beim Kochen dafür, dass sich die Schalen auftun, oder sie bleiben auf dem Teller liegen, denn wenn sich die Schalen nicht öffnen, ist das ein Zeichen dafür, dass die Muschel nicht mehr genießbar ist.

Muscheln essen ist eine Art Kult, es stiftet regionale Identität. So im Rheinland, wo die Miesmuscheln mit einem Sud aus Sellerie, Lauch, Zwiebeln und Möhren gekocht werden. Für die Schärfe sorgt eine ordentliche Prise Pfeffer. Dazu wird eine anständige Scheibe Schwarzbrot mit »dick« Butter serviert, um die Schärfe wieder einzufangen. Diese rheinische Tradition wird nur in den Monaten mit »R« gepflegt, weil das die kühlen Monate sind, in denen die Muscheln in früheren Zeiten von der Nordsee nach Köln transportiert werden konnten, ohne zu verderben.

Beide, die Tradition der Pariser ebenso wie die der Kölner, werden sich in Zukunft rarmachen, so prophezeien Meeresbiologen und Klimaforscher. Auster und Miesmuschel werden zu den Verlierern im Klimawandel gehören. Der Stress kommt aus zwei Richtungen: zum einen durch die steigende Versauerung der Weltmeere und zum anderen durch die Erwärmung des Planeten, die sich auch in den Meeren niederschlagen wird. Beides zusammen bildet einen unbekömmlichen Cocktail, der besonders die Schalentiere treffen wird. Doch bei Weitem nicht nur sie. Es ist eine Attacke auf das größte System unseres Planeten, auf die Ozeane und Meere.

In Europa dezimiert der Klimawandel bereits ihre Bestände. Hier sind es zunächst die steigenden Temperaturen im Meerwasser, die auf die Gesundheit der Muscheln zurückschlagen. Die Wärme bildet ein ideales Vermehrungsklima für Bakterien. Sie wachsen schneller, auch die, die Krankheiten hervorrufen, was wiederum den Muscheln zum Verhängnis wird, besonders wenn sie vom Laichen, der Eierablage für die nächste Generation, geschwächt sind. In Frankreich gingen 2012/2013 aus diesem Grund bis zu 80 Prozent der Austern zugrunde, erklärt der Evolutionsbiologe an der Wattenmeer-Station des Alfred-Wegener-Instituts auf Sylt, Mathias Wegner. Er erforscht, ob ein wärmerer Ozean auch ein krankerer Ozean werden könnte. Wenn sich Keime leichter im Meerwasser vermehren, dann trifft dies die Muscheln zuerst. Denn sie filtern viel Wasser, um Nährstoffe daraus zu gewinnen. Eine Auster bringt es täglich auf mehrere Hundert Liter Meerwasser, inklusive Keime. Als besonders gefährlich erwiesen sich bisher sogenannte Vibro-Bakterien. Im Sommer 2013 führten sie zum Zusammenbruch der französischen Austernzucht an der Atlantikküste. Das Massenster-ben vernichtete den größten Teil ihrer Bestände, der Schaden ging in die Hunderttausende.[1] Doch ein Mittel dagegen gibt es nicht, die Erwärmung der Meere kann keiner mehr verhindern, und damit auch nicht die Vermehrung der Bakterien, besonders im Juli und August, wenn die Temperaturen durch den Sommer in Europa noch weiter nach oben schnellen.

Auch im südlichen Wattenmeer kam es schon zu einem som-merlichen Massensterben in den Austernzuchten. Zwischen 2003 und 2009 soll es bis zu 80 Prozent der Bestände erwischt haben, erklärt Mathias Wegner. Allerdings scheint es eine Grenze im Meer zu geben, an der das Massensterben stoppt. Jenseits von Büsum leiden die Austern nicht. Die Ursache ließ sich durch eine Untersuchung des Erbguts entschlüsseln: Es han-delt sich um genetisch unterschiedliche Populationen. Obwohl sie alle zur gleichen Familie der Pazifischen Felsenauster »Crass-ostrea Gigas« gehören, stammen sie wohl aus unterschied-lichen Stämmen. Tatsächlich wurde der Norden der Nordsee mit anderen Austern besiedelt als der Süden. Und die Vermutung liegt nahe, dass die nördlichen gegenüber den Vibro-Bakterien widerstandsfähiger sind.

»Die Frage ist, ob diese Tiere genetisch resistenter sind oder ob sich die Epidemie einfach noch nicht weiter nach Norden ausgebreitet hat.«[2] Genaues wird erst die Zeit erweisen. Doch die wird auch den zweiten Stress, der den Muscheln das Leben schwer macht, vorantreiben: die Versauerung der Weltmeere. Beide wirken zusammen und verstärken sich gegenseitig. Das ist Neuland in der Forschung. Das Phänomen der Ozeanver-sauerung ist lange übersehen worden, weil seine Folgen bisher auch nur punktuell an bestimmten Küstenstrichen zutage ge-treten sind.

1   Julika Meinert, »Wird das Meer zu sauer, werden die Austern knapp«, *Welt N24*, 22.12.2014.
2   ebd.

Was Versauerung bedeutet, kündigte sich zum ersten Mal im Frühjahr 2005 vor der Westküste der USA an. Die jungen Austern, die sogenannte Austernsaat, die von den Fischern im Meer ausgesetzt wird, um nach sechs bis zwölf Monaten eine reiche Ernte einzufahren, überlebte die ersten Tage im Meerwasser nicht. Ein Massensterben raffte innerhalb weniger Tage den Nachwuchs für die Austernfarmen der Westküste der USA dahin. Zunächst wusste keiner, was der Grund sein könnte. Unbekannte Krankheiten, Bakterien, Viren, Gifte im Wasser, nichts konnte bestätigt werden. Das Austernsterben an der Westküste Nordamerikas blieb ein Rätsel. Auch in den Folgejahren setzte sich das Desaster fort und breitete sich aus.

2008 traf es die Austernzuchtstation Whiskey Creck Hatchery. In ihren Zuchtbecken war über Nacht alle Austernbrut vernichtet worden. 2009 traf es die Nachbarfarm, die Taylor Shellfish Hatchery. Damit konnten die beiden größten Austernzuchten an der Westküste der USA nicht mehr liefern. Die Austernfischer aber waren auf die Saat, die Jungmuscheln aus den Zuchtstationen, angewiesen. Ein Jahr ohne Jungaustern hieß ein Jahr ohne Ernte, sagt Dave Nisbet. Ihm gehört die Austernfarm Washington's Goose Point Oyster Co. Dave Nisbet war ein Newcomer. Er hatte seinen Beruf als Lastwagenfahrer aufgegeben, um sich als Austernfarmer eine neue Existenz in der Willapa Bay an der Küste vor Seattle aufzubauen. Das Austernsterben erwischte ihn kalt, wie alle Farmer an der Küste des Staates Washington.

Alles drohte zusammenzubrechen, als Dick Feely von der National Oceanic and Atmospheric Administration auf die Idee kam, die Säurewerte im Meer vor der Nordwestküste der USA zu messen. Das führte zu überraschenden Erkenntnissen. Das Oberflächenwasser im nördlichen Pazifik war in kurzer Zeit massiv versauert, und zwar in einer Größenordnung, die man bisher nur in der Tiefe des Meeres vermutet hatte. Dass der Ozean in seiner Tiefe Kohlensäure aus der CO_2-Fracht der Atmosphäre speichert, war schon bekannt. Aber dass diese

Säure plötzlich wieder an die Oberfläche drang: Das hatte keiner erwartet.

Dick Feely und seine Kollegen machten dafür vermehrte Stürme verantwortlich, die von Norden aus an der Küste Nordamerikas entlangfegen, und das saure Wasser in der Tiefe aufwühlten, um es dann in die Austernbuchten zu drücken. Wer dies vermeiden wollte, musste seine Austern gegen die Strömung schützen und die Muschelsaat erst dann in der Bucht aussäen, wenn der Säurewert sich wieder normalisiert hatte. Das war die gute Nachricht, das akute Problem war zu handhaben. Die schlechte Nachricht der Meeresforscher war, dass dies erst der Anfang, der Vorbote einer noch weiter gehenden, globalen Versauerung der Ozeane war. Was die Stürme vor der Westküste vor Kanada und den USA nach oben spülten, war das Ergebnis der weltweiten Treibhausgasbelastung der letzten vierzig Jahre. Die Klimagase, die durch die Abgaswolken aus Verkehr, Landwirtschaft und Industrie in Zukunft ausgestoßen werden, werden diese saure Reaktion der Ozeane noch verstärken.

Der Austernfarmer Dave Nisbet zog für sich und seine Familie die Reißleine. Er beschloss, dem Risiko aus dem Weg zu gehen. Und suchte nach einer Lösung für sein Unternehmen. Die fand er auf Hawaii. Dorthin ist er 2013 übergesiedelt. Dave sagt, er sei das erste Opfer der Versauerung der Ozeane, aber bei Weitem nicht das letzte. Auf Hawaii, 3000 Kilometer entfernt von den Küsten Amerikas, und damit weit weg von der Säure des Ozeans, züchtet er nun seine eigene Austernsaat für Goose Point Oyster Co in sicherem Wasser. Auf rund einem halben Hektar erstrecken sich die Zuchtbecken abseits der Strände, aber unter den Palmen Hawaiis. Das Wasser, das hier pulsiert, kommt aus einer unterirdischen Quelle, bei der keine Versauerung zu befürchten ist. Sie kommt aus den Tiefen des Gesteins und hat keinen Zugang zum Ozean.

Mittlerweile ist auch die Forschung aufgewacht. Sie kann erklären, warum die Jungaustern im sauren Wasser zugrunde gingen, aber ältere durchaus überlebten und sogar an Gewicht zulegen konnten. Im Frühjahr 2013 präsentierte der Meeresforscher Professor Georg Waldbusser die Lösung des Rätsels. Er untersuchte den Stoffwechsel der Jungaustern. Sie bestehen zunächst nur aus einem Ei. In ihm steckt die Energie für den Schalenaufbau. Der Aufbau hatte über Jahrtausende problemlos geklappt. Doch seit die Meere saurer werden, kostet es die Miniaustern immer mehr Kraft, den Kalk für ihre Schutzschale aus dem Meerwasser herauszufiltern. Doch dieses Mehr an Energie ist nicht in ihrer natürlichen Reserve, dem Ei, angelegt, erklärt Georg Waldbusser. Und selbst Nahrung aus dem Wasser aufzunehmen gelingt den Embryonen noch nicht, weil Fress- und Verdauungsorgane noch nicht entwickelt sind. Also stirbt die Austernbrut auf halbem Weg zur Muschel, weil ihr die Energie ausgeht.

David Stick leitet die Zuchtstation der Washington Goose Point Oyster Co auf Hawaii. Er ist Meeresbiologe und im Laufe der Jahre sehr nachdenklich geworden. »Ich glaube, die Menschen verstehen die Bedeutung des Problems noch nicht«, sagt er. »Die Versauerung der Ozeane verändert das ganze Kräftespiel im Meer, und sie hat das Potenzial, sich zu einer wirklichen Katastrophe zu entwickeln.« Im Moment sei es nur ein Problem, das die Austern in ihrer ersten Lebenswoche erwischt. Wenn sie erst einmal darüber hinweg sind, dann wachsen sie ganz normal auch im sauren Wasser weiter. Aber wie lange wird das so bleiben? Nach den Beobachtungen von Stick sind die Austern nur ein Anzeiger für eine grundsätzliche Veränderung des Biotops Ozean. Auch die Algen im Meer spüren den Wandel. Sie bilden den Anfang der maritimen Nahrungskette. »Wenn die bricht, dann sind nicht nur Austern betroffen«, sagt der Meeresforscher.

Auch sein Chef Dave Nisbet fühlt sich nicht sicher, er hat zwar seine Goose Point Oyster Co durch den Umzug in andere Gewässer vorläufig gerettet. Aber auf lange Sicht? Was er vermisst, ist eine politische Reaktion auf die Versauerung. Gemeinsam mit anderen Fischern der Westküste hatte er versucht, bei der Regierung in Washington D. C. für ihre Probleme Gehör zu gewinnen. Doch was er erreicht hat, war nur ein Trostpflaster, Geld für ein Monitoring im Wasser vor der Küste. Die Farmer werden jetzt regelmäßig gewarnt, wenn das saure Wasser aus der Tiefe nach oben steigt und vom Wind die Westküste entlanggedrückt wird. Aber an der Ursache der Versauerung ändert das nichts. Dave Nibet ist enttäuscht.

Auch wenn in Zukunft die Klimagase verringert werden sollten, wenn der Klimavertrag von Paris, die Zwei-Grad-Grenze für die Erderwärmung, mit harten Bandagen durchgesetzt werden sollte, selbst dann wird es noch Jahrzehnte dauern, bis im Meer wieder Entlastung eintritt. Bis dahin wird noch viel CO_2 aus der Luft im Meer versinken. Dave Nisbet macht sich keine Illusionen: »Geradeheraus gesagt, es wird schlechter werden.«[3]

Den Weg an den Abgrund dokumentieren Tim Wood und Kathy Fister von der Universität von Chicago. Das Ehepaar versucht schon seit Jahren, das Problem genauer zu vermessen. Dafür fahren sie mit ihrem Schlauchboot einige Kilometer hinaus aufs Meer. Ihr Ziel heißt Patrish Island. Hier kreischen Seevögel, Möwen leben hier in großen Kolonien, die Strände sind übersät mit Muschelschalen. Tim packt einen Trichter aus, lässt Meerwasser durchfließen. Das Instrument misst den Säuregrad des Wassers. Er zeigt auf sein Messgerät. Der Zeiger ist wieder ein Stück zurückgegangen. Der ph-Wert fällt. Das heißt, die Säure im Seewasser steigt. Früher lag der Messwert, der sogenannte ph, bei 8,3. Über Jahrtausende, erklärt er, sei das der Normalwert in den Ozeanen der Welt gewesen. Heute jedoch zeigt sein Gerät nur noch 7,9 an. Ein Minus von 0,4. Das scheint nicht viel. Aber die Skala täuscht. Die Versauerung verläuft nicht geradlinig, sondern in einer steilen Kurve. Sie verläuft logarithmisch. Und so bedeutet eine Abweichung von weni-

3 Craig Welch, »A Washington family opens a hatchery in Hawaii to escape lethal waters«, *Seattle Times*, 12.9.2013.

gen Punkten mehr, als diese Zahlen auf den ersten Blick verraten. Ein Rückgang von 8,3 um 0,4 Punkte auf 7,9 auf der ph-Skala bedeutet tatsächlich, dass sich der Säurewert im Wasser um 30 Prozent erhöht hat.

Das ist gewaltig, aber auch nicht ganz unerwartet, wenn man die Konzentration von CO_2 in der Atmosphäre betrachtet. In vorindustriellen Zeiten betrug sie gerade einmal 280 ppm (parts per million). Inzwischen liegt der CO_2-Gehalt der Atmosphäre bereits bei 390 ppm. Obwohl zwischen Luft und Ozeanen ein reger Austausch besteht, haben die Ozeane noch längst nicht alles an CO_2 aufgenommen, das die Atmosphäre an sie abgeben könnte. Jüngste Untersuchungen, die sogenannten GLODAP-Daten (Global Ocean Data Analysis Project, eine US-amerikanische Einrichtung), zeigen, dass die Ozeane bisher nur gut 40 Prozent der CO_2-Mengen aufgenommen haben, die der Mensch zwischen 1800 und 1995 in die Atmosphäre freigesetzt hat. Die maximale Aufnahmekapazität des Ozeanwassers liegt bei mehr als 80 Prozent und ist damit noch längst nicht erreicht.[4]

Hinzu kommt, dass Klimaforscher von einer Verdoppelung des CO_2-Wertes der Atmosphäre bis zum Ende dieses Jahrhunderts ausgehen.[5] Was Ausmaß und Geschwindigkeit betrifft, ist das in der Evolutionsgeschichte der letzten rund 20 Millionen Jahre einmalig. Niederschlagen wird sich diese Konzentration vor allem in der Versauerung des nördlichen Atlantiks. Je kälter das Wasser, desto intensiver ist der Austausch mit der Atmosphäre. Das erklärt, warum in den nördlichen Meeren, wie an der kanadisch-amerikanischen Westküste, ein höherer Säurepegel gemessen wird als in den wärmeren Breiten wie um Hawaii. Doch die Säure bleibt nicht in den Nordmeeren. Sie

4   »Wie der Klimawandel die Chemie der Meere verändert«, *World Ocean Review*, S. 34, http://worldoceanreview.com/wp-content/downloads/wor1/WOR1_Kapitel_2.pdf
5   ebd.

zirkuliert, wird in der Höhe von Neufundland mit dem Nordatlantikstrom in die Tiefe gezogen und strömt dann im Tiefenwasser wieder nach Süden.

Diese Veränderung der Wasserchemie und ihre Folgen für das Leben im Meer erforscht das Alfred-Wegener-Institut in Bremerhaven.[6] 2013 nimmt das Forschungsschiff »Heincke« von Bremerhaven aus Kurs auf Spitzbergen. Sein Auftrag: die Fischbestände in Reichweite der polaren Gletscher untersuchen, wo Dorsch und Kabeljau ihre Heimat haben. Die Heincke stößt am 16. August 2013 mit dem diensthabenden Forschungsleiter Dr. Felix Mark, Physiologe am Alfred-Wegener-Institut, ins Meer. Was ihn interessiert, ist nicht nur die Säure im Meer, sondern auch die Erwärmung des Wassers. Das Forschungsschiff hält Kurs auf 80,5 Grad nördliche Breite, bis Spitzbergen in Sicht kommt. Hier beginnt seine Arbeit.

Der Kapitän gibt die Wassertemperatur durch, vier Grad Celsius. Auf der Brücke meldet das Echolot einen Fischschwarm voraus. Ein Fangkorb, groß wie eine Mülltonne, gleitet ins Meer, durchzieht den Schwarm und sammelt Fische und Erkenntnisse. Die spannende Frage ist, wie die Fischgesellschaft hier oben im Norden auf Temperatur und Chemie im Wasser reagiert. Eigentlich sollte hier der Polardorsch ins Netz gehen. Doch als der Fangkorb an Board gehievt wird, schwimmen vor allem Kabeljau, Schellfische, Heringe, Heilbuttlarven und Bandfische im Wasser des Sichtungsbeckens. Vom Polardorsch sind nur zwei Exemplare zu sehen. Unerwartet wenig.

Er scheint ausgewandert, denn dies war einmal sein Revier. Stattdessen schwimmt im Sichtbecken überwiegend Kabeljaunachzucht. Für den Forschungsleiter ist dies der Beweis: Die wärmer werdende See verschiebt die Wohlfühlkorridore für die Fische. Der Kabeljau verlegt seine Jagdgründe nach Norden. Der Polardorsch flüchtet wahrscheinlich noch weiter Richtung

6   Kristina Bär, »Auf den Spuren der Ozeanversauerung«, Alfred-Wegener-Institut, Helmholtz-Zentrum für Polar- und Meeresforschung, 2013.

Grönland oder Alaska. Am letzten Tag der Expedition erreicht das Forschungsschiff Heincke den Hornsund im Südwesten Spitzbergens. Und diesmal zeigt er sich, der Polardorsch. In großen Schwärmen zieht er durch den Radarkegel des Echolots. Felix Mark ist zufrieden: Das Forschungsschiff Heincke kehrt mit großem Fang nach Bremerhaven zurück und bringt die Erkenntnis mit, dass der Polarbarsch weiter ins Kalte gezogen ist, weiter nach Norden.

Doch was, wenn die Wärme auch den Nordpol erreicht? Nicht alle offenen Fragen können auf See geklärt werden. Dafür sind die Labors des Alfred-Wegener-Instituts in Bremerhaven zuständig. Sie untersuchen den Beutezug der Heincke und klären die offenen Fragen des Klimawandels. Nummer eins ist die Frage, wie der Klimawandel die Nahrungskette im Meer verändert. Der Verdacht wiegt schwer: Die Versauerung könnte zu einem Bruch der maritimen Ketten führen und damit Jahrmillionen Entwicklung von Leben im Meer zunichtemachen.

Die Kette des Fressens und Gefressenwerdens im Meer beginnt bei den Algen. Sie stellen die Futtergrundlage für viele Fischbestände dar. Im Fokus der Wissenschaft steht besonders das Phytoplankton: Kieselalgen, Kalk- und Blaualgen. Sie sind für etwa die Hälfte der globalen Biomasse im Meer verantwortlich.[7] Das Phytoplankton ist für diese Prozesse auf Licht angewiesen, kommt also ausschließlich in den oberflächennahen Schichten der Weltmeere vor und ist damit von der Versauerung der Ozeane direkt betroffen.

Wie sich das auswirken könnte, zeigt das Schicksal einer winzig kleinen Flügelschnecke, die besonders in den nördlichen Meeren eine wichtige Rolle für die Nahrungskette im Meer spielt. Der Wissenschaftliche Beirat der Bundesregierung Globale Umweltveränderungen (WBGU) warnte in seinem Gutachten 2013 davor, dass es vor allem im Nordpazifik, Nordatlantik

---

7   »Wie der Klimawandel die Chemie der Meere verändert«, S. 43, a.a.O.

und im Südlichen Ozean noch in diesem Jahrhundert zu einem großflächigen Absterben dieser Art kommen könnte. Das würde die produktivsten und global wichtigsten Fischereizonen treffen. Was das heißt, zeigen die Prognosen für den Kanadischen Lachs im Nordpazifik. Die Flügelschnecken sind besonders für die Junglachse eine wichtige Nahrungsquelle, und wo sie in Zukunft fehlen, werden die Lachse verhungern. Für küstennahe Gewässer bei Kalifornien wird das Verschwinden der Flügelschnecken innerhalb der nächsten 30 Jahre erwartet. Der Beirat folgert, dass mit zunehmender Versauerung dramatische Veränderungen von Struktur, Funktion und Leistungen polarer Ökosysteme wahrscheinlich werden und es damit die entsprechenden Auswirkungen auf die Fischerei geben wird.

Allerdings scheinen nicht alle dieser Kleinlebewesen in gleichem Maße gefährdet. Als Ausnahme gilt »Emiliana huxleyi«, eine Kalkalge, deren Wachstum bisher vom CO_2-Gehalt im Wasser begrenzt wurde. Doch seitdem die Konzentration in den Meeren zunimmt, erlebt »Emiliana huxleyi« einen regelrechten Wachstumsschub.[8] Allerdings könnte dieses Wachstum nur eine Scheinblüte sein. Der Bericht über Klimawandel in den Meeren weist darauf hin, dass selbst für »Emiliana« die steigenden CO_2-Konzentrationen letztlich doch zum Verhängnis werden könnte. Denn »Emiliana«-Arten besitzen einen Kalkpanzer. Und es gibt Hinweise darauf, dass auch dessen Aufbau bei sinkendem pH-Wert beeinträchtigt wird. Der Grund: Genau wie die Austernlarven bekommen auch die Algen mit steigender Versauerung ein Wachstumsproblem. Sie können keine Kalkschalen mehr bilden, und schlimmer, die Kalkschalen, die sie besitzen, könnten vom CO_2 aufgelöst werden. Wäre das dann der Anfang vom Ende der Nahrungskette im Meer?

Bisher gibt die Wissenschaft noch keine eindeutige Antwort auf dieses düstere Szenario. Professor Jelle Bijma arbeitet am Alfred-Wegener-Institut in Bremerhaven im Tresorraum des

8   »Wie der Klimawandel die Meere verändert«, S. 34, a.a.O.

Ozeans. Seine Schätze liegen in Form von Bohrkernen vor, sie stammen vom Grund der Weltmeere, wo Millionen Jahre an Erdgeschichte übereinandergeschichtet sind. Für seine Arbeit muss er ein Schiff in Stellung bringen, das einen gewaltigen Bohrer in den Untergrund treiben kann, ähnlich wie bei Öl- oder Gasbohrungen im Meer. Diese Bohrkerne enthalten ewige Werte. Für Jelle Bijma erzählen sie, wie die Erdgeschichte in den Meeren abgelaufen ist, und sie lassen weit zurückschauen. Die Schichten sagen, wann es die großen Kalkablagerungen in den Meeren gab und wann der Kalk wieder aus der Tiefe verschwand. Dort, wo der Kern hell bis weiß verfärbt ist, liegen die Kalkzeiten, und wo es dunkel wird, beginnen die Zeitalter, in denen sich keine Muscheln bilden konnten und auch keine Kalkschalen auf den Grund des Meeres sanken. Saure Zeiten in den Ozeanen.

»The past is the key to the future«, sagt Jelle Bijma. In Erdzeitaltern gedacht, hat das Meer schon vieles erlebt und verdaut, aber was jetzt passiert, läuft nicht im früheren Tempo von Jahrmillionen ab, sondern innerhalb von einem Jahrhundert. Da gebe es, so Jelle Bijma, so gut wie keine Zeit zur Anpassung der maritimen Lebensgemeinschaften. Nur, wer sich als widerstandsfähig erweise, werde dieses saure Zeitalter überleben.

Im Keller des Instituts pocht eine Magnetröhre, ein Kernspinresonanz(NMR)-Tomograf, wie wir ihn aus dem Krankenhaus als MRT kennen. In ihm schwimmt ein antarktischer Schwarzer Zackenbarsch. Er ist leicht betäubt, damit er nicht durch zu schnelle Bewegungen das Bild stört, das die Magnetröhre von ihm fertigt. Die Forschungsfrage ist, wird er den steigenden Säurepegel im Meer überleben? Speziell, was macht das saure Wasser mit seinem Hirn? Löst es den inneren Kompass, der aus Kalk besteht, auf? Verändert es das Verhalten des Schwarzen Zackenbarschs?

»Was die Versauerung im Gehirn von Fischen auslöst, weiß noch keiner so genau«, erklärt Matthias Schmidt, der das Experiment betreut. Aber es gibt Hinweise, irritierende Verdachtsmomente, die im Barrier Reef vor der australischen Küste gewonnen wurden. Bei einem Fisch in den Korallenriffen, dem Clownfisch, wurde Merkwürdiges beobachtet. Normalerweise versteckt er sich vor seinen Feinden, macht sich in den bunten Korallen unsichtbar. Doch mit steigender Versauerung legt er diese Vorsicht ab. Sein Verhalten schlägt um in eine Selbstmordstrategie. Der Clownfisch schwimmt neuerdings seinen Feinden entgegen. Das beobachteten australische Kollegen von Matthias Schmidt und stellten fest, dass innerhalb weniger Tage 70 Prozent der Tiere von ihren Feinden gefressen wurden. Dieser Selbstmord im Korallenriff wirft Fragen auf. Ist er eine Folge eines zunehmenden Orientierungsverlustes?

Auf dem Monitor im Kernspinlabor in Bremerhaven leuchten die ersten Bilder des Fischgehirns auf. Knapp 1500 Messungen wird der Biologe an seinem Untersuchungsgegenstand, dem Schwarzen Zackenbarsch, vornehmen und am Ende vielleicht wissen, wie der Fisch auf die erhöhten Kohlendioxidkonzentrationen im Wasser reagiert. Seine Annahme ist, dass er im Gegensatz zu Küstenfischen wie der Scholle den erhöhten Säuregehalt des Wassers nicht abpuffern kann. »Die Scholle ist daran gewöhnt, dass sich der Kohlendioxidgehalt im Wattenmeer im Tages- und Jahresverlauf verändert. Sie hat sich an diese Schwankungen angepasst, indem ihr Körper Mechanismen entwickelt hat, um höhere und niedrigere Kohlendioxidkonzentrationen auszugleichen.« Aber Fische wie der Schwarze Zackenbarsch, der in polaren Regionen lebt, haben diese Fähigkeit nicht. Obwohl sie über dieselben Mechanismen wie die Scholle verfügen, waren sie bisher nie gezwungen, diese zu nutzen. »Wenn sie jetzt dazu gezwungen werden, kostet dies viel Energie, was dazu führt, dass die Tiere früher an ihre körperlichen Grenzen kommen.«[9] Bedeutet das den Exodus des Schwarzen Zackenbarschs im Polarmeer?

9   Kristina Bär, »Auf den Spuren der Ozeanversauerung«, a.a.O.

Szenenwechsel: In ihrem Motorboot ist das Forscherehepaar Tim Wood und Kathy Fister von der Universität von Chicago auf ihrer Muschelinsel vor der Westküste des Staates Washington gelandet und bei der Arbeit. Kathy greift in die Muschelschalen, die den Strand bedecken. Es sind Miesmuscheln. Kathy hat einige davon schon mit ins Labor genommen und sie der Länge nach durchgeschnitten. An der Schnittkante werden die Kalkschichten sichtbar, die die Muschel über die Jahre hinweg aufgebaut hat. Was der Schnitt offenbarte, war vorauszusehen: Die Dicke der Kalkschichten nimmt ab. Das heißt, die Muscheln bauen von Jahr zu Jahr weniger Kalk auf.[10] Wenn die Versauerung weiter fortschreitet, so die Vermutung von Kathy Fister, werden Miesmuscheln und pazifische Austern voraussichtlich 10 bis 25 Prozent weniger Kalkschichten aufbauen als bisher.[11] Aber nicht nur der Kalkpanzer der Muscheln leidet, stellt Kathy Fister fest, auch ihre Verbindung zu den Klippen, auf denen sie siedeln. Sie wird schwächer. Meeresmuscheln wachsen vor allem in den turbulenten Gezeitenzonen, im Auf und Ab von Ebbe und Flut. Dort haben sie eine bessere Chance, möglichen Fressfeinden zu entgehen. Allerdings können die Muscheln dort nur überleben, wenn sie fest am Untergrund haften und nicht durch die Wellen weggerissen werden können.

Um sich in der Strömung zu halten, haben Miesmuscheln von Natur aus ein System von Seilen und Tauen entwickelt, mit denen sie sich am Felsen festmachen. »Eine feste Bindung ist buchstäblich der Lebensanker der Muscheln«, erklärt Emily Carrington von der University of Washington.[12] Allerdings be-

---

10 http://www.opb.org/television/programs/ofg/segment/ocean-acidification/

11 »Welt im Wandel: Menschheitserbe Meer«, Hauptgutachten 2013, S. 190, Wissenschaftlicher Beirat der Bundesregierung Globale Umweltveränderungen

12 »Versauerung lässt Miesmuscheln kalt«, *scinexx.de*, 7.5.2013, http://www.scinexx.de/wissen-aktuell-16072-2013-05-07.html

ginnen sich diese sogenannten Byssusfäden seit einiger Zeit aufzulösen. »Selbst wenn die Ozeanversauerung die Schalenproduktion der Miesmuscheln wenig tangiert«, sagt Emily Carrington, »könnte sie die Schwächung ihrer Fäden künftig ernsthaft in Schwierigkeiten bringen.«[13]

Untersuchungen der University of Washington förderten zutage, dass Muscheln, die in Wasser mit einem pH-Wert von weniger als 7,6 leben, deutlich schwächere (um 25 Prozent) Halteseile besitzen als ihre Verwandten in noch »normalem« Seewasser. Kommt dann die Erwärmung des Wassers hinzu, so verlieren die Halteseile noch früher ihre Bodenhaftung. In der Nordsee wurde beobachtet, dass eine Temperatur von 18 Grad reicht, um den Haltefäden ihre Kraft zu rauben. Für die Muschelfischer in der Nordsee ist das nichts Neues. Tatsächlich verlieren sie heute bereits bis zu 20 Prozent der Miesmuscheln während ihrer Reifezeit, weil diese ihren Halt verlieren.

Wie wird es am Grund der Meere aussehen, wenn die Versauerung weiter steigt? Wer in der Nähe der italienischen Insel Ischia die Tauchermaske anzieht, kann schon heute in diese saure Zukunft abtauchen. Dort tritt in unmittelbarer Nähe der Küste das saure Kohlendioxyd aus dem Meeresboden aus, eine Folge der Vulkane in der Region Neapel. Wo die Gase ausdünsten, sinkt der pH-Wert auf bis zu 7,4. Ein Meeresklima, in dem nur wenige Lebewesen unter Wasser überleben. Die Folge: In den versauerten Küstenabschnitten fehlen Steinkorallen völlig, die Zahl verschiedener Seeigel- und Schneckenarten schrumpft, ebenso die der Kalk bildenden Rotalgen. Zu den Gewinnern des Klimawandels unter Wasser zählen vor allem die Seegraswiesen.[14] Doch nicht nur sie. Die Meeresforscherin Zoe A. Doubleday beobachtet, dass Kraken, Sepia und Tintenfische das neue Klima im Meer bestens verkraften. Der Grund

13   ebd.
14   »Welt im Wandel: Menschheitserbe Meer«, a.a.O., S. 42.

dafür liegt in einigen einzigartigen Eigenschaften dieser Tiere, die ihre maritimen Mitbewohner nicht besitzen. Sie wachsen schnell, haben eine kurze Lebensspanne und sind sehr anpassungsfähig an veränderte Umweltbedingungen. Fischer beobachteten ihre Vermehrung schon seit einigen Jahren. Doch diese Kopffüßler sind nicht die einzigen Profiteure.

Bruce Steele fischt nach anderen Bewohnern der Meere. Mit seinem Boot kreuzt er vor der kalifornischen Küste in der Höhe von Santa Babara. Er sammelt Seeigel im Küstengewässer und verkauft sie an japanische Restaurants. Als er von der Versauerung hörte, nahm er Kontakt mit Alice Hoffmann auf, sie arbeitet als Meeresbiologin an der University of California in Santa Barbara. Er hatte ihr eine merkwürdige Beobachtung mitzuteilen. Die Zahl der Seeigel, die er an der Küste fand, sei zunächst stark geschrumpft. Das war für ihn logisch, wegen der Säure im Wasser. Aber nun würden sie wieder wachsen, und dies besser als zuvor. Was konnte das bedeuten? Hatten sich die Igel mit dem sauren Wasser abgefunden? War das ein Beispiel für gelungene Evolution im sauren Meer?

Alice Hoffmann tat sich zusammen mit Morgan Kelly, einem Evolutionsbiologen. Beide fanden heraus, dass es sich bei Anpassung der Igel vor Santa Barbara nicht um Evolution, sondern um die Folge von Migration und Fortpflanzung handelte. Die Ursache waren Igelmännchen, die mit der Strömung aus dem Norden gekommen waren, wo das Wasser schon länger versauert. Die Männchen waren einfach abgehärtet und angepasst. Und das brachte ihrem Nachwuchs nun Vorteile, die die einheimischen Seeigel nicht besaßen.[15] Wenn diese Übertragung bei Seeigeln funktioniert, warum dann nicht auch bei

15 Craig Welch, »For a glimpse of how nature might – or might not – adapt to ocean acidification, scientists turn to the prickly ›hedgehog of the sea.‹«, *The Seattle Times*, 2.11.2013, http://apps.seattletimes.com/reports/sea-change/2013/nov/2/can-sea-life-adapt/

anderen Arten? Die Frage sei so nicht zu beantworten, sagt Alice Hoffmann. Alle diese Prozesse seien noch längst nicht abgeschlossen. Erst in 40 bis 50 Jahren werde das wirkliche Ausmaß des Klimawandels im Meer sichtbar werden. Noch sei nicht klar, wer wie gut mit den künftigen Verhältnissen zurechtkommen werde. Für die Biologin gelten die Gesetze Darwins, dass der Fitteste überleben wird, auch in einem übersäuerten Ozcan.

Dieser Darwinismus in den Meeren wird in den reichen Ländern der Erde in einer Veränderung der Speisekarten zutage treten. Miesmuscheln und Austern könnten nur noch als rare Delikatessen gehandelt werden. Dieser Verlust wird sich vermutlich durch die Aquakulturen der Welt, die auf Futter aus dem Meer angewiesen sind, wie die Shrimps-, Lachs- und Forellenzuchten, nicht ausgleichen. Denn die verbrauchen durch die Fütterung mit Fischmehl ein Vielfaches von dem, was sie an Speisefisch letztlich produzieren.

Es wird Verlierer im Klimawandel der Meere geben. Sie leben zumeist in den südlichen Ozeanen, in den Korallenlandschaften. Etwa 500 Millionen Menschen auf der Welt leben von dem, was die Korallenriffs beherbergen. In mindestens 15 Ländern leben die Menschen von dem, was sie in den küstennahen Korallenlandschaften fangen.[16] »Die Menschen dort decken 80 bis 90 Prozent ihres Eiweißbedarfs durch Fische«, weiß Johann Bell, Fischexperte für die Inseln im Pazifischen Ozean. Doch die Riffe bestehen aus Kalk. Die reale Gefahr besteht darin, dass sie sich bei abnehmenden pH-Werten auflösen. »Nahezu alle Riffstandorte, Kalt- wie Warmwasserkorallen, wären bei ungebremsten CO_2-Emissionen bis Mitte des

16 Craig Welch, »A remote Indonesian village highlights the threats facing millions of people who depend on marine creatures susceptible to souring seas and ocean warming«, *The Seattle Times*, 21.12.2013, http://apps.seattletimes.com/reports/sea-change/2013/dec/21/food-for-millions-at-risk/

Jahrhunderts kaum noch für Korallenwachstum geeignet«, stellt der Wissenschaftliche Beirat der Bundesregierung Globale Umweltveränderungen (WBGU) 2013 fest.[17] So wie die mehr als tausend Inseln Indonesiens.

Eine davon heißt Hoga, sie liegt in der Banda-See und ist die Heimat von Tadi. Er lebt von dem, was er in den Korallenriffs vor der Küste findet. Er sitzt ohne Hemd auf dem Bambusboden seiner Hütte und erzählt von seinem Tag auf See. Heute war er auf Octopusjagd, mit Erfolg. Seine Ausrüstung ist ein Speer und eine Harpune. Er taucht ohne Sauerstoffmaske. Was er fängt, muss reichen für die Familie und ein wenig für den Markt, um Gemüse und Öl zu kaufen. Und was man halt so braucht, um zu überleben.

Sein Haus hat er ins Meer gebaut, es steht auf Stelzen, zwei Meter über dem Wasser. Das ganze Dorf steht im Meer, die Häuser von rund 1600 Menschen ohne Land und ohne fließendes Wasser. »Ich habe mir mit meinem Speer immer aussuchen können, was ich fangen wollte, nie kleine Fische«, erzählt Tadi seinem Besucher. Und auch sein Sohn Loada sei ein guter Fischer geworden, auch er jage in den Korallenbänken, wie alle im Dorf. Loada hat einen Korallenfisch auf seiner Harpune, ein Sweetlips Fisch, ein farbenprächtiges Exemplar. Die Leute im Dorf dächten nicht viel nach über das, was morgen sein werde, sagt der Fischer. Sie glaubten an die Seegötter, und die hätten bisher für das Dorf gesorgt. Dass sich das Meer verändern könnte, kann sich Tadi nicht vorstellen. Sein Volk, die Sama oder Bajou, wie sie sich nennen, hat früher auf dem Meer gewohnt in Booten, erst in den 1950er-Jahren sind sie auf Druck der Regierung hier sesshaft geworden. Seitdem bilden die Korallen ihre Nahrungsgrundlage.

Allerdings sind auch sie nicht mehr das, was sie einmal waren. Die Erwärmung des Wassers hat etwas in Gang gesetzt, das die Experten Korallenbleiche nennen. Die Korallen verlie-

17 »Welt im Wandel: Menschheitserbe Meer«, a.a.O., S. 190.

ren ihre bunte Farbe. Das liegt daran, dass die Polypen, die mit ihnen leben, absterben: die ersten Anzeichen des Klimawandels. Bis zur Mitte des Jahrhunderts, wird die Korallenbleiche 90 Prozent der Rifflandschaften weltweit erreicht haben, befürchten Meeresforscher.

Forscher auf Neu-Guinea berichten, dass die Hälfte der kleinen Fische, Krabben, Shrimps, Seewürmer schon aus den ausgeblichenen Korallenwäldern verschwunden seien. »Man muss sich das wie in einer Stadt vorstellen, wenn die Häuser verschwinden, verschwinden auch die Einwohner«, erklärt Andreas Andersson vom Scripps Institute of Oceanography in San Diego. Die Bajou glauben nicht daran, dass die Menschen das Meer verändern können. Sein Erfolg beim Fischen hängt von den Göttern der See ab, daran glaubt auch Tadi, der Fischer. Doch wenn er eines Tages nicht mehr genug für seine Familie zwischen den Korallen findet, was dann? Sie könnten ihre Häuser zusammenklappen, ihr Dorf am Strand auf einer anderen Insel wieder aufbauen. Oder sie könnten eine Fischfarm errichten, um davon zu leben. Doch beides scheint eher unwahrscheinlich. Das Einzige, was bleibt, ist viel weiter aufs Meer hinauszufahren und zu hoffen, dass die Meergeister ihnen gnädig sind.

Der Wissenschaftliche Beirat der Bundesregierung warnte schon 2013 in seinem Gutachten zum Zustand der Meere vor dem, was die Welt riskiert, wenn sie einfach so weitermacht wie bisher. »Eine weiterhin ungebremste Versauerung würde die Ozeanchemie für Jahrtausende verändern, wobei wahrscheinlich viele Meeresorganismen und marine Ökosysteme davon betroffen wären.«[18] Seit 2013 wissen wir es besser. Wir können das »wahrscheinlich« streichen.

18 »Welt im Wandel: Menschheitserbe Meer«, a.a.O., S. 190.

AUSBLICK: ZUKUNFT NICHT NUR FÜR MANDELN UND WARUM WIR KÜHE BRAUCHEN

»Bitte fotografieren Sie mich nicht, meine Augen sind noch ganz verquollen«, sagt Carolyn Holland. Es ist der 9. November 2016, der Tag nach der Präsidentschaftswahl in den USA, und in Oregon, einem der Westküstenstaaten, dessen Bewohner auch diesmal mehrheitlich für die Demokratische Partei und Hillary Clinton gestimmt haben, sind an diesem Tag viele Menschen mit verweinten Augen unterwegs. Doch »The Redd on Salmon Street«, das Projekt, das Carolyn uns zeigt, weckt Hoffnung: Es ist das Bindeglied, das Landwirte und Konsumenten wieder direkt in Kontakt miteinander bringt, und die Produktion von gesunden, guten Lebensmitteln durch nachhaltige Landwirtschaft auch finanziell lohnend machen kann. Landwirte, Farmer und Bauern weltweit begegnen dem Klimawandel mit einer Vielzahl von Techniken und nachhaltigen Methoden, aber um unsere Nahrungssicherheit auch in Zukunft zu gewährleisten, muss sich das Ernährungs*system* ändern.

Carolyn Holland arbeitet für den Ecotrust, die gemeinnützige Organisation, die hinter dem »food hub«, dem »Lebensmittel-Drehkreuz«, The Redd on Salmon[1] steht. Über eine Studie

---

[1] »Redd« ist die englische Bezeichnung für die Laichgruben, in denen Lachse ihre Eier ablegen. Die Gebäude liegen an der Salmon Street, der Lachs-Straße – der Name The Redd impliziert eine Brutstätte für Neues.

wurde zunächst die Lebensmittelinfrastruktur in Oregon analysiert. Das Ergebnis: Es gibt zwar viele diversifizierte kleine und mittlere, biozertifizierte und konventionelle Farmen, aber Transport, Belieferung von Verarbeitern, Restaurants und Endverbrauchern sowie die Transport- und Lagerinfrastruktur weisen deutliche Lücken auf, die Wachstum und Entwicklung des gesamten regionalen Ernährungssystems in Oregon behindern. The Redd on Salmon soll diese Lücken schließen. Anfang 2016 wurde das erste der beiden Industriegebäude des Projektes eröffnet, das zweite, eine ehemalige Eisengießerei, wird derzeit renoviert. Ab 2017 werden 7500 Quadratmeter Fläche für eine Vielzahl von Nutzern und Nutzungen zur Verfügung stehen.

Schon in Betrieb sind ein Kühl- und ein Gefrierhaus, mehrere Küchen, Lagerflächen, Büroräume und eine Fahrradwerkstatt. Letztere wird von der Fahrrad-Lieferfirma B-Line genutzt, die sozusagen die Nabe des Drehkreuzes ist: Mit derzeit acht und demnächst 14 Kurierfahrrädern werden Kunden in der Innenstadt von Portland beliefert. Jedes der Elektrofahrräder hat einen Anhänger mit einer Ladekapazität von etwa 400 Kilogramm.

B-Lines erster Auftraggeber war eine Biogemüsekooperative, für die das kleine Unternehmen die Belieferung von Restaurants und Läden übernahm. Seit dem Umzug in das Redd-Gebäude haben sich eine Vielzahl von Synergieeffekten ergeben: Eine der kleinen Firmen, die täglich frische Suppen herstellt und bislang mit einem eigenen Kurierdienst an Bürokunden lieferte, hat den Transport an B-Line übergeben. Die Biogemüsekooperative, die zunächst nur optisch perfekte Ware an die Kunden in Portland verkaufen konnte, liefert jetzt auch die B-Qualität im Lagerhaus ab, denn für die Küchenmannschaft, die die Suppen herstellt, ist es egal, ob die Kartoffeln zu groß, die Tomaten zu klein und die Möhren zu krumm sind, bei der Firma ist man froh, frische, preisgünstige Bioware direkt an die Küchentür geliefert zu bekommen. Und weil die Suppenproduzenten die Küche nur einen Teil des Tages benötigen, kann sie den Rest der Zeit von anderen Redd-Kunden genutzt werden. Das hilft den vielen kleinen, jungen Unternehmen, die zu groß sind, um noch in der Küche daheim produzieren zu können, aber noch nicht genug Umsatz haben, um eine eigene, professionelle Küche einzurichten. Und Spezialisten, z. B. die Mitarbeiter eines kleinen Unternehmens, das bei Verpackungs- und Designfragen hilft, nutzen stundenweise die Büroräume, um ihre Dienste vor Ort in The Redd anbieten zu können.

Direkt ausgeliefert wird nicht nur Biogemüse, sondern auch Getreide und Mehl, und seit es Kühl- und Gefriermöglichkeiten gibt, auch Fleisch, Milch, Milchprodukte und Eier, eine Erweiterung des Sortiments, die natürlich auch neue Möglichkeiten für die Lebensmittelhersteller in The Redd eröffnet. Das Team von B-Line liefert nicht nur Rohware an Restaurants und frisch zubereitete Mahlzeiten an Bürokunden, sondern sammelt auf dem Rückweg bei verschiedenen Supermärkten und Läden Waren mit ablaufendem Verfallsdatum ein, die dann von karitativen Organisationen in den Küchen in Redd on Salmon weiterverarbeitet werden.

Im zweiten Gebäude wird 2017 ein Restaurant eröffnen, es entsteht eine Art Markthalle für kleine landwirtschaftliche Betriebe, die ihre Waren direkt vermarkten möchten, und es wird auch Tagungsräume geben. Das Zauberwort in der Landwirtschaft heiße »Marktzugang«, sagt Carolyn Holland: »Wir wollen kleine bäuerliche Betriebe mit den großen Käufern zusammenbringen. Nicht jeder kann seine Waren an einen exklusiven Supermarkt wie Whole Foods verkaufen, wir wollen diese Anbieter mit Einkäufern institutioneller Kunden wie Krankenhäusern, Gefängnissen und Schulen in Kontakt bringen. Diese Einrichtungen sind die schlafenden Giganten wenn es darum geht, unser Ernährungssystem zu reformieren.« Auch in Kantinen sollte es gesundes Essen geben, das dazu auch noch schmeckt: »Wir wollen, dass unsere Dienstleistung in besonderem Maß den schwächsten Gruppen in der Gesellschaft zugutekommt«, sagt Carolyn.

The Redd on Salmon ist bewusst eine Blaupause, beim Eco-trust hofft man, dass es Nachahmer in anderen Städten geben wird und so Stück für Stück wieder eine Agrar- und Lebensmittelinfrastruktur entstehen kann, in der weder Agrarchemiefirmen noch multinationale Hersteller das Sagen haben. Es sind die Landwirte, Farmer und Bauern weltweit, die unsere Nahrungsmittel produzieren, und nur, wenn es ihnen gelingt, Wege zu finden, mit den Unwägbarkeiten des sich wandelnden Klimas umzugehen, werden wir auch in Zukunft Essen auf unseren Tellern vorfinden. Und als Esser sind wir Teil eines Ernährungssystems, das vom Acker bis zum Teller reicht. Es umfasst landwirtschaftliche Produktionsmethoden genauso wie Transport, Lagerung, Kühlketten, Verarbeitung, Verpackung, Vertriebsstrukturen und Marketing. Es reicht von Agrarpolitik und Gesetzgebung über Forschung und Technologie bis hinein in unsere Küchen, Kühlschränke und schließlich auf unsere Teller. Der Klimawandel ist wie der Joker in diesem System, unberechenbar und destruktiv. Doch auf der positiven Seite steht: wir alle sind Teil der Ernährungssystems und das heißt, wir können wählen und Einfluss nehmen. Um den US-Farmer, Schriftsteller und Umweltaktivisten Wendell Berry zu zitieren: »Essen ist ein landwirtschaftlicher Akt.«[2]

Was wir tun können:

DIE BODENQUALITÄT VERBESSERN

Die Qualität unserer Böden bestimmt nicht nur die Bodenfruchtbarkeit und damit die Erträge. Gute Böden nehmen mehr Wasser auf und speichern es. Sie sind die beste Prävention ge-

---

2   Wendell Berry, »The Pleasures of Eating«, https://www.ecoliteracy. org/article/wendell-berry-pleasures-eating

gen Überflutungen und Dürre. Und deswegen geht es vorrangig, aber nicht nur, um Acker und Weideland, sondern auch um Wälder, Gärten, Vorgärten, Dachgärten, Parks ... jede bepflanzte Fläche zählt! Allheilmittel gibt es nicht, aber wenn es Landwirten, Gärtnern und allen, die sonst mit Boden umgehen, gelingt, diese Böden – Hektar für Hektar – wiederzubeleben und lebendig zu erhalten, von Würmern über Trillionen von Bodenbakterien bis hin zu wachsenden Mykorrhiza-Strukturen, dann ist das die wichtigste, singuläre Maßnahme, die wir dem Klimawandel entgegenzusetzen haben, damit unsere Teller auch in Zukunft nicht leer bleiben.

Nachhaltige Landwirtschaft profitabel machen.
Nachhaltige landwirtschaftliche Methoden, besonders die des bio- und biodynamischen Landbaus, sind am besten geeignet, um die Folgen des Klimawandels abzumildern oder auszugleichen und damit unsere Nahrungszukunft zu sichern. Die Prämie, die Landwirte mit biozertifizierten Betrieben für ihre Produkte bekommen, ist extrem wichtig.

Wir entscheiden bei jedem Einkauf, ob sich nachhaltige Landwirtschaft lohnt oder nicht. Wenn wir fragen, wie und wo Gemüse, Obst, Eier, Milch und Fleisch produziert wurden und uns für saisonale, nachhaltig angebaute Produkte entscheiden, dann werden die Landwirte solche Produkte vermehrt anbauen. Landwirtschaft funktioniert wie jeder andere Wirtschaftszweig über Nachfrage, Bedarf, Kosten und Erträge. Mit dem, was wir essen, treffen wir auch Entscheidungen über die Produktionsmethoden.

Landwirtschaftliche Nutztiere gehören zu einem funktionierenden, nachhaltigen Agrarsystem. Und Weideland ist eine der besten Maßnahmen gegen den Klimawandel, die wir kennen: Es absorbiert große Mengen CO_2, es verbessert die Bodenqualität und ernährt (ganz oder zu einem bestimmten Teil) Tiere, die, anders als wir, Gras in für Menschen essbare Energie umwandeln können. Landwirte können sich Weideflächen nur leisten, wenn sie wirtschaftlich Sinn ergeben, die Bauern müssen entweder mit Fleisch oder Milch Geld verdienen. Angesichts des Wasserbedarfs von Mandelbäumen ist Mandelmilch keine umweltfreundliche Alternative zu Kuhmilch.

Ob nachhaltige Landwirtschaft profitabel ist und nicht nur eine Sache der Überzeugung und des Umweltbewusstseins einzelner Landwirte, ist auch eine Frage von Gesetzgebung und Politik. Industrielle Landwirtschaft ist deshalb profitabel, weil die entstehenden Umweltkosten auf die Allgemeinheit und die Steuerzahler abgewälzt werden. Regierungen und deren Agrarminister können Monokulturen, Intensivtierhaltung und den Einsatz von Pestiziden und Herbiziden mehr oder weniger finanziell attraktiv machen. Der niedersächsische Minister für Ernährung, Landwirtschaft und Verbraucherschutz Christian Meyer (Grüne) hat bewiesen, dass selbst in einem Bundesland, das für seine Agrarfabriken bekannt ist, Änderungen möglich sind – durch schärfere Umweltauflagen, verbesserte Kontrollen und die konsequente Förderung von Ökolandbau und Nachhaltigkeit.

FORSCHUNG FÖRDERN

Landwirte müssen ihre Betriebe für den Klimawandel rüsten, wenn sie auch in Zukunft Nahrungsmittel produzieren wollen. Forschung kann die Liste der Werkzeuge, die den Landwirten zur Verfügung steht, ergänzen, verbessern und erweitern.

Saatgutzüchtung
Von A wie Apfel bis Z wie Zucchini, alle Obst und Gemüsesorten können Abweichungen von den optimalen Wachstumsbedingungen nur in engen Grenzen tolerieren. Der Klimawan-

del verursacht große, oft sogar extreme Abweichungen und Schwankungen – in kritischen Wachstumsphasen ist es immer öfter zu nass, zu trocken, zu heiß, zu kalt ... Wenn wir in Zukunft noch etwas essen wollen, dann müssen die bestehenden Sorten züchterisch so weiterentwickelt werden, dass sie den veränderten klimatischen Bedingungen standhalten. Landwirte müssen die Wahl haben zwischen Hybridsorten, die oft hohe Erträge erbringen, aber jedes Jahr neu gekauft werden müssen, und einer Vielzahl samenfester Sorten, die sie selbst vermehren und an die speziellen Gegebenheiten auf ihrem Land anpassen können. Die Entwicklung von neuem Saatgut ist zeitaufwendig, es dauert zehn bis 15 Jahre, bis eine neue Sorte wirklich anbaureif ist. Sortenschutz und Patentierung machen die züchterische Arbeit zusätzlich kompliziert.[3]

Und Gentechnik wird das Saatgutproblem nicht lösen, selbst mit neuen Technologien wie CRISPR (den Gen-Scheren) lassen sich Tomaten nicht einfach dürreresistent oder Salat hitzetolerant machen. Dazu ist der Wasser- und Wärmehaushalt einer Pflanze zu komplex und vom Zusammenspiel einer viel zu großen Zahl genetischer Eigenschaften abhängig.

Tierzucht

Auch Tiere müssen den Klimawandel aushalten, z. B. heißere Sommer und kältere Winter. Schwarze Angus-Rinder mögen hervorragendes Fleisch liefern, aber in heißen Sommern leiden sie mit ihrem dunklen Fell mehr als andere Rassen. In Zukunft werden nicht nur Fleischqualität und Milchleistung wichtig sein, sondern auch, wie robust die Tiere sind und wie gut sie Klimaschwankungen vertragen können.

---

3 Zwei Organisationen, die sich ausschließlich um den Erhalt und die Zucht samenfester Sorten kümmern, sind Bingenheimer Saatgut in Deutschland und Sativa in der Schweiz.

Bestäubende Insekten und Nützlinge

»75 Prozent aller Pflanzen weltweit, die der Ernährung dienen, sind zumindest teilweise von Bestäubung abhängig«, stellte die FAO, die für Nahrung und Landwirtschaft zuständige Organisation der UN, 2016 fest[4], und mit Hinweis auf die Ergebnisse einer zweijährigen Studie heißt es: »Die für unseren Nahrungsbedarf unerlässlichen bestäubenden Insekten sind bedroht.« Bestäubende Insekten sind nicht nur für den Fruchtansatz bei vielen Pflanzen unabdingbar: Wenn sie in ausreichender Zahl vorhanden sind, können sie, je nach Sorte, die Erträge um ein Vielfaches erhöhen. Agrarchemie ist eine massive Bedrohung für bestäubende Insekten, eine andere ist Mangel an Futter. Durch den Klimawandel geht derzeit immer öfter das Zusammenspiel zwischen dem Beginn der Blüte von bestimmten Pflanzen und der Verfügbarkeit der entsprechenden Insekten verloren: Wenn Hummeln oder Bienen zu fliegen beginnen, bevor die Obstbaumblüte begonnen hat, finden sie keine Nahrung, ein zu milder Winter, ein später Frost, ein verregnetes Frühjahr – das alles kann das Gleichgewicht zwischen Bestäubern und Blüten stören, und wegen des Klimawandels müssen wir weltweit mit immer häufigeren Störungen dieser über Millionen Jahre entstandenen Kooperationen zwischen Pflanzen und Nützlingen rechnen. Das Nahrungsangebot für bestäubende Insekten wie Bienen rund ums Jahr so reich wie möglich zu gestalten ist eine wichtige Maßnahme – und selbst wenn Sie nur einen Balkonkasten haben, auch für den können Sie bewusst bienenfreundliche Pflanzen[5] wählen. Besonders wichtig ist, was auch noch im Spätherbst oder im frühen Frühjahr blüht. Von einem blühenden Feldrand bis hin zu mit Wiesenblumen eingesäte Verkehrsinseln – jede Blüte hilft.

4   http://www.fao.org/news/story/en/item/384726/icode/
5   Bienenfreundlichen Pflanzen finden Sie unter http://www.bluehen-de-landschaft.de/nbl/nbl.handlungsempfehlungen/index.html

Und Nützlinge werden häufig mit Pflanzenschädlingen schneller und besser fertig als jede chemische Giftmischung. Es gibt Nistboxen für unterschiedliche Nützlinge und bestäubende Insekten oder solche, die wie ein Apartmentblock mit kleinen und großen Wohnungen verschiedenen Insektenarten gleichzeitig Unterkunft gewähren können.

Landwirtschaft als Frischluft-Labor

Landwirte sind die Ersten, die auf ihren Äckern, an Pflanzen und Tieren die Auswirkungen des Klimawandels sehen. Viele von ihnen sammeln nicht nur Klimadaten, sondern sie müssen auch Methoden finden und erproben, wie sie am besten mit den Klimaveränderungen umgehen. Wissenschaftler an Universitäten entwickeln Theorien, Modelle und neue Methoden, die sie jedoch nur im Labor oder auf vergleichsweise kleinen Versuchsflächen testen können. Eine enge Kooperation zwischen interessierten Landwirten und Universitäten kann sehr gute Erfolge bringen: Die Landwirte bekommen Unterstützung bei der Lösung konkreter Probleme auf ihrem Hof, Wissenschaftler sammeln Daten unter realistischen Bedingungen, und die Ergebnisse eignen sich nicht nur für eine wissenschaftliche Veröffentlichung, sondern können eine konkrete Hilfe für andere Landwirte sein.

Technologien und Apps entwickeln und nutzen

In mancher Hinsicht kehren Landwirte inzwischen zu lange bekannten Techniken zurück – Dreifelderwirtschaft wurde schon im Mittelalter praktiziert, und die Vorteile einer mehrjährigen Fruchtfolge ist etwas, das Landwirte weltweit wiederentdecken[6]. Aber nachhaltige Landwirtschaft und Bioland-

---

6   Schädlinge im Raps z. B. sind durch Fruchtfolge nachhaltiger und effektiver in den Griff zu bekommen als durch das Spritzen von Neo-

wirtschaft sind alles andere als die Rückkehr ins Mittelalter, auch wenn industrielle Landwirtschaft und Agrarchemiefirmen das nur zu gerne so darstellen. Inzwischen ist wissenschaftlich geklärt, warum bestimmte Techniken so erfolgreich sind, und Technologie kann helfen, diese noch weiter zu verbessern und gezielter einzusetzen. Immer bessere Sensoren sind in der Lage, immer mehr Daten zu erfassen, im Boden, auf Bäumen, im Ohrklipp von Schafen, am Melkstand. Computerprogramme ermöglichen, Probleme früh zu erkennen und zu sehen, welche Methoden besonders erfolgreich sind. Wetterdaten werden immer präziser. Apps auf dem Mobiltelefon oder der Einsatz von Drohnen machen es möglich, die Geschehnisse auch in einem entlegenen Winkel eines Ackers, auf einer Obstplantage oder im Stall zu verfolgen. Und Kommunikationstechnologie bringt Landwirte untereinander in Kontakt. Von Warnungen über eine plötzliche Schädlingsinvasion bis hin zur Organisation von Futterhilfe für Landwirte, deren Vieh wegen Überschwemmungen evakuiert werden muss – über die sozialen Netzwerke ist das zumindest von der Logistik her kein Problem mehr.

Und auch für Marketing und Vermarktung ergeben sich über das Internet immer neue Möglichkeiten, beispielsweise können so auch ganz kleine Betriebe Marktzugang bekommen. Der Einsatz von GPS-gesteuerten Traktoren und Mähdreschern, Messdaten von Drohnen, von Solarzellen betriebene Pumpen, die entlegene Viehtränken gefüllt halten – die Zahl der Anwendungsmöglichkeiten von Technologie wächst weiter. Und diese Entwicklung beginnt, einen zusätzlichen positiven Nebeneffekt zu haben: Es schafft neue, vielfältige, spezialisierte und hoch qualifizierte Arbeitsplätze in der Landwirtschaft und in ländlichen Kommunen.

nikotinoiden. Umgekehrt: Letzteres wird überflüssig, wenn nicht Jahr für Jahr das Gleiche auf derselben Fläche angebaut wird.

Und was können Sie tun, wenn Sie weder aufs Land ziehen noch Landwirt werden wollen?

Wie Wendel Berry sagt: »Essen ist ein landwirtschaftlicher Akt.« Und mit dem, was Sie essen, wie und wo die Lebensmittel, die Sie kaufen, produziert wurden, entscheiden Sie mit über die Richtung, die die Landwirtschaft nimmt: Ob es weiter in die bisherige Richtung geht, zu noch stärkerer Intensivierung und Industrialisierung, oder ob wir die Agrarwende schaffen, dem Klimawandel etwas entgegensetzen und sicherstellen, dass unsere Teller auch in Zukunft gefüllt bleiben.

DANKSAGUNG

MARIANNE LANDZETTEL

Mein ganz besonderer Dank gilt den Farmern in Iowa und in Kalifornien, die sich Zeit nahmen, mit mir zu sprechen, mir ihre Farmen zu zeigen, ihre Ideen zu teilen, genauso wie ihre Sorgen über den Klimawandel und die generelle Entwicklung der Landwirtschaft in den USA. Mit Intelligenz, Kreativität, Mut und harter Arbeit stellen sie sich den Herausforderungen. Und wenn wir auch in Zukunft auf unseren Tellern noch etwas zu essen haben, dann verdanken wir es Farmern wie diesen.

Mein Dank gilt ebenso den Bauern in Indien, die traditionelle Methoden der Landwirtschaft bewahrt haben, die, kombiniert mit moderner Technologie und wissenschaftlichen Erkenntnissen, richtungsweisend sind und bleiben. Sanjay Bansal begegnete ich auf meiner ersten Indienreise 1994. Ohne seine Weitsicht in Bezug auf die Folgen des Klimawandels, sein frühes Bekenntnis zum biodynamischen Landbau und seine Freundschaft wäre das Kapitel zu Indien so nicht zustande gekommen.

Und mein Dank geht an Nina Krause, Peter Molden und meinen Mann, Martin Kunz, der mit mir fast 5000 Kilometer durch Iowa, Kalifornien und Oregon fuhr und Tausende von Fotos machte, von denen zumindest ein Teil auf www.dtv.de/verbranntemandeln zu sehen ist. Seine geduldige Unterstützung, sein unerschütterliches Vertrauen und sein kritisches Mitdenken sind Teil dieses Buchs.

DANKSAGUNG

WILFRIED BOMMERT

Der Journalistin Sabine Jacobs danke ich für ihre konstruktive Vorbereitung und Mitarbeit insbesondere bei unserer Recherchereise durch Brasilien und Südamerika. Ihre kritische Redaktion auch der Kapitel über Afrika und Südeuropa hat wesentlich zur Verständlichkeit der lokalen Fakten und globalen Zusammenhänge beigetragen.

Die Hanns R. Neumann Stiftung Hamburg und Brasilien öffnete uns viele Türen in Südamerika. Besonderer Dank gebührt Max Ochoa, dem technischen Direktor der Neumann Stiftung in Lavras, sowie Nathan Moura Carvalho, der zum brasilianischen Beraterteam gehört. Beide haben uns mit großem Engagement begleitet und uns besonders mit dem Schicksal der Kleinbauern vertraut gemacht, die die größte Last des Wandels zu tragen haben.

Carolina Lopes sorgte mit ihrem Organisationsgeschick dafür, dass wir die zahlreichen Termine unserer Recherchereisen einhalten und die Fülle der Erkenntnisse und Erlebnisse sicher nach Europa tragen konnten.

Dem Institut für Welternährung – World Food Institute e. V. Berlin verdanke ich die Anregung und Perspektive für dieses Buch, das uns nicht nur das Ausmaß der Bedrohung vor Augen führen soll, sondern auch die Chancen, die wir haben, wenn wir auf eine grundlegende ökologische Wende des Agrar- und Ernährungssystems setzen.

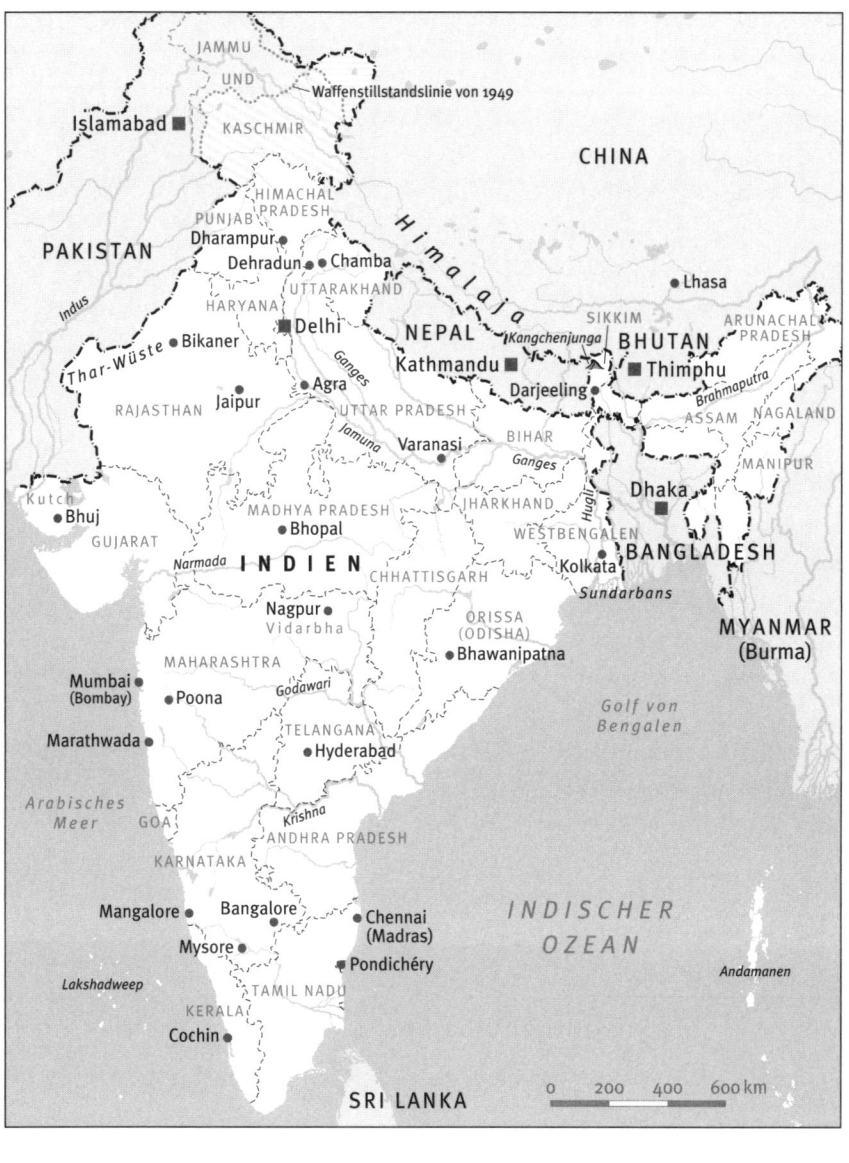

JAMMU
UND
KASCHMIR
Waffenstillstandslinie von 1949

Islamabad

CHINA

PAKISTAN

HIMACHAL
PRADESH
PUNJAB
Dharampur
Dehradun • Chamba
HARYANA
UTTARAKHAND
Lhasa

H i m a l a j a

Delhi
NEPAL
SIKKIM
Kangchenjunga
ARUNACHAL
PRADESH
BHUTAN

Thar-Wüste • Bikaner
Ganges
Kathmandu
Darjeeling
Thimphu

Indus

RAJASTHAN
Jaipur
Agra
UTTAR PRADESH
Jamuna
Varanasi
BIHAR
Ganges
ASSAM
NAGALAND
Brahmaputra

Kutch
Bhuj
GUJARAT
JHARKHAND
Hugli
Dhaka
MANIPUR

MADHYA PRADESH
Bhopal
WESTBENGALEN
BANGLADESH

Narmada
I N D I E N
CHHATTISGARH
Kolkata
Sundarbans

Nagpur
Vidarbha
ORISSA
(ODISHA)
Bhawanipatna
MYANMAR
(Burma)

MAHARASHTRA
Godawari

Mumbai
(Bombay)
Poona
TELANGANA
Golf von
Bengalen

Marathwada
Hyderabad

Arabisches
Meer
GOA
Krishna
ANDHRA PRADESH

KARNATAKA

I N D I S C H E R
O Z E A N

Mangalore
Bangalore
Chennai
(Madras)
Andamanen

Mysore
Pondichéry

Lakshadweep
TAMIL NADU
KERALA

Cochin

SRI LANKA
0   200   400   600 km